鮮活的討論！

培養專注的閱讀

谷瑞勉　譯

LIVELY DISCUSSIONS!

FOSTERING ENGAGED READING

Linda B. Gambrell
University of Maryland

Janice F. Almasi
State University of New York at Buffalo

Editors

作者簡介

　　珍納特·艾立森（Jeanette Allison），是美國亞歷桑納州立大學教育學院的助理教授，她原先是小學和幼稚園教師，在伊利諾大學獲得博士學位。她教授幼兒教育與讀寫，並與市內及少數族群孩子工作。她的研究幫助教師創造用探究學習、方案和多元文本來達成的文化。她的作品多刊登於 *The Reading Teacher, Educational Leadership,* 和 *Childhood Education*。

　　珍妮斯·艾瑪西（Janice F. Almasi），過去是教師和閱讀專家，她是水牛城紐約大學的助理教授，也是馬里蘭和喬治亞大學「國際閱讀研究中心」（National Reading Research Center, NRRC）的成員。她的研究焦點是同儕討論文學時的社會互動模式、對話、約定和認知過程。她曾得過一九九四年國際閱讀協會傑出論文獎和一九九三年國家閱讀會議傑出學生研究獎。她的作品多刊登於 *Reading Research Quarterly, The Journal of Reading Behavior,* 和 *Educational Psychologist*。

　　夏貝·巴潤廷（Shelby J. Barrentine），具有超過十年的小學教學年資，目前是北達科答大學教學與學習中心小學教育的助理教授。她教授大學和研究所的讀寫教育與學習的課程，對小學教室出聲閱讀事件和以語言為基礎的主題教學特別感興趣。

　　崔佛·卡爾尼（Trevor H. Cairney），是位英國教育者，有超過二十五年的學校和大學教學經驗。他曾在澳洲西雪梨大學任教七年，是澳洲讀寫教育協會的前主席，以及新南威爾斯兒童讀寫和 ESL 研究連線的主任。他曾主持十九個研究計畫，出版這些結果寫成百篇研究報告，他寫過的書有：*Other Worlds: The Endless Possibilities of Literature*（Heinemann）、*Teaching Reading Comprehension: Meaning Makers at Work*（Open University Press）、*Beyond Tokenism: Parents as Partners in Literacy Learning*（Heinemann）、和 *Pathways to Literacy*（Cassell）等。

米契兒・坎麥瑞斯（Michelle Commeyras），曾教過小學、中學和高中，最近在大學授課。她在一九九一年取得麻州大學批判和創造思考碩士，並取得伊利諾大學博士學位。目前任教於喬治亞大學閱讀教育學系，並為國家閱讀研究中心執行計畫。

琳達・甘柏瑞（Linda B. Gambrell），是馬里蘭大學教學學院副院長，她從事教學並為國家閱讀研究中心做研究，曾是小學老師和閱讀專家。她是六本有關閱讀指導書的共同作者，並有約七十篇文章刊登在 *Reading Research Quarterly, The Reading Teacher, Journal of Reading, Educational Psychologist,* 和 *Journal of Educational Research*。她最早的興趣是在閱讀理解策略的教學、讀寫動機、教學和學習中討論的角色。她曾任國際閱讀協會理事，以及 *The Journal of Reading Behavior* 的合作編輯。她最近的研究焦點是放在辨明與讀寫動機有關的教室因素上。

約翰・古斯瑞（John T. Guthrie），是馬里蘭大學的人類發展教授、國家閱讀研究中心的共同主任。國家閱讀研究中心是由馬里蘭大學和喬治亞大學合作、由聯邦基金補助的公會，進行有關閱讀、寫作、科學和歷史學習、評估，以及專業發展的研究。在此之前他是馬里蘭大學教育研究和發展中心主任，也是一九七四到一九八四年間國際閱讀協會的研究主任。他是伊利諾大學的教育心理學博士，出版了超過一百篇論文並編輯專業書籍。在一九九二年獲得國家閱讀年會頒發 Oscar Causey 獎，推崇他對閱讀研究的貢獻。他是美國心理學會、美國心理會社、英語研究國家委員會的會員，曾被選入一九九四年閱讀名人錄。他的興趣在閱寫發展和學習環境。

道格拉斯・哈特曼（Douglas K. Hartman），是匹茲堡大學閱讀與讀寫系的助理教授，他教過小學、中學和高中，在伊利諾大學獲得讀寫和語言博士，目前教授閱讀和語文的大學及研究所課程，其研究也獲得一些學術團體的獎勵。他的興趣焦點在於實際上如何幫助學生在跨文本的讀寫之後，成為較好的訊息統整者和綜合者。

朵西・李歐（Dorothy J. Leal），曾在海內外教了十五年的幼稚園到六年級學生，目前是俄亥俄州立大學的助理教授，擔任大學部和研究

所的閱讀、語文、兒童文學、過程寫作和資優教育的課程。她與多人合寫教科書 *Exceptional Lives: Special Education in Today's Schools*（Prentice Hall）。

莫芸・陸易斯（Maureen Lewis），是英國艾沙特教育學院「艾沙特延伸讀寫方案」（Exeter Extending Literacy Project, EXEL）的研究員，現在是英國普里茅斯大學的教育講師。她的研究廣泛發表在不同的專業和研究期刊上，主題特別著重兒童閱讀和有效寫作非小說的文本上。

貞妮・馬坦柔（Jane Brady Matanzo），佛羅里達大西洋大學教授，教授閱讀、語文和兒童文學等課程。她是馬里蘭大學博士，過去的工作包括行政和教職，研究所閱讀和師資教育的主任。她的研究興趣包括多元文化教育、教師做為研究者，及語文統整。她是兩本書的共同作者：*Raising Readers, Sharing Literature with Young Children*（Walker）及 *Programmed Reading Diagnosis for Teachers with Prescriptive References*（Charles Merrill）。

蘇珊・馬若妮（Susan Anders Mazzoni），是馬里蘭大學課程與教學系的博士生，她研究閱讀教育，同時也是國家閱讀研究中心的研究助理，研究讀寫動機方案。她的文章曾刊載於 *Honors College Review* 和 *The Reading Teacher*。她有公立學校的教書經驗，也教成人閱讀，曾獲得高年級生傑出研究獎。她的研究興趣是討論領域和閱讀動機。

安・麥坎（Ann D. McCann），是國家閱讀研究中心的研究生和研究助理，她目前正在馬里蘭大學攻讀碩士學位和小學教學證書。她的研究興趣包括設計和評估通過多元訓練的教學來培養讀寫參與的學習情境。

李耶・麥基（Lea M. McGee），是麻州波士頓學院的教育助理教授，她近來的興趣是探討幼兒對文學的回應以及在教室中使用多元文學。她是許多書的協同作者：*Literacy's Beginnings: Supporting Young Readers and Writers*（Allyn & Bacon）和 *Teaching Reading with Literature: Case Studies to Action Plans*（Merrill-Macmillan）。她的作品也發表在許多專業期刊上，例如 *Reading Research Quarterly, Journal of Reading Behavior, The Reading Teacher*, 和 *Language Arts* 等。

蘇珊・麥克麥罕（Susan I. McMahon），是威斯康辛大學的助理教授，經過十六年的小學與中學教學後，她重回研究所鑽研幼兒讀寫習得的研究。她對讀寫過程有興趣，想要藉著近代理論、研究和實作所支持的方法來進行她自己的教學。

雷絲莉・莫柔（Lesley Mandel Morrow），是紐澤西羅傑斯大學幼兒教育研究所的教授和主任，她有許多研究刊載在專業期刊上，並編輯和寫作多本書：包括第三版的 Literacy Development in the Early Years: Helping Children Read and Write（Allyn & Bacon）。她在對不同背景兒童的讀寫發展的研究上曾獲得無數獎助和大獎，並於一九九四年獲得國際閱讀協會的傑出閱讀師資培育者獎。她是國家閱讀研究中心的主要研究調查員，也曾獲選為一九九六和一九九九年度國際閱讀協會的理事長。

亞非多・西費尼（Alfredo Schifini），曾任中學教師、小學閱讀專家，及學校行政人員，最近擔任加州大學課程與教學系的教授。在此之前，他負責洛杉磯郡八十五個校區的語文指導，在一九九四年他為國際閱讀協會寫了一篇專題論文：Kids Come in All Languages。他在雙語和多語的教室訓練幼稚園到十二年級老師的語文和讀寫發展課程，及第二語學習者的學科教學。他擔任南美數國的國家課程顧問，是 Fulbright 基金會學者，其博士論文曾獲得洛杉磯加州大學的傑出成就獎。

凱莉・沙瑞爾（Kelly A. Sherrill），畢業於喬治亞大學，成立了「喬治亞教育者學生專業協會分會」，曾擔任 Kappa Delta Epsilon 幹事，並獲該協會之傑出領導獎，最近正研讀碩士學位。

瑪莉艾倫・沃特（MaryEllen Vogt），加州州立大學教育系教授，教授閱讀和語文方法。她曾擔任十五年的教師、特殊教育教師、閱讀專家、區域資源教師及課程指導員。她是柏克萊加州大學的語言與讀寫博士、加州閱讀協會前主席，也曾被選為一九九三到一九九六年國際閱讀協會的理事長。在一九九四年獲頒加州閱讀協會 Marcus Foster 紀念獎，表揚她在閱讀領域的傑出貢獻。她也擔任美國各地、加拿大、阿根廷等國的校區和閱讀協會的閱讀和語文顧問。

巴巴拉・沃克（Barbara J. Walker），被選為國際閱讀協會一九九

四到一九九七年理事長，她是蒙大拿大學特殊教育系的教授和主任，教授有關閱讀困難課程和閱讀臨床的工作。她的研究出版包括了：*Diagnostic Teaching of Reading: Techniques for Instruction and Assessment*（Merrill/Prentice Hall），和 *Supporting Struggling Readers*（Pippin）等。她曾任地區和州的閱讀協會主席，並常出席全國各地的讀寫研習會講座。

裴西・威內克（B. Joyce Wiencek），是密西根州奧克蘭大學閱讀與語文系助理教授，教授大學部和研究所的課程，對幼稚園和國小學生的讀寫，以及建構取向的教學與學習很感興趣。她在馬里蘭大學取得語言與讀寫博士，在維吉尼亞州教育部擔任小學語文督學多年，有十三年的公立小學教學經驗。

大衛・瑞伊（David Wray），是英國艾沙特大學資深講師，他在讀寫領域有廣泛的出版，著作和編輯的書超過二十本，最近擔任期刊 *Reading* 的編輯。他是英國閱讀協會一九九二至一九九三年的主席，是「艾沙特延伸讀寫方案」的主任。

金貝莉・溫克爾（Kimberly Wuenker），畢業於喬治亞大學，主修小學教育。大學四年她是校園的領導者，參與「喬治亞大學閱讀是基礎」（RIF-UGA）分會的創辦並擔任兩年的主席，得過無數的領導獎，也是不少學會的會員。最近她在攻讀資優教育的碩士學位。

譯者簡介

谷瑞勉

學　　歷：美國喬治亞大學幼兒教育博士
　　　　　美國佛羅里達大學幼兒教育碩士
　　　　　國立中興大學學士

曾　　任：中學教師
　　　　　國立屏東師範學院助教、講師、副教授、教授
　　　　　國立屏東師範學院幼兒教育中心主任
　　　　　國立屏東師範學院幼兒教育學系、所主任
　　　　　國立屏東教育大學幼兒教育學系教授

現　　任：美和技術學院幼兒保育系教授

研究領域：班級經營、幼兒語文教學、教師專業成長

著 譯 作：國科會、教育部專案研究報告及學術論文數十篇
　　　　　著有：
　　　　　《幼稚園班級經營——反省性教師的思考與行動》
　　　　　譯有：
　　　　　《鷹架兒童的學習——維高斯基與幼兒教育》
　　　　　《教室中的維高斯基——仲介的讀寫教學與評量》
　　　　　《鮮活的討論——培養專注的閱讀》

編者序

　　本書的主要目標是強調透過針對敘述性和說明性文本的個人解讀，學習者能夠對他們自己、他人，以及我們所住的這個世界有更好的了解。而且透過對兩種文本的理解，學習者建立有關我們世界的知識基礎。本書的許多作者都與「國家閱讀研究中心」有關，他們曾從事以教室為基礎的研究或方案發明，專注於幫助學生在一個支持和寬容的環境中，發展討論技巧，以便探討文學和讀寫的世界。因此下面各章，都提供了實際的、教室中的策略和技能，在幼兒和小學教室中使用討論，以促進敘述性和說明性文本的解讀和理解。

　　本書分為四大篇：創造培養討論的教室文化、討論的進行、創造氛圍：教師的角色，以及評估討論的觀點。

第一篇：創造培養討論的教室文化

　　在介紹的部分，當一個小學教室準備好要討論時，作者探討了應考慮的核心因素。艾瑪西的第一章提供陳述的定義，並將她的定義與新的討論觀點相比較，這是全書的基礎。本章同時提供真實的例子來說明討論的認知、社會和情意的益處。第二章，甘柏瑞提供了有關討論在國小教室的角色，及對此新興興趣的基本原理概述，並摘要了有關討論的研究顯示。

　　有能力考慮不同學習者特殊的文化需要是創造一個培養討論的教室的核心。在第三章，西費尼提供有洞見的解釋，特別與討論的多元文化和多元語言考慮有關。此外，全書作者都將以不同學習者相關議題和多元文化議題相交融（例如學生接受特別的教育服務、學生習得英語和學生有不同的語言發展等），這在他們的建議和例子中到處可見。

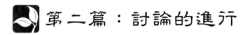 第二篇：討論的進行

　　第二部分提供讀者一個無先例的探討，看討論如何能為萌發的讀者和國小高年級的學生帶來改變。首先是巴潤廷的第四章帶領我們來看老師如何用互動性出聲閱讀讓幼兒參與閱讀事件的之前、之中和之後。瑞伊和陸易斯接著在第五章分享他們在英國建立的艾沙特方案的想法，證實了孩子的談話只有產生於他們參與真實的探究為基礎的討論時，才可能會是有目的、能延伸和深化他們的學習的。為說明此意，作者呈現一個有關六歲孩子參與為學校的花園尋找適合植物的研究案例。在第六章中，坎麥瑞斯、沙瑞爾和溫克爾探討了他們和二年級學生工作時，學生所提問題的價值，用他們自己真實的教學經驗探究學生的提問，以及這些問題討論的成功和失敗之處。

　　接下來考慮訊息類文本和課程學習的討論，古斯瑞和麥坎在第七章描述了「想法圈」，指的是充滿多元文本資源的討論或概念，這些訊息故事書的討論發生在科學和語文課程統整的情境內。兩位作者描述了想法圈的益處，以及老師如何能夠在他們的教室中自行創造。在第八章，哈特曼和艾立森提出一個非常有說服力的案例，使探究導向的討論能成為教室實作更統整的一部分。他們也為如何開始一個探究導向的討論提出建議，就是學生可以連結多元文本，並為不同觀眾的不同目的而溝通訊息。第九章馬若妮和甘柏瑞提出幾個促進訊息類文本討論的非發問的方法、一些統整文本到討論中的方式，以及刺激訊息類文本討論的策略等有力的描述。李歐的第十章為本篇作結，他說明了有些特別型態的文本（如故事類、訊息類、訊息故事書類等）如何能影響成就和學習。接著是一個教學工具的討論，這是重要討論的主要部分，與不同型態的文本有關。

🍃 第三篇：創造氛圍：教師的角色

　　這個部分為如何在不同的教室中設計、啟動、實施和維持討論提供了實際和訊息性的教學妙方。第十一章，卡爾尼概述教室中學生討論的價值，也解釋了當學生在討論中學習時，教師角色中的鷹架和引導的參與的概念。

　　沃特在第十二章呈現了從老師中心的討論轉移到以學生回應為中心的討論之理論基礎，也包括了有關組織和管理討論團體的特殊建議，以及能支持以回應為中心的課程的討論問題和活動之建議。麥基的十三章提供了萌發的讀者之間的以回應為中心的談話觀點，她說明解讀的特性，和年幼讀者的討論反映了他們超越字面程度的能力。威內克在第十四章提供老師一個計畫、啟動、實施和維持文學討論團體型態的模範，就是所知的小學教室中的對話性的團體討論。對話的團體討論提供老師一個鷹架學生互動和解讀的成長的方式。第十五章，麥克麥罕帶領學生主導的討論團體結束了本篇，並描述學生如何能從老師支持、自己主導的討論中受益。本章開始於一個實作的描述，就是會防礙學生的互動和限制高層次的思考；接著強調老師在引導學生主導的討論團體中的角色；最後則是老師如何能夠支持學生進行他們自己的討論。

🍃 第四篇：評估討論的觀點

　　當老師探討和試著在教室中實施討論時，評估學生與人互動和解讀文本的能力常使老師感到困惑。在第十六章，馬坦柔展示了不同的策略，鼓勵學生和老師參與反省和評估；特別的評估策略和技巧包括了錄影帶檔案、詳細說明單、討論圈和討論前與討論後的報告。接著莫柔的十七章檢驗了將故事重述做為一種教學策略的做法，讓年幼讀者「談一談」

他們所聽到或讀到的故事；也陳列出用重述故事來評估孩子的解讀和理解力。沃克的十八章為這一篇作結，她呈現令人注目的架構，讓所設計的教室討論具有對話和教學的特性。她對發展和評估學生的策略思考行為提出忠告，並說明了發展學生評估自己讀寫能力的必要性。

協同編輯
琳達・甘柏瑞
珍妮斯・艾瑪西

推薦序

　　孩子的聲音充滿在《鮮活的討論！培養專注的閱讀》書中，這是他
們的聲音，交織在本書所描述的許多討論型態中，這使本書顯得非常特
別。這本書捉住了孩子在對各種文本和彼此做回應時社會性建構的意義；
同時也掌握了教師、師資培育者和研究者所認識的孩子社會建構意義中
的豐富細節。事實上，我相信正是孩子與成人聲音的交互運作，徹底的
支持了這本書的名字「鮮活」。但更重要的是，這本編輯的書以至少三
個顯著的方式將讀寫領域推動向前：

　　首先，這些作者的寫作方式清楚說明了他們了解情境對討論過程的
重要性。以字面上來說，情境（context）就是指編織在一起的東西，而
最明顯的莫過於作者重建了教室事件，讓學生隨著事件的變化而討論文
本。這種前所未有的做法，強調了情境在教室討論中的角色。

　　第二，本書十八章的作者們都是熟練的界線跨越者，他們所寫都與
彼此的章節連結，也將他們的工作聯繫到教室中，去建立學習和動機的
理論，並探討他們研究的新範圍，以培養多元語言教室的討論方法。

　　最後，本書打破傳統上認為老師引導的發問就是討論，這些作者們
毫不猶豫的將老師描繪成在教室文本討論中支持的和引導的參與者。他
們也同樣堅定的將學生形容成準備好也願意承擔更多這種討論的責任。
我發現《鮮活的討論！培養專注的閱讀》在很多方面是一本先驅的作品—
—激發更多更多教育者的思考，邁向批判讀寫的可能必要的第一步。

堂娜・艾佛曼（Donna E. Alvermann）
喬治亞大學國家閱讀研究中心

目　錄

鮮活的討論！——培養專注的閱讀

第一篇

創造培養討論的
教室文化

鮮活的討論！——培養專注的閱讀

第一章

討論的新觀點

珍妮斯・艾瑪西

　　在本書中所呈現的討論觀點與傳統所描述的閱讀後的「討論」非常不同，本章將探討更多有關討論的傳統定義並與一種新的討論觀點做對照——將討論定義為一種協同合作、建構意義和分享回應的公開討論。此外，本章也將檢驗有關討論的認知、社會情緒及情感益處等方面的理論觀點及研究。

　　從跨美國的專業文獻及教室中萌發出來的新討論觀點，可以推論到個人協同合作建構意義，或考慮另類的文本解讀以達到新的了解的互動事件。在《美國傳世字典》（*The American Heritage Dictionary*）中將討論定義為「一個團體對主題的考慮，一個真誠的對話」（p.532）。因此，討論是將認知的參與延伸到參與者能積極介入彼此的對話，而不是被動的記憶可能不具個人意義的問題的答案。

　　作者對於「文學討論」的定義是摘取自許多理論的指導，從一個讀寫的觀點來看，我們相信意義是取自發生在讀者、文本和產生讀寫的情境之間的轉換（Bleich, 1978; Iser, 1980; Rosenblatt, 1938/1976; 1978）。因

此，讀者的解讀並不是靜態的，而是持續的由讀者經驗和從文本所獲得的新訊息之間的轉換所形成的。在這樣的情境之下，讀者的解讀不斷的激發，而每個人帶到討論中的解讀最後可能受其他團體成員的思想和想法的影響而轉換和塑造。

因此，我們也相信讀寫無法從它所發生的文化和社會情境中分離；所以，社會文化和社會語言學的理論在我們的觀點中非常顯著（Bloome & Bailey, 1992; Brown, Collins, & Duguid, 1989; Rogoff, 1990）。就如學生和老師互動時的「解讀的團體」（interpretive communities），就有可能推進另類解讀和不同觀點，進而對個人的解讀產生影響（Fish, 1980）。因此，團體成員之間的互動有一種相互性，其中個人的行動和回應在解讀文本時就會受彼此的影響（Gall & Gall, 1976）。這種在社會環境中的個人互動被解說成「事件」，意義就被看成是座落在事件之內而不是個人的心智中（Gee, 1992; Heap, 1992）。因此，讀寫被看成是最初的一種社會性的努力（Bloome, 1985; Bloome & Green, 1992），而討論則被看成是這個讀寫過程最初的元素。

本書通篇都是基於這樣的討論觀點，而不是陳述的觀點，那是作者描寫老師及學生之間互動的本意。當老師考慮學生對討論的定義時，其中一個介於陳述和討論之間最有趣的比較就產生了，就如下面將要呈現的，當學生參與陳述中時，他們對閱讀後討論的定義當成是一個評估的事件，是為了表演給老師看的。然而，學生若是參與能體驗真正的討論的教室文化時，就如上述的定義，會和在陳述情況下定義討論的目的非常不一樣：

- 我們有討論，所以如果你不了解這個故事，最好能把它說出來，你就能了解的更多。（吉米，四年級）
- 討論是說出你對故事的思考——解釋你為什麼喜歡這個故事，及為什麼不喜歡。（布吉特，四年級）（Almasi, 1993）

這些學生的定義就說明了在一個協同合作的環境中，事件的目的就是分享觀點、提供合理的爭議和一起合作來達到對文學的新了解。

傳統的討論

「我們有討論，所以上廁所的孩子們才知道他們漏掉了什麼。」（柯容，四年級）

柯容對討論的觀點在很多方面不同於研究者和老師的觀點，她的定義反應了她對一個現象的了解，是基於她所屬的、師生所在的文學團體所產生的教室文化。因為教室文學討論的特性也許在每個教室之間都不同，在小學教室裡所發生的討論的定義也會有很大差異。

依據Barr和Dreeben（1991）的觀點，在小學的教室裡很多學生所經歷過的文學討論型態，是被定義在老師的說話和字面的問題，而不是學生的參與及思考。這個觀點曾被在無數的場地，包括真實的教室現場所做的研究（Almasi, 1995; Almasi & Gambrell, 1994），以及全國性的調查研究所支持（Foertsch, 1992; Langer, Applebee, Mullis, & Foertsch, 1990）。這種發生在傳統教室中老師及學生之間的互動模式，是被老師發問和學生回答的循環順序所主宰。在這種互動中所問的問題，通常都需要學生記住他們所讀過的有關文學，這樣的模式可在下面的例子中驗證，這是從一個教室的討論《報曉公雞的案件》（The Case of the Crowing Rooster）（Sobol, 1986）中所擷取的一段：

啟動	老師：當莉莎騎腳踏車經過時，布朗在做什麼？
回應	學生10：他正在修剪籬笆。
評估／啟動	老師：他是在修剪籬笆，那莉莎要去哪裡？
回應	學生36：城市垃圾場。
評估	老師：好的，為什麼她要去城市垃圾場？

（Almasi, 1993, 轉錄稿 #08-40, 1992.12.2）

Cazden（1986）和 Mehan（1979）曾指出上面所描述的互動型式為 I-R-E（啟動—回應—評估，Initiate-Respond-Evaluate）的參與結構。在這種互動中，老師是藉由發問來啟動一個主題；在這個例子裡，老師問了一個關於布朗在做什麼的問題來啟動討論。學生就用一個「他正在修剪籬笆」的答案來回應，老師接著又評估學生的反應。在這個例子裡，老師回應「好的，他正在修剪籬笆」，顯示學生的回答是令人滿意的。在同一循環內，老師繼續問另外一個問題來啟動順序。傳統的討論是包含這種重複連續的特性，很少有機會讓學生與其他人互動。事實上，Almasi（1995）指出，在社會認知衝突的插曲中，老師引導的討論有百分之八十五是由像 I-R-E 這一種對話順序所支撐的。此外，這種討論是由老師負責問百分之九十三的問題和控制百分之六十二的說話時間所主宰的。

上面所描述的互動型態更適合被叫做「陳述」而不是討論，因為其中幾乎沒有協同合作建構意義的意圖，而答案也是已經知道的，學生只是陳述答案而已（Dillon, 1984; Gall & Gall, 1976）。因此，討論的文學只被當作是有對或錯特定答案的內容，而不是一個需要被解讀的文學作品（Langer, 1992）。所以，本章剩下的部分，將上面所描寫的比較傳統的「討論」稱之為「陳述」。

參與陳述的學生，也許會把這種互動的目的看成只是為了老師或評估而已，而不是建構意義。這樣的觀點可從他們對在校讀完故事書後為什麼要討論的解釋上得到證明：

- 所以當老師問你問題的時候你可以回答。（克麗斯汀，四年級）
- 所以老師可以看到你是不是有在注意聽故事。（班，四年級）
- 所以老師才知道我們是不是真的了解我們所讀的，他才知道我們需不需要換課本，或再讀另一個層級的書。（愛力西亞，四年級）
- 所以老師可以知道你的腦子在想什麼——他可以有一點知道你在想什麼。（葛雷，四年級）
- 來看我們是不是知道很多，這樣當我們在做作業時就可以回答問題。（羅拉，四年級）　　　　　　　　　　　　　　　（Almasi, 1993）

⬛ 陳述與討論的比較

也許介於陳述與討論之間一個最深奧的不同是對於意義在哪裡的認知上。討論時所有參與的人將讀了一個文本之後的思想、想法、感覺和回應，貢獻在這個事件上，而這事件對參與者逐漸的解讀會有影響。圖 1-1 說明了發生在討論中的轉換型態，一個參與者是與他所讀的文本互相轉換。當參與者聚集在一個社會情境中交換想法，參與者與別人的互動中就可能逐漸萌發新的了解和意義。因此，就像上面所顯示的，意義存在於事件當中。

相反的，在陳述的情況中，學生之間卻很少有互動，老師就成為團體成員中，想法最可能明顯影響別人的解讀的人。事實上老師決定要問的問題、要問的順序和學生對問題反應的正確性，這都表示老師才是討

☞ 討論時所有參與的人將讀了一個文本之後的思想、想法、感覺和回應，貢獻在這個事件上。☜

圖 1-1　討論的轉換觀點：意義存在於事件中

☞ 在討論中，
學生比較會承擔
多重角色，而這
在傳統上是保留
給老師的，例
如：詢問者、促
進者、評估者，
和更熟悉的回應
者的角色。☜

論情境中的最高解讀權威，學生只能塑造他們回應的特性，以求符合他們認為老師所要的，或去建構一個老師所喜歡的解讀。然後意義被看成是在文本之內，可以通過老師的發問來濃縮或被學生了解。

任何有關陳述和討論的比較，都必須要將發生在每個情境中的社會結構和掌管互動的規則也列入考慮。老師以及學生的角色，對每一個情境之內的社會結構比較提供了一些見解（請看表 1-1 及表 1-2）。

學生的角色

學生在參與討論和陳述中的情況是不一樣的，在討論中，學生比較會承擔多重角色，而這在傳統上是保留給老師的，例如：詢問者（inquisitor）、促進者（facilitator）、評估者（evaluator），和更熟悉的回應者（respondent）的角色（請看表 1-1）。

詢問者　身為詢問者，學生必須要問具有個人意義的問題，因為這些問題會幫他們解讀及了解文本。為了支持這點，Almasi（1995）以及 Almasi 和 Gambrell（1994）發現，大部分在討論中的問題是由學生提出的（84%），大量的對話（94%）也同樣是學生所貢獻的（Almasi, 1995）。從這裡來看，我們就了解學生在討論中所經常肩負的兩個角色就是詢問者和回應者；他們不只發問，也參與在和彼此實質的對話中，努力解決解讀的議題和了解文本。下面這段摘錄，是取自一個四年級有關《書伯的新鞋子》（*Soup's New Shoes*）（Peck, 1986）的討論，討論有關為什麼主角書伯把舊鞋子弄壞後，跟他的朋友羅伯交換新鞋子，描繪了學生如何彼此互動，流暢的擔任詢問者及回應者的角色。

表 1-1 學生的角色：陳述 vs. 討論

陳　述	討　論
詢問者： • 學生問很少的問題	• 學生問問題是為了更了解文本和幫助建構意義
互動的促進者： • 老師叫學生名字是為了參與和維持主題的一致性	• 學生彼此鼓勵參與 • 學生要負責確定所有團員都專注在主題上 • 學生要負責確定所有團員都有輪到
解讀的促進者： • 學生並不能決定在討論中所使用的解讀策略	• 學生重述或試著質問其他人說不清楚的地方 • 學生可將主題和議題與經驗相連結以協助了解 • 學生可以比較／對照角色
回應者： • 學生對老師的問題做回應	• 學生對彼此的問題做回應
評估者： • 學生的回應是被老師評估	• 學生藉著說出他們是否同意以及為什麼同意來挑戰彼此的想法

詢問者　學生102：我在想為什麼書伯會把鞋子給人家？我要是把我的鞋子給人家穿的話，我媽一定會殺了我。

回應者　學生 43：[他]可能只是在學校時[給他的朋友鞋子]，然後再把它換回來。

回應者　學生 69：也許他這天晚上有事要做[也需要做]，需要穿一雙好鞋子。

回應者　學生 48：當他們換鞋子時，書伯曾問：「你的鞋子合穿嗎？」羅伯就說：「你的鞋子對我來說有點大，你覺得穿我的鞋子怎樣？」書伯說：「有一隻非常緊，一隻卻非常鬆。」

回應者　學生 43：他[書伯]給他鞋子，所以他就不再哭了，但他們可能會在那天過完時再換回來。

回應者　學生 71：但他們也可能不換回來了。

回應者	學生102：我打賭他們會，你有時候也會換鞋子啊！
回應者	學生 48：但是他媽媽會非常生氣。
詢問者	學生 71：如果你的鞋子是自己買來的，你把它弄壞，你媽媽會生氣嗎？
回應者	學生 48：不會。
回應者	學生102：如果是你自己付的錢，你就可以高興怎麼做就怎麼做。
回應者	學生 43：我認為書伯的媽媽不會生氣，因為書上沒有說。
回應者	學生 69：故事裡沒有提到任何有關他媽媽的事情。

（Almasi, 1993, 轉錄稿 #08-41, 1992.12.2）

上面這種學生之間互動模式的例子不同於 I-R-E 那種典型陳述的模式。在提出一個問題之後，不只是一個緊跟著評估的回應，學生會對這些詢問提供幾個回應。這個討論是有焦點的，因為學生的回應與主題有關，而他們也能分享與個人經驗相連結的想法及觀點。

促進者 一旦老師放手將責任交給學生時，他們也會開始藉著鼓勵團員積極參與來促進他們自己的互動。下面的例子中，學生 65 在討論《麥克布倫說實話》（*McBroom Tells the Truth*）（Fleischman, 1989）中就顯示了這點。知道很多其他團體的成員常常主宰討論的觀點，也知道學生 71 相當被動，學生 65 就鼓勵他加入討論：

> 學生102：我喜歡這個故事，因為這是一個很好的故事，它告訴我們他[麥克布倫]是怎樣幾乎被他的好農場給騙了，當他發現那是一個很富饒的土地，及他所播的種都在幾個小時內成長，他……
>
> 學生 94：我喜歡這個故事，因為我有一本故事就像這本一樣，有點是在講人們住在農場及向別人買地的事情。
>
> 學生 65：71，你覺得這個故事怎麼樣？
>
> 學生 71：我覺得不錯，我喜歡。
>
> 學生 65：你會告訴朋友這個故事嗎？
>
> 學生102：我想那是一個很好的故事，我會跟我的朋友或別人分享，

因爲那是一個很有趣的故事，很多的事情發生，還有……

學生 48：當我讀這個故事時，我很喜歡它，當我坐在巴士上時我就告訴我的朋友，他們也認爲那是一個好故事，因爲它是有關西部的，有關一些過去的時間和發生在拓荒者身上的事情。

學生 8：這個故事提醒了我有關在我家後院種了很多蔬菜的事情。

（Almasi, 1993, 轉錄稿 #03-41, 1992.10.14）

在這個例子中，我們看到學生 65 如何有效的負起一個新角色來培養同伴之間的互動，並且鼓勵較安靜的學生 71 來加入討論。當從學生 71 身上得到一個有限但是很明確的反應時，學生 65 藉著問他是否會告訴朋友這樣的一個問題鼓勵他進一步的參與。雖然學生 71 讓學生 102 表現較高的主導性，但是如果學生 65 沒有承擔促進者的角色來鼓勵他參與的話，他可能始終不會加入這個討論。在這個星期接下來的幾天中，學生 71 的同伴持續的鼓勵他參與，一個學期之後，他就能藉著提出引人思考的問題和做有見解的回應來積極的參與了。

評估者 另外一個學生常扮演的角色就是評估者，在這個角色中，學生並不一定要評估他們同伴意見的正確性如何，而是提供另類或不同的觀點。在下面的例子中，這些四年級學生讀了李維（Levy）的《球場上的一些怪事》（*Something Strange at the Ballpark,* 1986），他們分享對此故事的意見以及會如何改進它。

學生 48：我喜歡這個故事，因爲我喜歡棒球。

學生 71：我喜歡這個故事，因爲它是一個神秘的故事。

學生 65：我喜歡這些角色，我希望是手套被偷而不是球棒被偷。

學生 69：我知道，與其球棒被偷，我寧願是手套[被其他團員干擾]手套，我是說球棒，因爲沒有手套你不能玩棒球，但沒有球棒你還是可以玩，因爲你可以跟別人借。

學生 94：我希望什麼都沒有被偷，因爲偷人家東西很不好。

學生102：但那是一個神秘的故事，所以他們必須去偷一些東西。

第一章 討論的新觀點

011

全　　體：[堅定的點頭表示同意]。

（Almasi, 1993, 轉錄稿 #05-41, 1992.10.28）

　　當聽了學生 94 的意見「我希望什麼都沒有被偷，因為偷人家東西很不好。」學生 102 就肩負起評估者的角色，在此他拒絕了他所知的有關神秘文類的意見，他的提示獲得其他團員的注意和贊同。這樣的例子說明了討論中並不是每一個反應都會被接受，如果成員專心聽並真的想協同合作達到新了解，有一些回應會拓展團體的進步，另一些則不會。在這個例子裡，學生 94 的意見並沒有被譴責，只是比較不被接受，而被當成是學生們基於對神秘小說的知識所提出的討論意見。這樣的衝突能促進批判性和評估性的思考，和學生在陳述時擔負被動的角色，只等待老師的評估建議是非常不同的。像我們在簡單的例子中所看到的，當給學生機會承擔在傳統上原是保留給老師的角色時，學生就能準備好將之納入自己的心智庫藏裡。

　　在本文所呈現的討論新觀點裡，學生在建構意義的過程中很清楚的扮演一個更積極的角色。做為詢問者，他們要商議出孩子感興趣和會考慮的討論主題。做為回應者，他們必須積極參與回應同伴的想法。做為促進者，他們必須掌握討論並維護自己行動的責任。做為評估者，則展現對同伴意見聆聽和批判思考的能力。

教師的角色

　　教師在討論中的角色，比起他們在陳述中的角色，也一樣會有所轉變（請看表 1-2）。在一個討論中，老師的表現更像一個促進者，在需要時鷹架學生的互動和解讀。在下面的例子中，取自一個四年級的討論《如果你這麼說，克勞蒂》（*If You Say So, Claude*）（Nixon, 1989），我們看到老師如何藉著鼓勵學生為回應提供理論來鷹架他們的解讀。同樣的，藉著鼓勵學生分享他們同意或不同意別人的意見，老師也讓學生在討論中多擔任評估者的角色：

學生41：這故事的結尾說：「她給克勞蒂從來沒人給過的最大微笑」，而且她說：「如果你這麼說，克勞蒂」，我喜歡故事最後的這個部分。

學生54：我喜歡這個地方，它說：「莎莉向來瞄準的不好，所以她沒射到兔子，這顆老子彈彈回到岩石上，來回的穿越峽谷，重擊猛打，發出尖銳可怕的聲音，莎莉和兔子嚇得發抖，瞪大眼睛互相看著對方。」

老　師：好的，我注意到一件我們做得很好的事情，就是每個人都能發現他們喜歡的部分並提出他們的意見，但是我還沒有聽到為什麼我們喜歡它，或別人是否同意。還有，這個部分對你的意義是什麼？讓我們來談談這個主題。好嗎？

緊跟在老師的鷹架之後，這段對話顯示學生想改進他們討論的初步意圖。

學生93：嗯，在這一頁，我說野豬在哪裡的部分，它，嗯，最先我不知道她拿著什麼，然後當我讀到更多時，書上說蛇就捲在上頭，把牠擠死了。

學生54：我同意，我同意因為這條蛇──但牠看起來不像蛇。

學生93：我知道，牠真的不大像一條蛇。

學生45：那看起來好像她只是用手掌握著……

學生54：……手，像這樣[顯示]。

學生93：嗯嗯……[很確定的點頭]。

學生54：你會看出來，但當你更靠近牠時，你會看到舌頭和頭。

學生45：是啊……嗯嗯……我同意因為這頭，像是蛇的舌頭伸出來，她把蛇捏緊也同時捏緊了牠，豬，野豬。

（Almasi, 1993, 轉錄稿 #03-11, 1992.10.14）

做為解讀和互動的促進者，老師要培養能更專注在一個中心主題上的討論；這個討論開始引導學生到更豐富的了解和解讀上。

第一章　討論的新觀點

在陳述中有一個保留給老師的傳統角色，就是評估學生的反應。如果有人同意文本中確實有一個正確的解讀觀點存在的話，這個角色就是必要的。但是，在討論的新觀點上，意義存在於事件中，而且對不同的個人也有不同的意義；不像比較文本的單一字面意義，老師並不是在追求評估學生知識的正確性（Orsolini & Pontecorvo, 1992），或讀者記憶的內容（Pressley, et al., 1992）。

為了要在討論中評估學生的成功，老師必須考慮下面的問題：在一個討論中學生必須做什麼來顯示他們是有知識的呢？典型而言，我們會假設理解力是學生知識的基礎指標。在陳述的過程中，這樣的知識常在學生回應老師啟動的問題時展示出來，傾向於字面的特性（Gall, 1984）。重述故事事件也被認為是一種評估的工作，用來評量理解力（Johnston, 1983; Mandler & Johnson, 1977; Stein & Glenn, 1979），也顯示出能促進對文本的記憶和理解力（Gambrell, Pfeiffer, & Wilson, 1985）。

有知識的學生在這樣的互動中可以很正確的記憶和重述文本的訊息，這兩個決定知識的方法都是把焦點放在評估一個最後的結果上，這種知識的觀點暗示著文本具有一個固定的解讀能被學生濃縮和說出。這也假設在討論中的口語化呈現出學生對文本的了解和理解力，但是，這種做法卻忽略了社會情境會引發個人了解的重要性（Carlsen, 1991），這說明了文本不只有單一、正確的意義，而且讀者的了解也是透過討論而完成的（Langer, 1992）。

我們將討論中什麼能描繪出學生知識的理解，聚焦在他們從中得到了解或文本解讀的過程上面。這個觀點認同並強調在讀寫轉換中塑造學生逐漸展開的解讀的文化和社會的角色。因此，檢驗在文學討論中所產生的學習和所呈現的知識時，就不能不將活動、情境和教室文化都列入考慮（Brown, Collins, & Duguid, 1989）。學生所得的知識也許可在他們與別人互動時顯現的溝通能力上得到證明（Bloome & Bailey, 1992）。這也可能意味著，學生的能力表現在啟動對話的主題、將他們想要溝通的和已經被討論過的訊息相連結、回應其他人的意見，並用別人能了解的方式談話。

表 1-2　教師的角色：陳述 vs.討論

陳　　述	討　　論
詢問者： • 老師問大部分的問題 • 老師的問題通常是預先決定的而且基於文本的特性	• 老師問很少的問題 • 老師有時候可能會藉著提出鼓勵學生參與的開放問題來示範良好的發問
互動的促進者： • 老師合作／決定誰回答問題 • 大部分的互動和對話在老師的輔導下流暢進行	• 老師盡可能鼓勵學生之間的互動 • 互動不受老師的輔導而流暢進行
解讀的促進者： • 老師的問題通常導致學生單一的文本解讀 • 老師通常會在文本解讀上提供見解	• 老師在解讀議題上保持中立
回應者： • 老師通常獨佔了至少 50%的說話時間	• 老師盡量保持沉默
評估者： • 老師對學生正確的回應幾乎是立刻用口語或非口語的方式給予回饋	• 在互動或解讀的議題上老師只把握最好的機會給予回饋

　　知識也可以表現在學生的解讀能力上，我們也許需要去看一個團體建構意義的過程，以及學生能呈現在某種特定情境中的解讀能力。這樣的知識也許包含了比較角色、與其他的書做文本間的連結、挑戰作者的寫作風格，或從不只一個觀點去批判性的檢驗文本的能力。

　　老師在討論中擔任評估者的角色，是從評量學生回應的正確性轉移到評量學生建構意義的過程。同樣的，當學生學習有意義地和思考周密地與文本互動時，老師表現得更像促進者去鷹架學生的意圖。

討論的益處

　　維高斯基（1978）的理論曾說明社會環境提供學習者去觀察較高層

次認知過程的機會。從這個觀點來看，文學討論也可以被看成是一種社會環境，學生在其中能目睹團體成員如何一起協同合作來建構意義。

當學習者觀察到同伴發展出一種解讀的認知過程學習，在這個情境當中，學習也許會偶爾發生。學習也可能更直接，就是當老師或同儕扮演更有知識的參與者並鷹架這種互動的時候；有了他們的幫助，比起獨立進行，學習者能完成更多（Rogoff, 1990; Vygotsky, 1978）。

參與教室文學討論的優點是非常多的。從認知的觀點來看，學生可以逐漸內化一些與較高層次思考有關的解讀行為。從社會的觀點來看，學生可在社會互動中發展出較好的能力。當學生開始享受閱讀文學的時候，參與也可能誘發情感方面的益處。因此，讓學生參與在討論中的價值是很大的，而且環繞著認知、社會及情感的層面發展。

參與討論的認知的益處

學生 71：我懷疑為什麼……嗯……書伯在鞋店裡說的話，這人有一個 X 光機？

學生102：我不知道為什麼，因為一個賣鞋的人為什麼要買這種機器來賣鞋子？

學生 43：他們通常只要有量鞋子的東西就可以了，你脫掉鞋子放上你的腳。

學生 48：不是機器，那時候他們還沒有這個東西呢。

學生 69：一個 X 光機──他可能是個醫生，同時也是賣鞋子的人。

學生 71：我也是這麼想的。

學生 71：他[主角]說那是用來看腳是不是適合這個鞋子。

學生 48：就像看你的骨頭有多大，你已經長了多少。

學生102：如果你想在 X 光機上看你的皮膚的話──X 光機是幹什麼

用的？

學生 48：這是真的。

學生 43：因爲就是要看腳是不是適合這個鞋子，因爲當你穿到鞋子裡去時，你的皮膚將會蓋在骨頭上。

學生102：事實上這個X光機只是要讓你看你的腳到底多大，皮膚剛好蓋過它。

（Almasi, 1993, 轉錄稿 #08-41, 1992.12.2）

參與協同合作的討論能提供學生一些認知的利益，可從這個四年級的團體討論《書伯的新鞋子》的例子中看到。學生是自然的好問者，當他們有機會說出他們對文本的好奇時，就像學生 71 在這個例子中所做的，學生就會表現出修正了解的能力。

像這例子中學生發問的情形一樣，通常是因爲他們想要達到一個文本的解讀。在這個例子裡，學生不了解爲什麼賣鞋子的人會需要一個 X 光機器，因此，他們經歷了一場介於現代 X 光機的用途及文本所建議的用途之間的衝突。故事的場景是在一九三〇年代，所以學生可能無法把醫療工具的用途與其他目的做聯想。

從認知的觀點來看，當學生被鼓勵說出這些衝突，他們就學會了如何提出不確定的了解，解釋和證明他們的立場，尋找訊息來幫助他們解決這些不確定性，並學會去看另類的觀點（Almasi, 1995; Brown, & Palincsar, 1989; Doise & Mugny, 1984; Johnson & Johnson, 1979; Mugny & Doise, 1978; Webb & Palincsar, 1996）。

另外一個認知的益處就是學生能在互動中彼此學習，在一個協同合作的討論中，一個學生能幫助另外一個可能感到不確定的學生。因此，當他們學習解讀文本時，同儕可以彼此運作像家教老師的功能。下面的例子中，我們看到學生 13 提出一個不確定的問題，是關於《球場上的一些怪事》故事中一隻狗的行動。

學生13：爲什麼當別人拉狗的尾巴時牠會

☞ 當他們學習解讀文本時，同儕可以彼此運作像家教老師的功能。☚

跳起來？

學生52：因為……

學生89：因為有人拉牠的尾巴。

學生52：嗯嗯……牠聞到味道，聞到手套的味道，所以牠跟在馬歇爾的後面跑。

學生13：[閱讀文本]「牠跳起來，好像是有人在拉牠的尾巴一樣」，其實沒有人在拉牠的尾巴，牠跳起來好像有人在拉牠的尾巴，其實沒有人拉。

學生89：這裡寫的很清楚……「吉爾把它綁在弗來查的尾巴上[看不見的繩子]，這棒球手套是一個陷阱，吉爾把它綁在弗來查的尾巴上[用看不見的繩子]。

學生13：偵探的裝備。

學生52：喔……是的！我知道了！

學生89：就在這裡，看，讀一遍。

學生52：所以看它……它……上面說：「吉爾把它綁在弗來查的尾巴上，她……」

學生89：「……用我的偵探箱裡面看不見的繩子。」

（Almasi, 1993, 轉錄稿 #05-61, 1992.10.28）

在這個例子中，我們能看到當學生在輪流指導彼此時，他們在「最近發展區」（ZPD）中的工作（Vygotsky, 1978）。一開始當他們分享想法時，學生 13 扮演學習者的角色，而學生 89 及 52 則是同儕家教。因為學生 13 對這訊息不滿意，她就運用了一個認知的策略，從文本中找尋訊息來幫助她解決這個矛盾。她所找到的訊息足以說服其他學生改變他們的解讀。一段時間後，學生 13 運用參考文本的認知策略來解決不確定的做法，會逐漸被其他的團員內化。他們可能會用在其他時候，來解決他們自己的不確定性或其他團員所提出的問題。因此，當學生有機會彼此互動時，他們是沈浸在不同的較高認知功能當中，使他們能逐漸內化這些功能（Almasi, 1995; Almasi & Gambrell, 1994）。

當學生與別人分享他們的想法時，他們的觀點就成為一個值得反思

的主題。藉著分享，這些想法可以讓所有的團體成員來調查，而且提供一個機會讓學生擴充其有限的認知。因此，學生在討論中的互動也許是能促進批判性思考及考慮多元觀點能力的一個很重要的因素（Prawat, 1989），也能發展確定、延伸和修正他們個人文本解讀的能力（Eeds & Wells, 1989; Leal, 1992）。

　　同時上述的例子也證明了，當讓學生自發的探討他們自己的文學討論主題時，他們的對話品質也就隨之改善。學生參與文本討論不但能加入更多的文本對話，同時他們的對話品質，也比參與傳統老師引導的陳述活動中的學生對話，來得更複雜（Almasi, 1995; Almasi & Gambrell, 1994; Eeds & Wells, 1989; Leal, 1992; Sweigart, 1991）。此外，當老師提供更多機會讓學生分享他們對文本的意見時，學生所分享的反應型態會更加廣泛（Martinez, Roser, Hoffman, & Battle, 1992），更會對文本提出他們個人的回應（McGee, 1992）。

參與討論的社會—情緒的益處

　　文學討論的焦點是放在透過教室的社會情境中的互動和意義商討而建構解讀的過程。學生是藉著參與在現存社會中知識轉換的核心過程型態中而學會了讀寫（Cook-Gumperz, 1986）。部分的討論文化包含了個人在團體中擔任的參與角色。在被界定為「陳述」的互動中，學生和老師較傾向承擔靜態的角色（Baxter, 1988）；老師承擔詢問者和評估者的角色，學生則承擔回應者的角色。在教室的文學討論中，這種特點會擴充對話和互動，學生扮演不同的角色，也能夠承擔傳統上保留給老師的角色（McMahon, 1992; O'Flahavan, 1989）。

　　在教室討論裡，學習的責任從老師轉移到學生身上，在這樣的環境中，學生學習如何彼此互動時，他們開始相信能控制自己的學習（Alvermann, O'Brien, & Dillon, 1990; O'Flahavan, 1989; Slavin, 1990）。下面的例子說明老師如何藉由教學生策略以進行更有效的互動而達到鷹架的功能。老師指出學生多次轉換主題，卻沒有探討任何議題的細節。這種行為的型態讓學生知道，他們沒有維持一個對話的主題，也提醒他們應避免主

題的改變。

> 學生54：我的問題是，爲什麼這匹黑色種馬如此的粗暴？
>
> 學生61：我的問題是，爲什麼牠每年都要跑？
>
> 學生46：我認爲爺爺敢騎「滾雷」是很勇敢的，而且他很強壯能夠抓住……
>
> 老　師：在你們繼續之前，讓我提一些問題來問你們；我們剛剛有人提了一個問題，另一個人又問了一個問題，另外有一個人給了意見。我們有三件不同的事情同時在進行，卻沒有完成任何一件。我們是不是每次只接一個問題，完成它，然後再繼續下去，好嗎？
>
> 學生41：我不會想要去騎「滾雷」，因爲牠太粗野了，即使有人給我五百塊錢，我也不會騎牠，我可不想被一隻馬摔出去。
>
> 學生54：這隻黑色種馬如此粗暴，因爲牠是野生的，不習慣被訓練。
>
> 學生57：牠也不習慣被騎。
>
> 學生61：[對著學生54]你在改變這個主題喔！
>
> （Almasi, 1993, 轉錄稿 #02-11, 1992.10.7）

在幾分鐘的時段內，老師的建議被學生接納照做了，在這個例子裡，學生 61 承擔了修正這個團體維持主題的能力的責任，並指出學生 54 改變主題，從其他人問的爲什麼爺爺每年都騎這匹馬的問題，改變到早先未解決的爲什麼這匹馬如此粗野的問題上。因此，學生參與討論時，不只學習如何社會性的與人互動和發展溝通的能力，同時也要學著對自己的學習負責。

從另外一個觀點來看，學生參與討論時，也會得到和怎樣認知自己能力及對待別人態度有關的社會情緒議題的益處。Slavin（1990）曾指出，當在培養學生對不同種族或族群背景的積極態度和友誼、接受在主流課業上表現不良

☞ 學生參與討論時，不只學習如何社會性的與人互動和發展溝通的能力，同時也要學著對自己的學習負責。☜

的學生、同學之間的積極關係、與別人合作、從同班同學得到支持，以及辨明別人的觀點和了解他人感受的能力等等時候，學生參與討論都可以增加他們的自尊。

參與討論的情感益處

從一個最近關於教育進步的國家評量的分析資料中發現，社會互動與閱讀活動有正相關（Guthrie, Schafer, Wang & Afflerbach, 1995）。特別是，任何年齡的學生只要與他們的朋友或父母談論有關所讀的東西，比起較少參與讀寫行為的對話的學生，都會是更積極的讀者。這樣的訊息與 Morrow 和 Weinstein（1986）的發現是一致的，他們發現：當學生和老師參與對所讀文本的想法的討論和辯論時，他們閱讀的範圍就會增加。

這些發現說明了能討論所讀的學生，比較可能會參與在閱讀當中；當學生有機會討論他們所讀的是什麼時，藉著分享所讀過文本的想法和情感，他們更可能會有美感的回應（Many & Wiseman, 1992）。這可以從下面一段四年級關於《如果你這麼說，克勞蒂》的討論摘錄中得到證明：

學生 69：我不喜歡這故事的部分是因為只有兩個主角，他們並沒有真的說任何有關他們或他們的房子的事，他們什麼也沒有說。

學生 65：你看，我以為莎莉是唯一的主角，我不認為克勞蒂是一個主角。

學生 69：但書上一直說：「如果你這麼說，克勞蒂。」

學生102：是啊，但是克勞蒂根本沒有在裡面啊，但莎莉是主……

學生 65：但是莎莉說了這句話。

學生 71：我有沒有說過這個故事讓我想起當我在巴帝摩爾時候的事？他們有這樣的東西，他們有馬，還會運一些東西，但那不叫馬車。

☞ 能討論所讀的學生，比較可能會參與在閱讀當中。☜

學生 94：這讓我想起離我們家不遠的一個地方，那裡的人戴帽子……我應該說他們在頭上戴著軟帽。

學生102：就像學生 69 說的，這沒有很多的角色，我認為他們應該在這個故事上加更多角色。

學生 94：我最喜歡的角色是克勞蒂。

學生102：我認為這是一個有趣的故事，因為她[莎莉]並沒有什麼好目標，她到處發射子彈卻沒有傷到任何人，像是山貓，只打到樹和東西倒下來，滾到山下。

學生 65：我認為她沒有好目標是因為她沒有瞄準。

（Almasi, 1993, 轉錄稿 #04-41, 1992.10.22）

在這段摘錄中，學生提出對角色及作者寫作風格的一種回應，他們建議也許加入更多的角色可以改進這個故事。此外，學生也能將故事的部分內容和他們自己的經驗相連結。

學生同時能從討論中獲益，因為他們經常從自己身為個人及學習者上有所發現。他們的回應顯現了他們的信念、態度和學習策略。下面這個例子是四年級學生分享了他們對《麥克布倫說實話》（*McBroom Tells the Truth*）的回應，學生分享了他們第一次接觸所有的麥克布倫的十一個孩子一起出現在文本中的時候的反應：「我面向我們的孩子，『Will*jill*hester*chester*peter*polly*tim*tom*mary*larry*and*little*clarinda*』」。

學生102：首先[當我看到這名字時]我想：「這是什麼意思啊？」然後我就唸出所有的 Will、Jill 和每個人的名字。我非常驚訝他們有這麼多孩子，我在想他們的名字中間應有一些空間吧，但是他們彼此都連在一起，因此我想那是一個名字。

學生 94：當我第一次看到這名字時，我就跳過去，讀到故事最後，然後再回來這裡，我就了解那是什麼意思了。

學生 65：我認為這很奇怪。

（Almasi, 1993, 轉錄稿 #03-41, 1992.10.14）

在分享了他們對這不尋常的文本以及他們處理這個文本的策略的回應時，學生顯示了他們自己的學習策略，這能幫助他們對文本和自己有新的了解。

當學生參與文學討論時，有許多的機會可讓認知、社會、情感和情緒方面得到成長，當教室文化能提供從事真正討論的機會時，學生對讀寫過程的認知以及他們的讀寫能力，就會被反應這種文化的方式所影響。原本認為討論只是老師的一種評量工具的觀點，將讓位給強調以說話來建構有意義的文學解讀的重要性的觀點。

參考書目

Almasi, J.F. (1993). *The nature of fourth graders' sociocognitive conflicts in peer-led and teacher-led discussions of literature.* Unpublished doctoral dissertation, University of Maryland, College Park.

Almasi, J.F. (1995). The nature of fourth graders' sociocognitive conflicts in peer-led and teacher-led discussions of literature. *Reading Research Quarterly, 30*(3), 314-351.

Almasi, J.F., & Gambreli, L.B. (1494). *Sociocognitive conflict in peer-led and teacher-led discussions of literature* (Research Report No. 12). Athens, GA: Universities of Maryland and Georgia, National Reading Research Center.

Alvermann, D.E., O'Brien, D.G., & Dillon, D.R. (1990). What teachers do when they say they're having discussions of content area reading assignments: A qualitative analysis. *Reading Research Quarterly, 25*(4), 296-322.

The American Heritage Dictionary (3rd edition, 1992). Boston, MA: Houghton Mifflin.

Barr, R., & Dreeben, R. (1991). Grouping students for reading instruction. In R. Barr, M. L. Kamil, P.B. Mosenthal, & P.D. Pearson (Eds.), *Handbook of reading research* (Vol. 2, pp. 885-910). White Plains, NY: Longman.

Baxter, E.P. (1988). Turn-taking in tutorial group discussion under varying conditions of preparation and leadership. *Higher Education, 17,* 295-306.

Bleich, D. (1978). *Subjective criticism.* Baltimore, MD: Johns Hopkins University Press.

Bloome, D. (1985). Reading as a social process. *Language Arts, 62*(2), 134-142.

Bloome, D., & Bailey, F. M. (1992). Studying language and literacy through events, particularity, and intertextuality. In R. Beach, J.L. Green, M.L. Kamil, & T. Shanahan (Eds.), *Multidisciplinary perspectives on literacy research* (pp. 181-210). Urbana, IL: National Conference on Research in English and the National Council of Teachers of English.

Bloome, D., & Green, J.L. (1992). Educational contexts of literacy. In W.A. Grabe (Ed.),

Annual review of applied linguistics (Vol. 12, pp. 49-70). New York: Cambridge University Press.

Brown, A.L., & Palincsar, A.S. (1989). Guided, cooperative learning and individual knowledge acquisition. In L.B. Resnick (Ed.), *Knowing, learning, and instruction: Essays in honor of Robert Glaser* (pp. 393-451). Hillsdale, NJ: Erlbaum.

Brown, J.S., Collins, A., & Duguid, P. (1989). Situated cognition of learning. *Educational Researcher, 18,* 32-42.

Carlsen, W. (1991). Questioning in classrooms: A sociolinguistic perspective. *Review of Educational Research, 61*(2), 157-178.

Cazden, C.B. (1986). Classroom discourse. In M.C. Wittrock (Ed.), *Handbook of research on teaching* (3rd ed., pp. 432-463). New York: Macmillan.

Cook-Gumperz, J. (1986). Introduction: The social construction of literacy. In J. Cook-Gumperz (Ed.), *The social construction of literacy* (pp. 1-15). New York: Cambridge University Press.

Dillon, J.T. (1984). Research on questioning and discussion. *Educational Leadership, 42* (3), 50-56.

Doise, W., & Mugny, G. (1984). *The social development of the intellect.* Oxford, UK: Pergamon Press.

Eeds, M., & Wells, D. (1989). Grand conversations: An exploration of meaning construction in literature study groups. *Research in the Teaching of English, 23*(10), 4-29.

Fish, S. (1980). *Is there a text in this class: The authority of interpretive communities.* Cambridge, MA: Harvard University Press.

Foertsch, M.A. (1992, May). *Reading in and out of school: Factors influencing the literacy achievement of American students in grades 4, 8, and 12, in 1988 and 1990* (Vol. 2). Washington, DC: National Center for Education Statistics.

Gall, M. (1984). Synthesis of research on teachers' questioning. *Educational Leadership, 42*(3), 40-47.

Gall, M.D., & Gall, J.P. (1976). The discussion method. In N.L. Gage (Ed.), *The psychology of teaching methods* (no. 75, pt. 1, pp. 166-216). Chicago, IL: University of Chicago Press.

Gambrell, L.B., Pfeiffer, W.R., & Wilson, R.M. (1985). The effects of retelling upon reading comprehension and recall of text information. *Journal of Educational Research, 78*(4), 216-220.

Gee, J. (1992). Socio-cultural approaches to literacy (literacies). In W.A. Grabe (Ed.), *Annual Review of Applied Linguistics* (Vol. 12, pp. 31-48). New York: Cambridge University Press.

Guthrie, J.T, Schafer, W.D., Wang, Y.Y., & Afflerbach, P. P. (1995). Influences of instruction on reading engagement: An empirical exploration of a social-cognitive framework of reading activity. *Reading Research Quarterly, 30*(1), 8-25.

Heap, J.L. (1992). Ethnomethodology and the possibility of a metaperspective on literacy research. In R. Beach, J.L. Green, M.L. Kamil, & T. Shanahan (Eds.), *Multidisciplinary perspectives on literacy research* (pp. 35-56). Urbana, IL: National Conference on Research in English and the National Council of Teachers of English.

Iser, W. (1980). The reading process: A phenomenological approach. In J. P. Tompkins (Ed.), *Reader response criticism: From formalism to poststructuralism* (pp. 50-69). Baltimore, MD: Johns Hopkins University Press.

Johnson, D.W., & Johnson, R.T. (1979). Conflict in the classroom: Controversy and learning. *Review of Educational Research, 49,* 51-70.

Johnston, P.H. (1983). *Reading comprehension assessment: A cognitive basis.* Newark, DE: International Reading Association.

Langer, J.A. (1992). Rethinking literature instruction. In J.A. Langer (Ed.), *Literature instruction: A focus on student response* (pp. 35-53). Urbana, IL: National Council of Teachers of English.

Langer, J.A., Applebee, A.N., Mullis, I.V.S., & Foertsch, M.A. (1990). *Learning to read in our nation's schools: Instruction and achievement in 1988 at grades 4, 8, and 12.* Princeton, NJ: Educational Testing Service.

Leal, D. (1992). The nature of talk about three types of text during peer group discussions. *Journal of Reading Behavior, 24*(3), 313-338.

Mandler, J.M., & Johnon, N.S. (1977). Remembrance of things parsed: Story structure and recall. *Cognitive Psychology, 9,* 111-157.

Many, J.E., & Wiseman, D.L. (1992). The effect of teaching approach on third-grade students' response to literature. *Journal of Reading Behavior, 24*(3), 265-287.

Martinez, M., Roser, N.L., Hoffman, J.V., & Battle, J. (1992). Fostering better book discussions through response logs and a response framework: A case of description. In C.K. Kinzer & D.J. Leu (Eds.), *Literacy research, theory, and practice: Views from many perspectives* (41st Yearbook of the National Reading Conference, pp. 303-311). Chicago, IL: National Reading Conference.

McGee, L. (1992). An exploration of meaning construction in first graders' grand conversations. In C.K. Kinzer & D.J. Leu (Eds.), *Literacy research, theory, and practice: Views from many perspectives* (41st Yearbook of the National Reading Conference, pp. 177-186). Chicago, IL: National Reading Conference.

McMahon, S. (1992). *A group of five students as they participate in their student-led book club.* Unpublished doctoral dissertation, Michigan State University, East Lansing, MI.

Mehan, H. (1979). *Learning lessons.* Cambridge, MA: Harvard University Press.

Morrow, L.M., & Weinstin, C.S. (1986). Encouraging voluntary reading: The impact of a literature program on children's use of library corners. *Reading Research Quarterly, 21,* 330-346.

Mugny, G., & Doise, W. (1978). Socio-cognitive conflict and structure of individual and collective performances. *European Journal of Social Psychology, 8,* 181-192.

O'Flahavan, J.F. (1 989). *An exploration of the effects of participant structure upon literacy development in reading group discussion.* Unpublished doctoral dissertation, University of Illinois, Urbana-Champaign.

Orsolini, M., & Pontecorvo, C. (1992). Children's talk in classroom discussions. *Cognition and Instruction, 9*(2), 113-136.

Prawat, R. (1989). Promoting access to knowledge, strategy, and disposition in students: A research synthesis. *Review of Educational Research, 59*(1), 1-41.

Pressley, M., El-Dinary, P. B., Gaskins, I., Schuder, T., Bergman, J., Almasi, J.F, & Brown, R. (1992). Beyond direct explanation: Transactional instruction of reading comprehension strategies. *The Elementary School Journal, 92*(5), 513-555.

Rogoff, B. (1990). *Apprenticeship in thinking: Cognitive development in social context.* New York: Oxford University Press.

Rosenblatt, L.M. (1938/1976). *Literature as exploration.* New York: Modern Language Association.

Rosenblatt, L.M. (1978). *The reader, the text, the poem: The transactional theory of the literary work.* Carbondale, IL: Southern Illinois University Press.

Slavin, R.E. (1990). *Cooperative learning: Theory, research, and practice.* Englewood Cliffs, NJ: Prentice Hall.

Stein, N.C., & Glenn, C.G. (1979). An analysis of story comprehension in elementary school children. In R. O. Freedle (Ed.), *New directions in discourse processing* (pp. 53-120). Norwood, NJ: Ablex.

Sweigart, W. (1991). Classroom talk, knowledge development, and writing. *Research in the Teaching of English, 25*(4), 469-496.

Vygotsky, L.S. (1978). *Mind in Society.* Cambridge, MA: Harvard University Press.

Webb, N.M., & Palincsar, A.S. (in press). Group processes in the classroom. In D. Berliner & R. Calfee (Eds.), *Handbook of research in educational psychology.* New York: Macmillan.

兒童文學參考書目

Fleischman, S. (1989). McBroom tells the truth. In B.E. Cullinan, R.C. Farr, W.D. Hammond, N.L. Roser, & D.S. Strickland (Eds.), *Crossroads* (pp. 765-788). Orlando, Fl: Harcourt Brace Jovanovich.

Levy, E. (1986). Something strange at the ballpark. In V.A. Arnold & C.B. Smith (Eds.),

Winning moments (pp. 127-140). New York: Macmillan.

Nixon, J.L. (1989). If you say so Claude. In B.E. Cullinan, R.C. Farr, W.D. Hammond, N. L. Roser, & D.S. Strickland (Eds.), *Crossroads* (pp.239-254). Orlando, FL: Harcourt Brace Jovanovich.

Peck, R.N. (1986). Soup's new shoes. In V.A. Arnold & C.B. Smith (Eds.), *Winning monents* (pp. 276-286). New York: Macmillan.

Sobol, D. (1986). The case of the crowing rooster. In V.A. Arnold & C.B. Smith (Eds.), *Winning monents* (pp. 346-352). New York: Macmillan.

Strete, C.K. (1986). Grandfather and rolling thunder. In V.A. Arnold & C.B. Smith (Eds.), *Winning moments* (pp. 343-362). New York: Macmillan.

鮮活的討論！——培養專注的閱讀

第二章

有關討論的研究顯示了什麼

琳達・甘柏瑞

一個傳統的訓誡告訴我們，魚可能是最不能知覺到水的一種生物。對我們這些教書的人而言，整天都在講話，這也形成我們最原始的行動模式；這是我們的媒介、我們的氛圍、也是我們的實體，因此，大部分的時候我們也是看不見的。因為說話對我們來說是看不見的，我們也很少把它當作是在教學或學習上需要認真考慮的事情。

(Rubin, 1990, p.5)

　　本章的三個目的是要為這近來再現的有關討論在閱讀和語文課程上的角色的興趣，呈現一個簡短的理論；將討論放在一個適當的觀點，對照其他形式的口語互動，並摘要有關討論的研究。對討論的研究可沿著兩條線來看，第一條線是特別強調參與討論會如何幫助學生學習；第二條線則是有關會影響討論的因素。

讓討論看得見

　　本章的焦點主要是放在國小教室所做的研究上，用以描寫我們所知討論對學生學習的影響。我們很需要了解討論如何對學習有貢獻，因為這些技巧、時間和努力對於創造促進參與討論的教室文化非常必要。討論如何促進學習？是否值得這樣的時間和努力？什麼樣的老師行為會促進討論？這些都是研究者和教育學家曾經思考了幾個世紀的問題。最近，對小團體討論的興趣再度出現，特別是與閱讀理解和從文本學習有關。一些最近讀寫期刊裡的文章，描寫了與小組討論有關的教室實作，以及探討討論對學生學習結果影響的研究。其中可以清楚看到，討論逐漸變得更加顯而易見，不論是在教育文獻上，或在實際的教室現場中（Barton, 1995; Commeyras, 1994; Horowitz & Freeman, 1995; Roller & Beed, 1994; Villaume & Hopkins, 1995; Villaume, Worden, Williams, Hopkins, & Rosenblatt, 1994; Wiencek & O'Flahavan, 1994）。

　　任何想要回顧討論研究的意圖都必須從檢驗討論本身的特性和定義開始。教育理論和研究常呈現了一個討論的觀點，就是把它理想化成為某些必須要努力去求取的事，因為這才能達到更高的學生表達和參與，以及造成學習的增加。進一步而言，這種理想化的模式通常是屬於維高斯基學派架構的一部分，把社會互動看成能有效的導致認知發展（Vygotsky, 1978）。在這個架構之內，討論的本質是對話性的：它不完全是被單一的參與者所控制，而是像自然的對話那樣產生，每個人參與在一個很自由而開放的想法交換中。依照Lindfors（1990）的說法，有效的討論是一種「邀請和維持孩子說話和回應的持續過程……，當他們進行最深的人類思考，與其他人連結、來了解他們的世界，並在其中顯露自己。」（p. 38）

對討論的興趣再現

對討論議題的興趣再現，或許可以歸因到與最近在閱讀和語文教學上的理論與實作。首先，由不斷增加的證據顯示，比起以前，老師現在在閱讀和語文課程上使用了更多的文學（Gambrell, 1992; Strickland, 1995）。再者，文學特別適合用在以學生為中心的廣泛活動中，這包括了回應和解讀一個作者所寫的內容。因此，在一個以文學為閱讀課程基礎的教室中，當學生參與「文學圈」（literature circles）、「想法圈」（idea circles）、「圖書俱樂部」（book clubs），或「讀者反應團體」（reader response groups）時，討論就負起了一個更重要的角色。

對討論的興趣增加的第二個原因是強調有意義的語文統整，當參與者加入交換想法、回應和對文學及他人的想法做反應時，討論會把聽、說和思考技巧聚集在一起。

第三個原因是目前的學習理論把學生當做是一個積極的學習者，他們參與知識的建構，這個理論建議教學原本的目的，是幫助學生建構個人的意義以回應新的經驗，而不只是學習其他人所創造的意義而已（Poplin, 1988）。

第四個最近專注在討論上的原因，是在討論與知識的社會建構的明顯連結，意義的創造是通過學生的社會互動而學習的，特別是當他們在小組中討論和解讀文本的時候。當學生觀察並參與文本的討論時，創造意義的方式就非常明顯。依照 Straw 和 Bogdan（1993）的說法，參與文本討論，可以幫助學生成為「積極的對話就是閱讀，對話介於讀者和文本之間，在文本、團體和讀者之間」的一部分。

☞ 當參與者加入交換想法、回應和對文學及他人的想法做反應時，討論會把聽、說和思考技巧聚集在一起。☜

討論在談話光譜中的位置

　　Rubin（1990）建議一種形容談話的方法，就是去想一想我們能和觀眾互動的範圍。他指出這種互動的擴充的圓圈，是從跟我們自己講話到對很多觀眾講話的範圍。例如：我們可以參與自我的溝通，也就是內在語言（inner speech）或自言自語。當我們和另一個人一對一說話的時候，就是個人的對話；如果對話包括了我們知道的好幾個個人，就被定義為小團體討論；當我們參與大團體，介於說者和聽者角色之間，有一個很明確的區分和不平等，這種說話就會被定義為公開的溝通或陳述。在這種情況下，其他團體成員不能說話，只有一個人獨白（請看艾瑪西在本書第一章對陳述的描寫）。最後，當談話被科技所仲介，而無法明確了解哪一個觀眾成員是被「調和」到訊息中的話，就被定義為廣播。呈現在圖 2-1 中的談話模式，是依據並延伸了 Rubin（1990）對談話型態的分類基模，這提供了一個考慮到好幾個重要溝通層面的談話觀點。首先，談話可以從非正式到正式的說話之間的光譜來看；第二，它也可以被考慮成不同型態的談話；第三，可以從觀眾被強調的觀點來看。在圖 2-1 所呈現的模式裡，值得注意的是小團體討論剛好是在談話光譜的正中間，介於非正式和較正式的溝通模式之中，正如小團體討論位於談話光譜「中間」的意思一樣，這也是本書的核心焦點。當學生參與小團體的討論時，比起在其他形式的談話結構中，他們有比較多的機會談話、互動、解讀、澄清和交換觀點。

　　在過去，典型的教室討論非常依賴公開的溝通，或陳述模式的互動，老師就是訊息的轉換者。老師說話並且發問，學生則聽了再回答

> 當學生參與小團體的討論時，比起在其他形式的談話結構中，他們有比較多的機會談話、互動、解讀、澄清和交換觀點。

老師所提出的問題（White, 1990）。這種以老師為中心的教學型態，提供學生很少的機會進入學習的對話中，老師控制了時間、結構和教室談話的內容，給學生有限的機會來發展 Rubin（1990）所指的「回應─能力」（response-ability）。

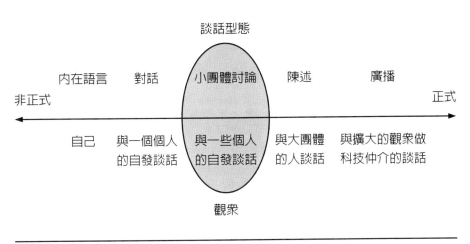

圖 2-1　一個談話光譜的模式

☙ 討論是回應─能力

　　如果學生要發展批判和創造性思考的技巧的話，他們必須有機會對文本做回應，這種回應文本的能力，或回應─能力，是社會性的仲介，也是在讀寫團體中社會化的過程學到的。因此，只要學生有機會與文本和解讀團體的其他成員商議意義的話，自然就能培養回應─能力。因為如此自然，回應─能力需要環繞著文本的社會互動。在很多方面，回應─能力反映了維高斯基式的觀

☞ 回應─能力需要環繞著文本的社會互動。☜

第二章　有關討論的研究顯示了什麼

點（1978），也就是相信學習是經由社會互動來達成的。依據 Straw 和 Bogdan（1993）的說法，這種觀點「就是為以社會化為基礎的教室辯論，能引導學生商討的教室，就是閱讀行動的意義創造的核心」（p.4）。

今天很多的教室中，當學生參與小團體討論他們所讀的東西時，他們能更完整的投入學習的對話中；特別的是，協同合作學習的研究曾經鼓勵老師提供更多機會給學生工作和在小團體中互動（Slavin, 1989, 1990）。學生比較可能參與在他們能解決問題和創造性思考的協同合作方案和小團體的討論中。學生也比較可能投入小團體討論中有關由誰說、和要討論什麼的決定。相反的，老師就比較可能把他們自己看成是一個教練或促進者，培養和支持孩子參與豐盛而有意義的討論。在今日教室中這個有關討論角色的新觀點，增加了學生發展回應能力和較高層次思考技巧的機會。

研究顯示有關討論和學生的學習

許多現存的有關討論主題的研究圍繞在陳述的模式，這些研究主要都是針對中學的老師和學生做的（Alvermann, 1986; Alvermann, O'Brien, & Dillon, 1990），直到最近才開始把重點放在小團體討論，以及對小學生學習的影響上（Almasi, 1995; Wiencek & O'Flahavan, 1994）。這些逐漸萌發的研究，說明了有很多正向的教育結果，與在小學使用小團體的討論有關（Gall, 1987: Gall & Gall, 1976, 1990; Gall & Gillett, 1980）。以下將呈現一個簡短的研究回顧，說明參與文本的討論導致較深的了解、較高層次的思考，和改善的溝通技巧。

討論能促進對文本較深的了解　一些有關討論的研究發現，當孩子參與小團體的文本討論時，正面的影響會自然增加。研究也記錄著討論能增進文本記憶、審美反應和閱讀理解力。

由 Palincsar（1987）和 Palincsar 與 Brown（1984）等所做的研究，支持討論是可以促進對文本深度了解的有效方法的主張。閱讀是孩子可獲

得訊息的一種最初始的方法，當大部分的學生能夠解碼，並抓住他們所讀訊息的意義時，很多學生仍有理解文本方面的困難。Palincsar 發展並研究相互教學的技巧（reciprocal teaching），能夠讓學生參與有結構的討論。在相互教學中，一個學生志工負起老師的角色，並問其他學生讀過什麼，其他的團體成員則被鼓勵發問並提供意見。學生參與時詢問四種型態的問題：(1)問文本中重要的訊息。(2)問關於文本的摘要。(3)問有關文本的澄清部分。(4)問預測快要發生的事情，或是文本中特別的內容。Palincsar 的研究結果顯示，這種相互教學團體的閱讀理解遠超過比較組的表現。

在 Morrow 和 Smith（1990）針對幼稚園學生的研究中，孩子能夠加入老師為他們朗讀故事的小團體討論中時，比起那些跟老師一對一討論，或參與全班團體討論的孩子的表現，往往會有更超越的故事記憶力。再者，Eeds 和 Wells（1989）的研究也記錄了學生在討論中對文本高品質的審美反應。他們的研究中，學生對文本做的意義建構和個人解讀，會依與其他團體成員互動的結果來修正。總之，這些研究都支持討論可以促進學生對文本深度了解的效果。

討論能增加較高層次的思考和問題解決的能力　有一些研究曾經探討討論對小學生的較高層次思考和問題解決能力的影響。Hudgins 和 Edelman（1986）曾檢驗參與小團體討論對四年級和五年級學生的批判性思考的影響。批判性思考是指能對學生的結論提供證據，和在接受結論之前向人要求證據的一種特性。老師被教導如何在討論中減少說話的數量，並鼓勵學生在討論中負起思考和說話的責任。雖然實驗組和控制組在批判性思考的測驗上，並沒有顯著的差異，但是討論的分析卻顯示，實驗組比控制組的學生，在討論做結論時會提出比較多的支持證據。

一個由 Almasi（1995）所執行的研究，比較了學生引導和老師引導的討論團體，其中一個主要的發現就是，在學生引導的討論當中，能允許學生在解讀文本時有較多的參與角色，也能加入較高層次的思考和問題解決。對此發現的解釋之一就是，學生引導的討論能讓學生去嘗試他

> 🖙 **學生引導的討論能讓學生去嘗試他們自己的思考和參與探索的思考，導致較延伸和更深入的心智表現，以及較高層次的分析性思考。** 🖘

們自己的思考和參與探索的思考，導致較延伸和更深入的心智表現，以及較高層次的分析性思考。此外 Almasi（1995）也發現，學生引導的討論比起老師引導的討論，會造成更延伸和更高層次的討論；也常被典型化為有更多學生的說話、較高層次的思考、團體份子較廣的參與、在團體內較大的結合力，以及更豐富的探索等。

Villaume 和 Hopkins（1995）以及 Green 和 Wallet（1981）等人的研究都記錄了學生在小團體討論中彼此互動的方式，這些研究提供了無數有關討論如何刺激和鷹架學生思考的例子。此外，這些研究也支持深入的批判性思考可藉討論來發展，也建議學校應有更多的小團體討論，而不只是讓學生對老師的發問回應而已（Almasi, 1995; Morrow & Smith, 1990）。

討論可以改進溝通的技巧 最近由 Almasi（1995）以及 Eeds 和 Wells（1989）所做的研究顯示，當學生能夠更有經驗的進行團體討論時，他們的溝通技巧就會自然的增進。討論的研究表示了溝通行為的增加，像是學生與學生互動的發生、認同和感謝前面的說話者、要求確認，以及負起一個與他們自身不同角色的能力等（Almasi, 1995; Goatley & Raphael, 1992; Phillips, 1973）。

討論同時也是一種可以幫助學生發展社會所需的態度的方法，例如：討論可以讓學生接觸那些能改變他們態度或增強現有態度的訊息。在一個 Fisher 所做的研究中（1968），五年級的學生被隨機分發到三個實驗組中。一組是讀一系列促進對美國原住民有正面態度的故事；第二組也讀同樣的故事，但參與讀後的討論；第三組是控制組，不讀故事，也不做討論。這個研究的主要發現就是，相較於其他兩組，討論造成很明顯的態度上的改變，參與討論的小組也產生了更積極的對待美國原住

民的態度。

討論同時也能幫助學生發展Slavin（1977）所稱的「社會的連結」。讓學生參與強調討論和互動的協同合作的學習團體中，發現對種族之間的友誼和跨種族的態度上都有積極的影響（Slavin, 1977, 1989, 1990）。當與同學在小組討論中的互動受到鼓勵和支持時，學生就有機會去發展這種與人溝通和有效工作的技巧和行為。

研究顯示會影響討論的因素

新的研究顯示有效的討論看起來會是什麼樣子？我們現在知道討論的品質是由一些因素所決定的，例如團體的大小、領導能力、文本型態，以及文化背景等。此外，研究也支持一個觀點，就是即使是幼兒也能參與討論和從參與討論團體中學習，有特殊需要的孩子也能從中獲益。

討論會受文本型態的影響　至今只有一些研究探討了內容或文本型態（故事體或說明性）與孩子討論之間的關係。Leal（1992）曾經做了一個研究，調查文本型態對孩子的故事討論品質的影響。一年級、三年級和五年級的學生被分配到三個實驗組中，他們分別是聽故事書、訊息書、或訊息性故事書。訊息性故事書是基於訊息，卻以一種故事體的型式來呈現（例如魔法校車系列）。這個研究的結果顯示，在年齡程度和文本型態上都有很重要的差別。就如預期的，年紀較大的學生在協同合作上比較成功，而且他們的討論比較會依賴同儕的意見。這研究的主要發現是這種訊息性故事書，比起故事類或說明類的文本都更能夠促進討論。在討論訊息性故事書時，比起其他兩種文本型態，各年級的學生都能提供更多的思考，也更依賴同儕的意見。這個研究的結果說明了以文本為基礎的討論的品質和組織是受文本型態影響的。

☞　討論的品質是由一些因素所決定的，例如團體的大小、領導能力、文本型態，以及文化背景等。☜

在一個對幼稚園和二年級孩子所做的研究中，Horowitz 和 Freeman（1995）發現，當要求學生處理科學文本的時候，討論在學生的喜好、難度意識和對作者目的的了解上，都能扮演一個很有影響力的角色。這個研究將一個聽了兩本科學文本之前和之後的討論，與一個沒有討論的情況做比較。這個研究中的孩子參與討論時，喜歡訊息性的科學圖書超過故事體的科學書。當沒有討論，只是讀書給孩子聽時，他們比較喜歡故事體的科學書。此外，學生知覺到討論過的書比較容易懂，他們對討論過的書也有較好的理解。Horowitz 和 Freeman（1995）的結論是討論可以創造出對文本觀念上的改變，並能讓原來對文本只有有限的興趣和喜愛的孩子，到後來有更深的喜愛。這個研究證實了討論具有能增進孩子的好奇心、擴充他們的興趣和重建他們對文本喜愛的一種潛力。

討論會受團體大小的影響　有相當大量的研究提供了有關團體大小對討論品質和結果的影響的資訊，並證明小團體討論能夠提供個別學生更多說話的機會。Wiencek 和 O'Flahavan（1994）曾指出團體的大小，應是大到可以獲得不同的想法，小到讓每個學生都有機會充分參與。在分析了十個調查幼稚園和小學生的小團體討論的研究報告中，Spence（1993）就發現小團體的範圍是從三到十四個參與者，大部分的研究者定義「小團體」是五到六個學生。

在一個針對幼稚園學生的經典研究中，Morrow 和 Smith（1990）就比較了下面的團體結構：一對一（學生／老師）、三個學生的小團體、和全班（十五個學生）。學生在這些團體中聽一個故事然後討論，再用對這個故事的自由記憶進行評估。結果顯示，小團體的結構，在故事記憶上明顯的超越其他兩組結構的學生。Morrow 等人的結論認為小團體討論的結構比起其他的團體結構，更可以促進讀寫的發展，因為學生有比較多的機會說、互動、討論和交換觀點。其他從小學年齡到高中學生的研究也提供一致且令人驚訝的證據，都支持在小團體的討論結構中有較優越的討論品質（Davidson, 1985; Palincsar, Brown, & Martin, 1987; Rogers, 1991; Sweigart, 1991）。

討論會被領導能力所影響 大部分有關討論的研究都包含一個老師或研究者扮演一個團體領導者的角色，實際參與在團體互動中。有一些研究只檢驗學生引導的討論（Goatley & Raphael, 1992; Short, 1992），還有其他會比較老師引導和學生引導的討論（Almasi, 1995; Wiseman, et al., 1992）。這些研究的結果顯示，領導能力（老師引導、學生引導或分享的領導）會影響互動的模式和在討論中引發出來的思考層次。當老師扮演一個引導者或促進者來協助學生獲得解讀的權威時，這個討論是最有建設性的，學生也較能參與討論。因此，有一些研究包含了訓練學生（Goatley & Raphael, 1992; Martinez, et al., 1992）、老師（Palincsar, 1986）、或學生和老師雙方面（Almasi, 1995; Wiseman et al., 1992），目的是要創造一個討論的結構，讓學生在其中有真正的控制和權威。

☞ 領導能力（老師引導、學生引導或分享的領導）會影響互動的模式和在討論中引發出來的思考層次。☜

　　有一些研究證明老師在支持學生發展討論技巧和高層次的思考能力上扮演非常重要的角色。O'Flahavan和他同事的研究（1992）就發現，如果老師把他們對討論過程的影響力完全移開的話，孩子們對文學的反應就有可能不會發展和成長。McGee（1992）針對一年級學生的研究顯示，雖然讓學生以自己的說法探討故事是很重要的，但把對話聚焦在老師提出的解讀問題上，更能促進較高層次的討論。

　　很明顯的，學生可從在討論中自由探索他們自己的議題中獲益，但顯然他們也會從老師的引導中得到幫助。學生需要自由去表達不同的想法和文本解讀，但在面對文本閱讀時，他們也需要一些引導，告訴他們如何邁向更詮釋性或批判性的立場。因此，當老師在示範行為、提供接近文本的架構，和提出解讀的問題時，是在扮演一個很重要的角色，來引導學生邁向較高層次的討論。

討論會受到參與者文化背景的影響 雖然很少研究特別強調文化背景對討論的影響，但是無數教室對話的人類學研究卻證實，少數文化族群

的學生往往辛苦掙扎於設法了解教室情境中的互動模式（White, 1990）。這是一個重要的考慮，因爲有很多少數族群的學生（黑人、拉丁人、美國原住民、夏威夷人等）有較低的閱讀成就成績（National Center for Education Statistics, 1988, 1992）。各種文化的學生來到教室時都有他們語言上的優點，但是除非這些優點是被認同和感激的，學生將很難參與教室的學習。

Heath（1983）對美國東南部小鎮孩子的研究顯示，黑人小孩學生所用的發問問題，跟他們老師所問的是不一樣的。這些學生不會去回答「已經知道答案」的問題，當老師問他們直接事實的問題時，他們會不知不覺的保持安靜或提供最少的訊息，但是當問題是比較真實的，或比較能代表他們在家裡和社區環境裡所用的語言時，這些孩子就能夠積極熱烈的回應，提供關於他們過去經驗很有用的訊息。Heath的結論是，知覺學生在家裡和社區裡所使用的語言類型，才能促進他們在學校場所中的互動和討論。

根據Delpit（1990）所說的「我們人類所面對的一個最困難的工作，就是跨越個人差異的意義溝通；當我們意圖去跨越社會的界線、種族的界線、文化的界線，以及不平等權力的界線之間的溝通時，是非常麻煩的一件事情。」（p.263）在討論中對文化差異的人類學分析，可以導引出對學生語言優點的認同，以及讓所有孩子都參與在成功的教室討論中的方式（White, 1990）。

 結論

很明顯的，討論可以提供一個重要和獨特的貢獻，來幫助學生從文本中學習。在小學教室中的小團體討論的研究支持了這個觀點，就是當他們以積極和建構的方式在對話、解讀和商議時，這樣的互動能讓學生參與知識的共同建構、深化學生的學習，並提供機會讓學生學習重要的人際技巧。這裡沒有任何一種方法或取向能施行理想的討論，研究反而

顯示老師要做重要的選擇。未來的研究必須闡明文本型態、團體大小、領導權和團體組成會如何影響討論。但最重要的是,在教室情境中創造有效的小團體討論,是用來發現符合學生需要的最適合取向的一個實驗和修正的過程。

參考書目

Almasi, J.F. (1996). A new view of discussion. In L.B. Gambrell & J.F. Almasi (Eds.), *Lively discussions!:Fostering engaged reading.* Newark, DE: International Reading Association.

Almasi, J.F. (1995). The nature of fourth graders' sociocognitive conflicts in peer-led and teacher-led discussions of literature. *Reading Research Quarterly, 30,* 314-351.

Alvermann, D.E. (1986). Discussion versus recitation in the secondary classroom. In J.A. Niles & R.V. Lalik (Eds.), *Solving problems in literacy: Learners, teachers, and researchers.* Rochester, NY: National Reading Conference.

Alvermann, D.E., O'Brien, D.G., & Dillon, D.R. (1990). What teachers do when they say they're having discussions of content area reading assignments: A qualitative analysis. *Reading Research Quarterly, 25,* 296-322.

Barton, J. (1995). Conducting effective classroom discussions. *Journal of Reading, 38,* 346-350.

Commeyras, M. (1994). Were Janell and Neesi in the same classroom? Questions as the first order of reality in storybook discussions. *Language Arts, 71,* 517-523.

Davidson, J.L. (1985). What you think is going on, isn't: Eighth grade students' introspections of discussions in science and social studies lessons. In J.A. Niles & R.V. Lalik (Eds.), *Issues in literacy: A research perspective* (pp. 238-243). Rochester, NY: National Reading Conference.

Delpit, L.D. (1990). Language diversity and learning. In S. Hynds & D.L. Rubin (Eds.), *Perspectives on talk and learning* (pp. 247-266). Urbana, IL: National Council of Teachers of English.

Eeds, M., & Wells, D. (1989). Grand conversations: an exploration of meaning construction in literature study groups. *Research in the Teaching of English, 23,* 4-29.

Fisher, F.L. (1968). The influence of reading and discussion on the attitudes of fifth graders toward Indians. *Journal of Education Research, 62,* 130-134.

Gall, J.P, & Gall, M.D. (1990). Outcomes of the discussion method. In W.W. Wilen (Ed.), *Teaching and learning through discussion* (pp. 25-44). Springfield, IL: Charles C. Thomas.

Gall, M.D. (1987). Discussion methods. In M.J. Dunkin (Ed.), *The international encyclo-*

pedia of teaching and teacher education (pp. 232-237). Oxford, UK: Pergamon.

Gall, M.D., & Gall, J.R. (1976). The discussion method. In N.L. Gage (Ed.), *Psychology of teaching methods.* (National Society for the Study of Education, 75th Yearbook, Part 1, pp. 166-216). Chicago, IL: University of Chicago Press.

Gall, M.D., & Gillett, M. (1980). The discussion method in classroom teaching. *Theory into Practice, 19,* 98-103.

Gambrell, L.B. (1992). Elementary school literacy: Changes and challenges. In M.J. Dreher & W.H. Slater (Eds.), *Elementary school literacy: Critical issues,* (pp. 227-239). Norwood, MA: Christopher-Gordon.

Goatley, V.J., & Raphael, T.E. (1992). Non-traditional learners' written and dialogic response to literature. In C.K. Kinzer & D.J. Leu (Eds.), *Literacy research, theory, and practice: Views from many perspectives* (pp. 313-322). Chicago, IL: National Reading Conference.

Green, J., & Wallet, C. (1981). Mapping instructional conversations: A sociolinguistic ethnography. In J. Green & C. Wallet (Eds.), *Ethnography and language in educational settings* (pp. 161-205). Norwood, NJ: Ablex.

Heath, S.B. (1983). *Ways with words: Language, life and work in communities and classrooms.* New York: Cambridge University Press.

Horowrrz, R., & Freeman, S.H. (1995). Robots Versus spaceships: The role of discussion in kindergartners' and second graders' preferences for science text. *The Reading Teacher, 49,* 30-40.

Hudgins, B.B., & Edelman, S. (1986). Teaching critical thinking skills to fourth and fifth graders through teacher-led small-group discussions. *Journal of Educational Research, 79,* 333-342.

Leal, D.J. (1992). The nature of talk about three types of text during peer group discussions. *Journal of Reading Behavior, 24,* 265-287.

Linidfors, J.W. (1990). Speaking creatures in the classroom. In S. Hynds & D.L. Rubin (Eds.), *Perspectives on talk & learning* (pp. 21-40). Urbana, IL: National Council of Teachers of English.

Martinez, M., Roser, N.L., Hoffman, J,V., & Battle, J. (1992). Fostering better discussions through response logs and a response framework: A case description. In C.K. Kinzer & D.J. Leu (Eds.), *Literacy research, theory and practice: Views from many perspectives* (pp. 303-311). Chicago, IL: National Reading Conference.

McGee, L. (1992). An exploration of meaning construction in first graders' grand conversations. In C.K. Kinzer & D.J. Leu (Eds.), *Literacy research, theory, and practice: Views from many perspectives* (41st Yearbook of the National Reading Conference, pp. 177-186). Chicago, IL: National Reading Conference.

Morrow, L.M., & Smith, J.K. (1990). The effects of group size on interactive storybook reading. *Reading Research Quarterly, 25,* 213-231.

National Center For Education Statistics. (1988). *The condition of education: A statistical report.* Washington, DC: U.S. Department of Education, Office of Educational Research and Improvement.

National Center For Education Statistics. (1992). *The condition of education: A statistical report.* Washington, DC: U.S. Department of Education, Office of Educational Research and Improvement.

O'Flahavan, J.F, Stein, S., Wiencek, J., & Marks, T. (1992). *Interpretive development in peer discussion about literature: An exploration of the teacher's role.* Final report to the trustees of the National Council of Teachers of English, Urbana, IL.

Palincsar, A.S. (1986). The role of dialogue in providing scaffolding instruction. *Educational Psychologist, 21,* 73-98.

Palincsar, A.S. (1987, January). Reciprocal teaching: Can student discussions boost comprehension? *Instructor,* 56-60.

Palincsar, A.S., & Brown, A.L. (1984). Reciprocal teaching of comprehension-fostering and comprehen sion-monitoring activities. *Cognition and Instruction, 12,* 117-175.

Palincsar, A.S., Brown, A.L., & Martin, S.M. (1987). Peer interaction in reading comprehension instruction. *Educational Psychologist, 22,* 231-253.

Phillips, S. (1973). Participant structures and communicative competence: Warm Springs children in community and classroom. In C. Cazden, V. John, & D. Hymes (Eds.), *Functions of language in the classroom.* New York: Teachers College Press.

Poplin, M. (1988). Holistic/constructivist principles of the teaching/learning process: Implications for the field of learning disabilities. *Journal of Learning Disabilities, 21,* 401-416.

Roller, C.M., & Beed, P.L. (1994). Sometimes the conversations were grand, and sometimes...*Language Arts, 71,* 509-515.

Rogers, T. (1991). Students as literary critics: The interpretive experiences, beliefs, and processes of ninthgrade students. *Journal of Reading Behavior, 23,* 391-423.

Rubin, D.L. (1990). Introduction: Ways of talking about talking and learning. In S. Hynds & D.L. Rubin(Eds.), *Perspectives on talk & learning* (pp. 1-20). Urbana, IL: National Council of Teachers of English.

Short, K. (1992). Intertextuality: Searching for patterns that connect. In C.K. Kinzer & D. J. Leu (Eds.), *Literacy research, theory, and practice: Views from many perspectives* (pp. 187-197). Chicago, IL: National Reading Conference.

Slavin, R.E. (1977). A student team approach to teaching adolescents with special emotional and behavioral needs. *Psychology in the Schools, 14*(1), 77-83.

Slavin, R.E. (1989). Cooperative learning and student achievement. In R.E. Slavin (Ed.), *School and classroom organization* (pp. 129-156). Hillsdale, NJ: Erlbaum.

Slavin, R.E. (1990). *Cooperative learning: Theory, research, and practice.* Englewood Cliffs, NJ: Prentice-Hall.

Spence, B. (1993). Discussions of text in elementary classrooms. Unpublished manuscript, University of Maryland, College Park, MD.

Straw, S.B., & Bogdan, D. (1993). *Constructive reading: Teaching beyond communication.* Portsmouth, NH: Heinemann.

Strickland, D. (1995). Reinventing our literacy programs: Books, basics, balance. *The Reading Teacher, 48,* 294-303.

Sewigart, W. (1991). Classroom talk, knowledge development, and writing. *Research in the Teaching of English, 25,* 469-496.

Villaume, S.K., & Hopkins, L. (1995). A transactional and sociocultural view of response in a fourth-grade literature discussion group. *Reading Research and instruction 34,* 190-203.

Villaume, S.K., Worden, T., Williams, S., Hopkins, L., & Rosenblatt, C. (1994). Five teachers in search of a discussion. *The Reading Teacher, 47*(6), 480-487.

Vygotsky, L.S. (1978). *Mind in society: The development of higher psychological processes.* (M. Cole, V. John-Steiner, S. Scribner, & E. Souberman, Eds. and Trans.). Cambridge, MA: Harvard University Press.

White, J.J. (1990). Involving different social and cultural groups in discussion. In W.W. Wilen (Ed.), *Teaching and learning through discussion* (pp. 147-174). Springfield, IL: Charles C. Thomas.

Wiencek, J. & O'Flahavan, J.F. (1994). From teacher-led to peer discussions about literature: Suggestions for making the shift. *Language Arts, 71,* 488-98.

Wiseman, D.L., Many, J.E., & Altieri, J. (1992). Enabling complex aesthetic responses: An examination of three discussion approaches. In C.K. Kinzer & D.J. Leu (Eds.), *Literacy research, theory, and practice: Views from many perspectives* (pp. 283-290). Chicago, IL: National Reading Conference.

第三章

多元語文、多元文化教室中的討論

亞非多・西費尼

　　本章焦點放在促進多元語文和多元文化的場合中的討論活動，這個促進英語學習者語言發展的教學策略，是建構在為以英語為第二語的學習者提供更寬廣的全面課程的情境上。本章的目的是：(1)增加教育人員對會影響英語學習者第一和第二語言發展的無數因素的了解；(2)提供最近在語言發展和雙語研究應用的一些見解；(3)建議能促進討論和概念發展的教學策略。

　　美國的教育家愈來愈知覺到為英語非母語的孩子提供有效教學的挑戰。雖然，所有學校的註冊量在一九七六到一九八八年之間有輕微的降低，但是少數民族的註冊率在同一時段卻增加了大約百分之二十五，在本世紀末時，少數民族的學生將會占全部學生人口的百分之四十，特別令人吃驚的是西班牙裔和亞裔學生的成長率。在一九八○年代的十年之間，西班牙裔學生的註冊率增加了百分之四十八，同一時間，亞洲和太平洋群島的人數增加了百分之八十四。就全國而言，這種母語非英語的學生人口，在過去十年當中增加了百分之七十六。雖然，百分之七十五

☞ 傳統上保持英語為母語的學校地區，現在卻要開始為說很多不同語言的孩子服務。 ☜

的這些新的英語學習者，主要是分佈在五個州：加州、紐約、佛羅里達、德州和伊利諾，但是，超過百分之四十的學校區域有很有限的或非說英語的人。在一九七○年代，教堂或其他地域性的機構開始協助安排難民，結果傳統上保持英語為母語的學校地區，現在卻要開始為說很多不同語言的孩子服務。在這許多的母語中，很多是從來沒有在我們的學校中出現過的（National Center for Education Statistics, 1993）。到了西元二○五○年時，拉丁裔的人口將會有三倍的成長，亞裔學生將會增加十倍（National Center for Education Statistics, 1993; Kellogg, 1988）。

　　提供給英語是第二語的學習者的教育課程，往往是著眼於把英語說得像母語那樣流利以及學科融入的發展目標上，一般對這個目標的看法幾乎是無異議的。但是環繞著英語是第二語（ESL）的學生議題的複雜性，加上範圍廣大的語言學和文化因素，卻不太可能有一個簡單的解決方法。一些標籤像是「移民」、「雙語」或「ESL 學生」，雖然是好意的，卻沒有顯示出多少學生習得英語的情況。傳統上 ESL 是指對使用其他語言的學生的英語教學，ESL 課程也是一個全面教學課程的因素，用孩子的母語來提供他們接近該年級的課程內容，有限的英語流利程度（Limited English Proficient, LEP）也被廣泛用在學習第二語的學生身上。

　　這個「ESL 學生」的標籤的確加強了學英語的一般需要，但卻只強調英語的獲得，而不是學習其他學科；如果改用「第二語學習者」或「習得英語的學生」的名稱似乎比較適當些。

　　不管這個術語如何，學生們有很大的不同，雖然所有的學生都在學習如何說話，也因此意識到語言如何運作，但文化差異卻對語言發展影響很大。例如：對話的規則，有關誰可以說、何時說和講多久，在文化之間都有很大的不同（Philips, 1983,1970）。在速度、音調、聲量上的差異，也被認為有完全不同的效果；不熟悉的角色、期望和不同的語言輸入，也使事情更加複雜（Krashen, 1985）。Dunn（1991）就建議學習型

鮮活的討論！——培養專注的閱讀

046

態可能是受文化決定的；在分析學習型態的特性時，很明顯的有些文化團體喜歡單獨工作，有些文化的學生卻表現出喜歡團體活動。Dunn同時注意到，美國人及一般次族群之間也有很大的不同。其他研究也曾指出，如果當教學取向能符合學生的學習喜好時，他們會表現得比較好（Hatch, 1983; Kolb, 1984）。

學生習得英語的主要不同方向就是語言，第二語言的學習者在先前的學校經驗、家庭語言的讀寫，以及過去與英語的接觸等方面有很大的不同。學生也同時在家庭背景的變項上，像是社會經濟狀況、移民情況、與祖國的接觸，以及父母的期待等都有不同。情感變項像是英語的習得、文化改觀、社會化和同化等也都扮演一個角色。學生是帶著社會、文化和情感的先前經驗，例如：強調事實背誦記憶的教學，是在世界各國很常見的實作方法，往往會造成與歸納取向有關的不確定性。

在有些情況下不同的因素會同時存在，例如上學經驗有限的較年長學生，可能是第一次學習抽象的概念、習得英語和發展讀寫。此外，這些學生在學校或在社區裡也許有很不一樣的個人和團體經驗，這也會在他們的概念成就和讀寫發展上扮演重要的角色。Heath（1983）曾指出，來自文字導向的社會的年輕孩子將具有一種讀寫的意識，因為他們早年就看到文字和說話是包含了意義的。孩子如果很少看到任何人在閱讀或寫作，即使他們是被養育在一個文字豐富的社會，仍然傾向於將自己看成是一個比較無能的讀者（Hudelson, 1989）。

老師們如果能盡量取得不同學生族群的背景訊息會是很有幫助的，但很重要的是，不要讓學生的背景檔案變成一個負面的自我實現預言。一些學生無法控制的歸因變項和背景因素，不應該被用來將第二語的學習者和讓他們無法發展完全潛能的限制情境扯上關係（Ogbu & Matute-Bianchi, 1986）。如果我們希望提供建立學生的優點和特性的經驗，語言和文化的不同必須成為我們學校裡的積極情況。

學生的初始語言在促進討論上的角色

　　另一種不同是學生在家庭語言上的能力範圍，研究結果強烈支持這個觀點，就是如果學生在初始或家庭語言上能夠說、讀、寫得很好的話，他們就比較有可能在英語學業上成功（Collier, 1987: Cummins, 1989; Krashen & Biber, 1988）。教育方案能用家庭語言提供語言和學科課程的主要因素，就是學生能在學英語時仍保持課業上的學習。在學生的初始語言上做閱讀指導和提供認知需求的學科材料，最終能促進他們在英語學科上的表現（Cummins, 1991）。當孩子能充分支配他們的第一語言時，他們比較能習得英語，並很快達到像母語一般的流利程度（Edelsky, 1986; Edelsky, Altwerger & Flores, 1991; Hakuta, 1986; Krashen, 1985）。如果能讓學生充分發展他們的母語，從中獲得初步的讀寫能力，或擴充他們已經在故鄉展開的讀寫發展，這種課程就是有效的（Krashen & Biber, 1988）。學生們如果能夠在他們的母語上發展很強的語言學知識，往往能夠帶來廣泛的技巧和後設語音學的覺知，可轉而用在英語學習上。初始語言的發展提出一個有關孩子先備知識的確定資訊，在很多場合，特別是當大部分的學生說同樣的母語時，讓他們繼續母語的發展和初始語言的讀寫是非常可行的。但在其他的場合，如果英語的學習者只是少數，或結合很多的語言團體那就不可能了。有限的教師人員或其他的限制可能存在，但還是可以嘗試用同儕或跨年齡的家教、社區志工、教學助理或其他的示範，讓孩子持續使用母語做為討論的工具。Heath（1989）指出學業的成功並不依賴學生所知道的特定語言，而在他們對所知語言的使用方法上。這點在一個幼兒剛學英語時特別重要，因為，母語是他們可藉以表達抽象的想

☞ 學生們如果能夠在他們的母語上發展很強的語言學知識，往往能夠帶來廣泛的技巧和後設語音學的覺知，可轉而用在英語學習上。

法和顯現高層次思考的唯一工具。母語是建立個人認同的工具（Ferdman, 1991; Skutnabb-Kangas,1981），它能讓孩子組織他們的思想。

雖然促進母語討論的活動根據學校和社區情境而有很大差異，老師還是應記住下面的事情：

- 運用家長、較年長的學生和社區資源，來確定學生的母語、個人背景和文化是被看重的，而且能將之融入學校經驗中。
- 盡可能提供有品質的文學，最新科技像 CD-ROM 以及其他軟體可以提供額外的支援，特別是當學生說比較少人知道的語言的時候。
- 盡可能讓教室和學校圖書館符合學生的母語需求。
- 把學科語言發展的焦點放在家庭語言上。
- 當產生圖書討論時，試著引導學生朝向比較不同的，能反映對文章解讀和評量的回應。
- 當學生在和新的抽象材料奮鬥時，讓他們用母語解決問題、商討、分析和比較，以支持其概念發展。
- 在母語發展上允許個人的差異存在，有些學生比較依賴母語。

語言的習得和語言教學

在過去的二十五年當中，有關第二語的教學方式有很大的改變。過去幾年強調放在目標語言也就是英語的特性上，最近很大的不同是，語言系統是透過使用來間接教學。學習者把焦點放在使用語言和理解訊息，而非學習語言本身，一些研究對這個派典的轉換有所貢獻。

很多人還記得聽覺語言的取向在一九六○年代是非常流行的做法，教室用習慣和練習來發展技巧，行為學派和其他結構主義者支持的語言理論是根植在行為心理學上，但是用刺激反應的方法教學，缺乏功能性語言的流利，因而萌發了社會語言學和心理語言學的理論。

有一個萌發的理論就是Krashen（1985）所認為的，語言在第二語發展的初始階段就會不自覺的習得，不需要正式的教導。學習者獲得新語

教室中的活動應該包含真正的溝通，而且應該用語言來進行相關、有趣及有目的的活動。

言是藉由理解自然語言的輸入，而這稍微超越他們實際能力的程度。藉由了解訊息和把新語言用在真實的溝通上，能力就會逐漸增大。在有了更多的理解時，犯錯被看成是可預料的，也會逐漸修正。

其他的研究者曾經批評這個由自身輸入的理論基礎，雖然對獲得第二語言的產生很重要，卻不足以發展出像母語那樣的流利程度。這點特別可用在證明文法的正確性上（Larsen-Freeman & Long, 1991; Swain, 1985）。

不同來源的語言的平衡似乎給學生一個使用新語言的基礎。語言的產生或輸出，讓新的學習者去檢驗有關新系統的規則和文法的假設。很多理論家同意教室中的活動應該包含真正的溝通，而且應該用語言來進行相關、有趣及有目的的活動。大部分社會語言學的研究相信學生用有限的語言去商討意義就能開始溝通。很明顯的，當學生只是一個英語的初學者時，豐富的母語資源和支持能彌補這個語言的鴻溝。

老師對語言習得理論的應用

老師如果想促進學生第二語的討論，應該要記住下列幾點：

- 在第一語和第二語之間有相似和相異的地方，學科語言和英語讀寫，是和學習者已達成的母語發展程度相連結的，只可能有一種母語。
- 自信心、動機和焦慮會影響語言的習得，避免表現的壓力，要記得理解超越語言的產生，結合口語和非口語的輸入，並在示範這些活動時加以描寫。

所有的老師都可以做下面的事情：

- 藉由強調近似性和示範正確的回應，用敏感的策略來糾正錯誤，

要記得文法／音韻的錯誤在任何語言習得的階段都是正常的。

- 即使不完美也要鼓勵學生使用新的語言，活動應該要能促進社會互動，維高斯基（1978）和 Wells（1986）曾經指出社會互動對課業成功的重要性。注意去聽那些呈現語言發展的線索（請看本書中馬坦柔和沃克所寫的第十六、十八章有關評估學生在討論中的進展的額外想法）。當得到適當的回應時，要提供正向的增強，但是避免在早期習得的階段強調文法或語意學的正確性。記住語言能力是隨著時間而產生的。

- 統整語言和學科教學，英語和課程科目可藉由注意教室中回應的理解情況而同時習得，藉由間接的教導學生課程內容也可建立學科的語言技巧。研究（Rigg & Enright, 1986）指出，課程應包括四種語言的模式：聽、說、讀、寫，此外還應重視了解關鍵的概念，而不是記憶孤立的事實和細節。

重新思考教室的取向

為了培養口語和書寫型態的真正溝通的目的，讓學生參與不同的社會情境，是所有學生語言發展的關鍵因素。很多研究者同意語言和讀寫發展的過程，對母語使用者或第二語學習者其實是相似的（Hudelson, 1989; Urzua, 1989）。但是，使用母語和英語是第二語的閱讀之間還是有一些主要的不同，一個基本的差別在於，第二語學習者想在同時發展閱讀技巧和口語的流暢度。為了要有效符合不同學生族群的英語學習需求，老師必須重新思考現存的程序，他們必須發展並運用更廣泛的教學取向的內涵。但是沒有任何一種教學取向，能夠符合所有第二語言學習者的需要，老師也許可以開始重新探討一些現有成功的實作例子。

選擇用於討論的文本

　　兒童文學爲不同英語流暢度的第二語學習者提供了豐富的語言資源，必須要小心選擇英語學習者所讀的文學。例如：在英語習得的初期階段，學生用的書應該要能反映全球性的經驗，或對新來者而言普遍的經驗。年輕的孩子很快就會發現，熟悉的經驗上有了新的標示，他們所用的書，必須要有清楚的視覺效果，可供其參與討論。這個視覺也成爲連結先備知識和新標籤的基礎。老師選書時必須要顧慮到不要只限於美國或西歐文化的特別知識，即使視覺上呈現某些地區的建築形式，例如高樓大廈或泥磚結構，也可能會在這個階段造成困擾。最後，書中的故事線，對於初學者必須是專注在一或兩個的主題、概念或想法上。在這樣的情況下，文字—文本的關聯必須緊湊，語言必須是字面的。

　　圖書如能藉插圖來包含意在言外的訊息，將有益於邀請新學英語的孩子加入討論。在語言發展的初期用無字書有很多的優點：(1)也許第二語的學習者以前在故鄉只有有限的學校經驗能與圖書連結；(2)討論是架構在有意義的情境中；(3)插圖能確定包含了多數的語言和環球性的意義；(4)老師可以在呈現書本時調整語言的使用；(5)重複和重述提供了語言輸入的額外資源；(6)學生用無字書中的插畫不只能獲得意義，同時也擴充了他們的知識。因此，能流暢使用英語的讀者所用的一些有價值的策略，可以示範給那些尚在英語習得初階的學習者。

較熟練的學生

　　同樣要小心練習的是，在呈現圖書，藉出聲閱讀邀請第二語較流暢的學習者來討論的時候，即使不一定是新學英語者，如果故事具有可預測的特性的話，也比較會成功。文本的可預測性要看一些因素，例如對內容、語言型態和視覺支持的熟悉度。象徵比喻的語言，像是捏造的句子或用成語說話，可能會對這階段的英語發展造成困擾。當學生的語言

流暢度發展時，老師比較會對學生做全班性的出聲閱讀，這的確提供一些互動的機會，在使用英語上比較流暢的同儕也能為他們做示範。階段性的使用小團體的場合，也許能促進對文學的回應和更多的討論。當用全班團體的分組時，不可避免的老師和同學都會接受並看重學生的反應。當小孩想對文學做回應時，他們想說什麼會比他們怎麼說更重要。為了要成為流暢的讀者，第二語學習者正如所有的學生一樣，必須有意義的討論文本所呈現的內容。

對那些已經習得一些英語能力的孩子而言，另一個學科語言和討論的適當來源，就是訊息性的文本。雖然書本內容材料比較適合這些孩子，但即使在初步階段，一些高度動機概念的書也可以讀給他們聽。這類的文本提供有意義的情境，讓他們初次沉浸在學科語言中，協助他們逐漸面對說明性的文本。在所有不同的程度上，孩子都能藉由順序、比較和描寫來對文本做回應。當英語的熟練度增進時，就可以呈現更多的抽象概念和想法。出聲閱讀學科文本的部分，並支持用視覺、道具或視聽材料來呈現，都能增加對關鍵概念的理解。在更高的程度上討論，可以包含一些不同的回應，像是辯論、擬態或綜合（請看本書中古斯瑞和麥坎，哈特曼和艾立森，李歐、馬若尼和甘柏瑞等人所寫，有關能讓習得英語的學生用來討論訊息性文本的其他想法）。

其他討論的機會

所有文字資源的形式都可以用來刺激討論並建立學科的語言，主題循環相對於老師指導的主題單元，都可以培養正向的自我意識，並提供一個語言和讀寫發展的社會脈絡。學生在不同的語言流暢程度中，能夠協同合作去計畫學習的內容、選擇研究主題、強調一般的知識、建議調查的議題、計畫學習的機會，以及最終

☞ 學生想說什麼會比他們怎麼說更重要。✍

☞ 出聲閱讀學科文本的部分，並支持用視覺、道具或視聽材料來呈現，都能增加對關鍵概念的理解。✍

的分享新知識。藉著更深度的探索議題，孩子會提出問題、分享想法，並使用真正的文本來滿足他們的好奇心（Altwerger & Flores, 1991）。

　　同樣的，「語言經驗法」（Language Experience Approach, LEA）讓學生有機會與同伴討論、分享、商議語言和想法。藉著口述故事讓老師寫下來，孩子們不需要去閱讀他們經驗基礎之外的文本，Rigg 和 Enright（1989）以及其他研究者曾經報導，語言經驗法讓第二語學習者，包括那些較大的學生得到很大的成功。雖然語言經驗法被發展成為說母語者讀本閱讀的替代方案，但它可用在第二語學習者身上是非常清楚的，學生從讀他們自己的文字轉變到讀別人的文字。創造一個圖書館，裡面包含許多通過語言經驗法，和反映出廣泛的語言與經驗範圍所產生的學生作品，是很令人振奮的。

　　最後，教室和學校環境扮演培養第二語學習者之間討論的重要角色。鼓勵學生和家長帶一些能真正反映他們祖國生活的東西到教室來，這些東西能做為供孩子討論很棒的跳板，從而產生可能的語言經驗的故事。環境當中的文字和圖書，也應該能反映各種語言流利程度學生的作品。

　　當語言和文化上的差異在教室中得到確認時，語言就能自然流動，讀寫就能充分勃發，而整個社會也能獲得這個益處。

參考書目

Altwerger, B., & Flores, B. (1991). The theme cycle: An overview. In K. Goodman, L. Bird, & Y. Goodman (Eds.), *The whole language catalog* (p. 295). New York: Macmillan-McGraw Hill.

Collier, J. (1987). Age and rate of acquisition of second language for academic purposes. *TESOL Quarterly, 21*, 617-641.

Cummins, J. (1989). *Empowering minority students.* Sacramento, CA: California Association for Bilingual Education.

Cummins, J. (1991). Interdependence of first- and second- language proficiency in bilingual children. In E. Bialystock (Ed.), *Language processing in bilingual children* (pp. 70-89). New York: Cambridge University Press.

Dunn, R. (1991). Do students from different cultures have different learning styles? *InterEd, 46,* 12-16.

Edelsky, C. (1986). *Writing in a bilingual classroom: Habia una vez.* Norwood, NJ: Ablex.

Edelsky, C., Altwerger, B., & Flores, B. (1991). *Whole language: What's the difference?* Portsmouth, NH: Heinemann.

Ferdman, B. (1991). Literacy and cultural identity. In *Language issues in literacy and bilingual/multicultural education* (pp. 347-371). Cambridge, MA: Harvard Education Review.

Guthrie, J.T., & McCann, A.D. (1996). Idea circles: Peer collaborations for conceptual learning. In L.B. Gambrell & J.F. Almasi (Eds.), *Lively discussions! Fostering engaged reading.* Newark, DE: International Reading Association.

Hakuta, K. (1986). *Mirror of language.* New York: Basic Books.

Hartman, D.K., & Allison, J. (1996). Promoting inquiry-oriented discussions using multiple texts. In L.B. Gambrell & J.F. Almasi (Eds.), *Lively discussions! Fostering engaged reading.* Newark, DE: International Reading Association.

Hatch, E. (1983). *Psycholinguistics: A second language perspective.* Rowley, MA: Newbury House.

Heath, S.B. (1983). *Ways with words.* New York: Cambridge University Press.

Heath, S.B. (1989). Sociocultural contexts of language development. In California State Department of Education (Ed.) *Beyond Language: Social and cultural factors in schooling language minority students* (pp.143-186). Los Angeles, CA: California State University; Evaluation, Dissemination and Assessment Center.

Hudelson, S. (1989) . *Write on: Children writing in ESL.* Englewood Cliffs, NJ: Prentice Hall Regents and Center for Applied Linguistics.

Kellogo, J.B. (1988). Forces of change. *Phi Delta Kappan, 70* (3), 199-204.

Kolb, D.A. (1984). *Experiential learning: Experience as the source of learning and development.* Englewood Cliffs, NJ: Prentice Hall.

Krashen, S. (1985). *The input hypothesis: Issues and implications.* White Plains, NY: Longman.

Krashen, S. & Biber, D. (1988). *On course: Bilingual education's success in California.* Sacramento, CA: California Association for Bilingual Education.

Larsen-Freeman, D. & Long, M. (1991). *An introduction to second language acquisition research.* London: Longman.

Leal, D.J. (1996). Transforming grand conversations into grand creations: Using different types of text to influence student discussion. In L.B. Gambrell & J.F. Almasi (Eds.), *Lively discussions! Fostering engaged reading.* Newark, DE: International Reading Association.

Matanzo, J.B. (1996). Discussion: Assessing what was said and what was done. In L.B. Gambrell & J.F. Almasi (Eds.), *Lively discussions! Fostering engaged reading.* Newark, DE: International Reading Association.

Mazzoni, S.A., & Gambrell, L.B. (1996). Text talk: Using discussion to promote comprehension of informational texts. In L.B. Gambrell & J.F. Almasi (Eds.), *Lively discussions! Fostering engaged reading.* Newark, DE: International Reading Association.

National Center For Education Statistics. (1993). *The condition of education.* Washington, DC: U.S. Department of Education, Office of Educational Research and Improvement.

Ogbu, J.U. (1978). *Minority education and caste.* New York: Academic Press.

Ogbu, J.U., & MATUTE-BIANCHI, M.E. (1986). Understanding sociocultural factors: Knowledge, identity and school adjustment. In California State Department of Education (Ed.) *Beyond language: Social and cultural factors in schooling and language minority students* (pp. 73-142). Los Angeles, CA: California State University. Evaluation, Dissemination and Assessment Center.

Philips, S.U. (1970). Acquisition rules for appropriate speech usage. In J.E. Alatis (Ed.), *Bilingualism and language contact: Anthropological, psychological, and social, aspects* (pp. 77-101). Washington, DC: Georgetown University Press.

Philips, S.U. (1983). *The invisible culture.* White Plains, NY: Longman.

Rigg, P., & Enright, S. (Eds.). (1989). *Children and ESL: Integrating perspectives.* Washington, DC: TESOL.

Skutnabb-Kangas, T. (1981). *Bilingualism or not: The education of minorities.* Bodmin, Cornwall, UK: Robert Hartnoll.

Swain, M. (1985). Communicative competence: Some roles of comprehensible input and comprehensible output in its development. In S. Gass & C. Madden (Eds.), *Input in second language acquisition* (pp. 235-253). Rowley, MA: Newbury House.

Urzua, C. (1989). I grow for a living. In P Rigg & V. Allen (Eds.), *When they don't all speak English: Integrating the ESL student into the regular classroom* (pp. 15-38). Urbana, IL: NCTE.

Vygotsky, L. (1978). *Mind in society.* Cambridge, MA: Harvard University Press.

Walker, B.J. (1996). Discussions that focus on strategies and self-assessment. In L.B. Gambrell & J.F. Almasi (Eds.), *Lively discussions! Fostering engaged reading.* Newark, DE: International Reading Association.

Wells, G. (1986). *The meaning makers: Children learning language and using language to learn.* Portsmouth, NH: Heinemann.

鮮活的討論！──培養專注的閱讀

第二篇

討論的進行

鮮活的討論！——培養專注的閱讀

第四章

故事時間加對話等於互動性出聲閱讀

夏比‧巴潤廷

對話保障它在每日的學校生活的每一面向都是重要學習工具的地位，維高斯基的研究（1978）曾說明，學習來自與同儕和成人的口語互動，孩子與其他人互動的內在過程是「喚醒生命」（Tharp & Gallimore, 1988）。本章要說明的，是一個一年級的老師用對話鼓勵學生參與高度有趣、語言豐富的故事書。我們將探討這位老師在故事時間，對她的一年級學生所使用的對話方式，引發出對高趣味圖書的互動性出聲閱讀。

什麼是互動性出聲閱讀？

相對於傳統故事時間的出聲閱讀，對話能鼓勵師生之間片面的互動，結果則是孩子能在一個高度社會性的情況下探討故事的意義。不再是閱讀整個故事卻沒有班級回饋，而是師生互動性的閱讀這個故事；在閱讀之前和閱讀之中，老師都會誘發預期、提出問題，並運用插圖。學生會

對老師邀請的討論做回應，在出聲閱讀的時段也提出自發的意見。在閱讀之後，老師會幫助學生把在閱讀中發現的鬆散結局組合在一起。

為何要使用互動性出聲閱讀？

討論和對話最近幾年被重新認識，奠定了以文學為基礎的教室中有意義學習的基礎（Peterson & Eeds, 1990; Roser & Martinez, 1995; Short & Pierce, 1990）。在孩子開始上學時，並不一定會自認為是意義的創造者，具有發展良好的對話技巧。依據 Peterson 和 Eeds（1990）的說法：「孩子學習從文本中了解意義，是從那些比他們更有經驗的意義創造者身上學習的」（p.18）。這個觀點反映了維高斯基學派認為所有學習都是社會性的看法（Vygotsky, 1978; Wertsch, 1985）；而老師批判性的角色，就是在一個適當的社會情境中提供工作的協助（Tharp & Gallimore, 1988）。Tharp 和 Gallimore 解釋，老師必須要學習使用對話，來幫助學習者完成他們沒有口語協助所無法完成的工作。

互動性出聲閱讀是一種教學的實作，是用對話在塑造意義的過程中幫助新手。閱讀對話可幫助學生建構意義，是超越他們所能獨自建構或沒有口語互動的情況之上的。談話產生時，聽眾團體為每一個故事建立了分享的意義，但這並不表示學生就沒有自己解讀的機會，而是他們有機會獲得別人的洞見（Peterson & Eeds, 1990）。除了協助意義建構和發展分享的意義之外，互動性出聲閱讀還能夠：

☞ 閱讀對話可幫助學生建構意義，是超越他們所能獨自建構或沒有口語互動的情況之上的。☜

- 促進和一個故事的親近熟悉。
- 增加對故事的喜愛。
- 允許積極的社會互動。
- 提供理解策略的預先練習。

在老師的協助下，孩子建構分享的意義而熟悉每一個故事，這種和一個有知識的老

師的互動所建立的豐富的文學熟悉度，就像和一個有經驗的嚮導一起去走一個遠足路徑一樣能鼓勵覺知。這就是相互的發現的意識，但是這種引導不會使你錯失遠足路徑中最獨特和有趣的風景點。這個經驗非常積極而鼓舞人，因爲分享的發現包含了所有的參與者，這個協助也給參與者需要獨立發現的能力。

當然，並非所有出聲閱讀事件都必須是互動的，老師會運用各種不同適合的書和教學目標的出聲閱讀的做法。從專注在意義上和熟悉文字的分享閱讀（Holdaway, 1979），到純粹爲了樂趣的直接閱讀，出聲閱讀對孩子均衡的閱讀發展都是很重要的。這種用對話來促進互動性出聲閱讀的做法是在使用有一點超越孩子能力，但很快就成爲他們能獨立閱讀的內涵的故事，或選有挑戰性的故事，都會是特別有幫助和合適的。

設定階段

在加州貝克菲德地區的賀伯特老師班上的一年級學生，每一天都很深入地參與互動閱讀的故事。爲了了解對話和故事時間發生了什麼事情，我研究了四段互動性出聲閱讀事件的轉錄文字，下面的對話就是從賀伯特老師閱讀《莎莎摘漿果》（*Blueberries for Sal*）（McCloskey, 1948）（國語日報）的出聲閱讀事件中所摘錄下來的。在這個經典的圖畫故事書中，一個人類的母親跟女兒以及一隻熊媽媽和牠的小熊到藍莓山上採藍莓；女孩莎莎跟她的媽媽分離了，她遇到熊媽媽並且跟牠一起走。在平行的情況中，小熊也跟媽媽走散，而跟隨莎莎的媽媽走。最後，這兩個小孩跟他們的媽媽又團聚，在離開藍莓山的時候，他們帶走很多桶的藍莓。

分享的開始

老師把孩子集中在一起，很舒服的坐在地毯上，並鼓勵他們找一個可以看到書中插畫的位置。她提醒他們過去幾天曾經討論、閱讀和寫作

關於熊的事情來建立背景。下一步，她解釋了新故事也是關於熊，書名叫《莎莎摘漿果》。當老師準備好讓學生聽故事時，她就展示插圖的書尾頁的部分，並鼓勵學生分辨兩個主要的人類角色，邀請他們對這個場景做一些預測，並且提到作者和插圖者的名字。

老　師：讓我們先看這個圖畫，你想這個人可能是誰？（她展示了書尾頁的部分，然後指出媽媽在廚房把藍莓倒到一個罐子裡面。）

亞　當：她們要做藍莓派！

海　蒂：是媽媽。

老　師：這個可能是誰？

麥　克：應該是──莎莎吧！

老　師：很好！你認為她們是住在城市或鄉村呢？

全　班：（意見重疊）鄉村！城市！可能兩個都是。

老　師：鄉村？為什麼你認為她們是住在鄉村？

莎　拉：因為那裡有很多樹。

老　師：很多樹，好的。你有沒有看到任何高大的建築，和我們社會研究書上所提到的摩天大樓？

全　班：（一起說）沒有。

亞　當：她們住在鄉下。

莎　拉：她們住在森林裡。

老　師：這就是書名頁《莎莎摘漿果》，作者是 Robert McCloskey，我們也都讀過他所寫的其他故事，聽過《讓路給小鴨子》這本書的人請舉手，他寫過好多的故事書。

　　從插圖中的廚房窗戶看出去是一個鄉下的景象，老師為學生示範他們可以用插圖對故事做預測。重疊的意見顯示了看到窗外的景象尚未為某些學生建立場地的觀念，賀伯特老師專注在「鄉下」的回應，並讓一個學生來證明這個反應對不對。接下來，她又活化了學生從社會課中所獲得的背景知識，來幫他們確認這個故事是發生在鄉下而不是城市。這

種互動爲這個故事建立一個分享的起步，並讓學生參與出聲閱讀。

閱讀中

提供訊息　老師翻到故事的第一頁開始出聲閱讀，在這一頁，媽媽告訴莎莎她們要去採藍莓來做罐頭，這個做罐頭的概念是這個故事的核心，因爲後來媽媽跟小熊去吃藍莓，牠們「必須要爲又長又冷的多天儲存食物」（p.18）。有可能這些一年級的讀者只有很有限的或根本沒有關於醃製食物的概念，因此在翻頁之前，老師就跟孩子做了很短的有關罐頭食品的對談。有一個學生說到他的媽媽去採水果，另一個學生也說他的媽媽把食物冷凍在袋子裡。賀伯特老師就決定要和孩子分享更多有關製作罐頭概念的背景知識，她確定了一個學生的意見，並解釋這個概念，用書尾頁的插畫來支持這個解釋。

老　師：在一個袋子裡，好的，這是一種我們可以儲藏食物和蔬菜的方法，另外一種方法是把它們放在特別的玻璃罐內。如果你看到第一頁有一些玻璃罐，他們正在把藍莓倒進去，然後把蓋子封得的很緊。有時可能是一個塑膠蓋子，上面再加一個鐵的蓋子，可以讓它保持很新鮮，空氣不會進去罐子裡，這就能夠醃製水果和蔬菜，放在你的櫥櫃裡面，把它們保留很長的時間，你可以在一兩個月之後吃它，而不是第二天就吃。

了解角色　在出聲閱讀一開始，老師就引導學生去注意關於這個故事的很重要的特點，例如在下面的對話部分，她要學生去想一想那個主角，然後來解釋莎莎的感覺。

老　師：（閱讀第八和第九頁）小莎莎就撿了三個藍莓，放在小錫桶裡面……柯啵～柯啵～她又撿了三個藍莓吃下去，然後她又撿了更多的藍莓，並放一個在桶子裡──柯啵～，又

　　　　　　　吃掉剩下的，然後小莎莎就吃掉桶子裡全部的四個藍莓！

老　　師：你認為現在莎莎的感覺怎麼樣？卡莉？

卡　　莉：快樂。

老　　師：你認為她覺得快樂嗎？

卡　　莉：因為她臉上有笑容。

老　　師：你認為她喜歡吃藍莓嗎？

全　　班：（一起說）是的。

老　　師：什麼事讓你覺得她喜歡藍莓？

艾立森：因為，她立刻就吃掉了。

老　　師：她立刻把它們放到嘴裡去了，不是嗎？

　　通過對話，學生在這個社會情境中對主角莎莎建立了一個明確的觀
點。學生們聽到彼此的想法，而那些沒有對莎莎的心情做回應的學生，
現在也有機會這樣做。老師幫忙把所有學生對莎莎的感覺和想法整理在
一起，他們能夠在故事中修正她改變的感覺，例如：他們注意到後來莎
莎一直是很快樂的，因為她並不知道自己跟媽媽分開了，當莎莎了解到
她和媽媽分開的時候，互動也顯出學生們的推論：「現在，她很難過了」。

理解故事　對話可以幫助學生思考，在互動性出聲閱讀中，老師可以警
覺到幫學生把「完整圖像」拼湊在一起的機會。在這個閱讀事件中，老
師啟動了一個對話，讓團體創造一個介於莎莎跟小熊之間的比較。他們
合作建構了對這兩個角色之間平行發生的事情成熟的了解。注意下面這
個例子，老師鼓勵學生去建構一種比較，「他們都是咖啡色的」的陳述
是被接受的，即使故事或插圖上並沒有顯示莎莎的皮膚顏色是咖啡色的。
同樣要注意的是老師在學生對莎莎跟小熊是否都是「女生」這點彼此不
同意時，並不加以澄清。

老　　師：（閱讀第十八和十九頁）在藍莓山的另外一邊，小熊跟牠
　　　　　　的媽媽一起來吃藍莓，牠說：「小熊，多吃點藍莓，長得
　　　　　　又大又胖，我們必須把食物收藏起來度過寒冷漫長的冬

天。」

老　師：你能不能想出一個小熊和小莎莎相似的地方呢，巴特？

巴　特：他們都很小。

老　師：他們都很小，是的，他們是很小。麥特你認為呢？

麥　特：他們都是咖啡色的。

老　師：好的，嗯，後面的班，你要不要看一下這個圖畫，班？這是小莎莎，這是小熊。

　　班：他們都是女生。

老　師：好的，也許是。

艾立森：嗯哼，可是那裡說是他的媽媽（指著文本的十八和十九頁）。

老　師：巴特。

巴　特：他們都很喜歡藍莓。

老　師：這些都是很好的想法，我們繼續讀下去。

雷　西：我有個想法，他們都是小孩。

老　師：他們都是小孩嗎？好的，這也是個好想法。

老　師：（閱讀第二十頁）小熊就跟著媽媽吃著藍莓慢慢走過樹林，現在小熊停下來吃藍莓。

（潔西卡舉手。）

老　師：潔西卡？有什麼意見？

潔西卡：他們都停下來採藍莓。

老　師：是的，他們是。

老　師：（閱讀二十一頁）然後，牠必須追趕上媽媽。

巴　特：這是小女孩做的事。

老　師：是的，很好，巴特！

老　師：（閱讀第二十二頁）因為牠的腳追趕得很累，牠就撿了一大團樹枝，然後就坐在中間開始吃——

全　班：（一起）藍莓！

巴　特：又是一樣的啦！

全　班：（重複的意見）他們在做同樣的事情，他們都在做一樣的
　　　　事情！

當老師讀下一段有關媽媽發現了跟著她們的小孩不對時的劇情，學生被文本深深吸引，然後一個學生就下結論：

　　　班：這是一個模式。
老　師：你看到了什麼模式？
　　　班：（停了幾秒再開始說他的想法）熊和這個媽媽都做一樣的
　　　　　事情。
老　師：熊媽媽和莎莎的媽媽都做同樣的事情，是的，講的很對，
　　　　　班。這故事中有很多好的模式。

老師很適當的提出這些小熊和莎莎如何相似的問題，幫助學生了解這個故事平行的特性。當故事不斷展開，學生就能欣賞並認識更多平行的事件。我們注意到孩子一旦抓住平行的故事結構以後，就開始提出意見。班就帶著對於這個平行模式的觀察，超越了莎莎跟小熊之間的相似性，而觀察到兩個媽媽也是「做同樣的事情」。

使用結構來了解一個故事的意義是很重要的閱讀理解策略，在教導閱讀理解的再形成概念中，Dole、Duffy、Roehler和Pearson等人（1991）就說明了熟練的讀者使用策略來「培養、修正、規範和維持理解」（p. 242）。在對閱讀理解策略的建議中，他們強調了提供給新手讀者流暢的使用故事結構的機會之重要性。這種互動性出聲閱讀，提供孩子預演這個重要策略並跟著老師一起應用的機會。

一個完整的循環

現在幾乎到了故事的盡頭，很顯然的孩子已抓住了這個故事平行的特性。要將故事的其他方面加以結束，老師就將發生在出聲閱讀剛開始時的對話交織在一起。她將學生的注意力轉回感覺和醃製食品的主題上—

一為冬天準備食物。老師注意到至少還有一個學生對角色的性別感到困惑，於是簡短的總結閱讀此書的愉快，也對此出聲閱讀的活動做下結論。

老　師：（閱讀第五十二頁）小熊的媽媽並沒有找太久，她就聽到了在那裡咀嚼和吞嚥的一陣此起彼落的聲音，她知道是什麼發出這些聲音。

老　師：什麼造成這些聲音？

全　班：（一起）小熊。

老　師：你認為小熊的媽媽現在感覺怎樣？

全　班：（一起）快樂。

老　師：你認為小熊現在感覺怎樣？

全　班：（意見重疊）快樂，驚訝。

老　師：驚訝？為什麼會驚訝？瑞克？

瑞　克：因為她終於找到媽媽。

海　蒂：他。

老　師：（閱讀第五十四頁）小熊和他的媽媽從藍莓山的一邊下山，一路吃著藍莓，有足夠的食物可以儲藏過冬。小莎莎和她的媽媽從藍莓山的另一邊下山，一路摘著藍莓帶回家可以醃製過冬，一整桶的藍莓，還有三桶在旁邊。

老　師：（停下來展示書尾頁媽媽正在把藍莓倒進罐頭裡去）你們認為他們有許多食物可以過冬了嗎？許多藍莓可以做派？

全　班：是的！

老　師：你們認為這個故事怎樣？你們喜歡嗎？

全　班：喜歡！

老　師：是的，這是個有趣的故事，我非常喜歡。

透過這個出聲閱讀的事件，老師用對話來幫助學生發展對故事系統化而非特性化的了解。藉著預測，他們發現了故事平行的特性，並用文本結構進行持續性的故事理解。對話創造了一個可以預演關鍵性閱讀理解策略的情境，進一步而言，孩子變得對故事非常熟悉。熟悉是一個重

要的步驟，朝向對重述、假裝閱讀或傳統的閱讀故事的不同程度上更有信心（Brown & Cambourne, 1990; Schwartz, 1988）。總之，藉著持續的對話來分享想法，他們社會性的建構了一個對故事複雜、分享的了解。

計畫的考慮

　　用對話來促進互動性出聲閱讀事件比它第一次出現時更有挑戰性，為了達到對塑造意義過程有貢獻的環繞自然說話的出聲閱讀，考慮一些計畫是有幫助的。

選擇圖書

　　特別重要的一點是文學建立互動性出聲閱讀的基礎，才能誘發學生快樂和了解的回應（Lukens, 1990）。過度熟悉、非常簡單或非常複雜的故事不太可能促進對故事喜歡的互動。應選擇有豐富的語言、鮮活或有意義的情節、迷人的角色和融入的插畫這些吸引人的特色的文學來進行互動性出聲閱讀。選擇那些知名的高趣味的故事——那些你喜歡和你預期學生也會喜歡的故事。

☞ 選擇有豐富的語言、鮮活或有意義的情節、迷人的角色和融入的插畫這些吸引人的特色的文學來進行互動性出聲閱讀。✍

反省性計畫

　　互動性出聲閱讀乍看之下可能容易和自然，但它確實是思考周密、反省性計畫的副產品，準備互動性出聲閱讀的建議包括下列：

- 在讀給學生聽之前自己先讀好幾遍，重讀故事來發掘它的複雜性和主題，認清插圖的貢獻，並接觸這本書的文學和藝

術的特性。

- 考慮哪一個策略可以用來幫助學生參與塑造意義的過程。看清楚文本、插圖和學生，再決定用什麼策略（例如文本結構、摘要、個人連結、故事或角色比較），然後依這些策略再精研閱讀之中的問題和意見。

- 預期互動的點，例如注意學生的意義建構在哪些地方，可能會受益於額外的背景知識，分享的個人連結，預測並確定、檢驗角色的感覺或回顧一個故事曲段。找出孩子在無人協助下，可能會遺漏故事所提供的獨特和有意義的發現的點。

- 在出聲閱讀之前思考如何在問題和意見上措辭以促進故事互動。令人驚訝的是，即使在完成這些準備之後，當首次實施互動性閱讀時，運用良好措辭可能仍會是一大挑戰。先寫出開放性的問題可能是個練習發問技巧的特別方法。

不明顯的因素　成功的互動性出聲閱讀也要依賴一些不太明顯的因素：彈性、好的判斷和時間。在反省性的準備之後，很重要的是保持彈性，和不要過度控制出聲閱讀事件，讓學生對故事回應來引導互動。準備好跟隨學生的引導，用好的判斷來決定說話數量和文本之間的平衡，避免過多的老師說話。在此同時，利用機會相互發現故事，最後，要有適當的時間來實施互動性故事書閱讀。互動性的讀一本故事比直接讀完要花上大約兩倍的時間。

結論

每一個互動性出聲閱讀的節奏是決定在關鍵的演奏者：老師、學生和故事。每一個出聲閱讀事件的細節不同，對話的焦點也會改變；唯一不變的是老師在高度的社會性脈絡中使用

☞ *很重要的是保持彈性，和不要過度控制出聲閱讀事件。* ✍

對話來培養塑造意義的能力。互動性出聲閱讀的最高目標，是在幫助學生從有意義的對話中享受並了解故事。

參考書目

Brown, H. & Cambourne, B. (1990). *Read and retell: A strategy for the whole-language/natural learning classroom.* Portsmouth, NH: Heinemann.

Dole, J.A., Duffy, G.G., Roehler, L.R., & Pearson, P.D. (1991). Moving from the old to the new: Research on reading comprehension instruction. *Review of Educational Research, 61* (2), 239-264.

Holdaway, D. (1979). *The foundations of literacy.* Sydney: Ashton Scholastic.

Lukens, R.J. (1990). *A critical handbook of children's literature* (4th ed.). Glenview, IL: Scott, Foresman and Company.

Peterson, R., & Eeds, M. (1990). *Grand conversations.* New York: Scholastic.

Roser, N.L., & Martinez, M.G. (Eds.). (1995). *Book talk and beyond: Children and teachers respond to literature.* Newark, DE: International Reading Association.

Schwartz, J.I. (1988). *Encouraging early literacy: An integrated approach to reading and writing in N-3.* Portsmouth, NH: Heinemann.

Short, K.G., & Pierce, K.M. (Eds.). (1990). *Talking about books: Creating literate communities.* Portsmouth, NH: Heinemann.

Tharp, R.G., & Gallimore, R. (1988). *Rousing minds to life: Teaching, learning, and schooling in social context.* New York: Cambridge University Press.

Vygotsky, L. (1978). *Mind in society: Development of higher psychological processes.* Cambridge, MA: Winthrop.

Wertsch, J.V. (Ed.). (1985). *Culture, communication, and cognition: Vygotskian perspective.* New York: Cambridge University Press.

兒童文學參考書目

McCloskey, R. (1941). *Make Way for Ducklings.* New York: Viking Press.

McCloskey, R. (1948). *Blueberries for Sal.* New York: Viking Press.

第五章

「但是盆栽並不長在吊籃裡」：
幼兒在真實的探究過程中的談話

大衛・瑞伊

茉芸・陸易斯

　　愛米、凱利、貝瑞、麗莎、賽門、羅瑞安、夏洛特，都是英格蘭西南區一個學校六歲孩子班級裡的學生，他們在一個很快樂、開放的教室中學習，教室的邊緣就是學校的中庭。這個班級要負責保養庭院的花床，有一些學生參加了每週一次由父母義工所主辦的課後園藝俱樂部，在六月時學校已經決定要買一些吊籃，種些樹來讓中庭看起來漂亮些。孩子非常熱切的討論吊籃要種些什麼，因此他們的老師寇克斯也決定讓他們選擇種植適當植物。不久這班級將會參觀當地的花園中心並購買他們所選的植物，但是孩子從和老師的討論中知道只有某些植物是適合的，因此他們必須在選擇前做些研究。

　　做為艾沙特大學「延伸讀寫方案」（Exeter Extending Literacy, EXEL）的一部分，當學生們在做下列事情時，我們就跟隨著研究：

• 為工作訂定清楚的目標，

- 畫一個藍圖記錄訊息，
- 在參考材料的範圍內取得訊息，
- 協同合作建構對所得訊息的了解，
- 提出購買植物的意見，
- 從所建構的知識中增權。

本章中我們將寫下這個班級真實的探究工作，其焦點是放在協同合作討論的型態，標示出他們的互動和協同合作的討論對探究學習的貢獻方式。首先我們要說明 EXEL 方案的背景。

EXEL 方案

EXEL 方案是一個我們和全英格蘭教師團體合作的課程發展方案，為了貼近觀察孩子和文本的互動，特別是非小說類的文本（對此方案的進一步細節請見 Lewis, Wray & Rospigliosi, 1994; Wray & Lewis, 1994）。我們考慮到非小說類的文本常被忽略也是一個學習的資源，所以我們贊同一個尋求延伸讀寫的課程應對這點有適當的注意。做為這個方案的一部分，我們檢驗一些在教室中使用的策略和材料的範圍時（Lewis, Wray & Mitchell, 1995），也發展了一個過程的模式，可用來描寫學生和非小說類文本的互動（Wray & Lewis, 1995）。

這個目前支撐我們工作的模式，描述了一個在學術情境中通常被標籤為「研究」的過程。做為研究者，我們看到參與這個過程的學生從中受益，不管他們的年齡如何。這個研究的過程基本上包含了建立一個問題或一系列的問題，以及參與探究以發現答案，一個探究為基礎的課程取向正包含這樣的過程。

☞ *研究的過程基本上包含了建立一個問題或一系列的問題，以及參與探究以發現答案。* ☜

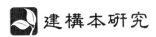 建構本研究

　　這個班上的孩子有一個清楚的目的來引導他們的研究，老師引導他們將研究的焦點盡可能做得明確及有結構性。只要求他們去發現植物可能是一個太模糊和太巨大的工作，因為學生是比較沒有經驗的研究者，所以老師建議用一個格子幫助他們集中研究的焦點，也為他們可能想問的問題提供一個鷹架。經過討論，老師就能了解他們有關園藝、花和吊籃的先備知識。在他們腦力激盪已知的事情之後，老師為他們寫下意見，一些主題逐漸萌發，他們就加以合併成幾個標題：高度、散布、顏色、花和葉及氣味，他們用這些一起建構了一個表格，將它寫在自己的日誌上（請看表 5-1）。

表 5-1　孩子所用的記錄表

主題：花

花的名稱	顏色	高度	香味	托垂	葉子大小	意見

　　經過這樣的練習，老師就可以延伸孩子技術性的辭彙，像是用「香味」（fragrance）取代「氣味」（smell），「葉子」（foliage）取代「樹葉」（leaves）。表格的每一標題都可以做為一個要回答的問題，和一個讓孩子專注研究的關鍵字，而且也可能幫助孩子在文本上搜尋這些特別的字眼。藉著在這個階段介紹這些字，可以幫助學生準備好一些找故事書時可能會遇到的辭彙。因為孩子需要在書上尋找的訊息是技術性的，因此很快就發現，手邊已有的參考書所包含的細節程度大部分是不太合

☞ 在他們彼此
的互動中觀察到
三種很獨特的談
話：示範的談
話、協同合作的
談話和離題的談
話。 ☜

適的。老師有孩子的幫助，準備好一些成人的園藝書及手冊，很多孩子且熱心說服了他們的父母，帶他們到當地的園藝中心及花店去找尋常常可以免費取得的參考材料。當然，這些材料都是設計給成人讀者的，他們的語彙、版面設計和字體大小，很少爲萌發的讀者考慮。

我們錄影下幾組兒童做研究的過程，他們成對工作（每次六個孩子），圍繞著一個上面放了很多園藝和花的書的桌子——大部分是成人用書。老師每隔一段時間就會過來檢查這個小組，但大部分的時間孩子是獨立工作的，錄影機整個早上放在那裡自動錄影。這段期間學生們彼此小聲的說話，有時候會看一眼攝影機，逐漸的不太注意攝影機的存在了。我們記錄了田野筆記及觀察，然後就看錄影帶並分析所發生的事。

當孩子開始研究時，在他們彼此的互動中觀察到三種很獨特的談話，可以歸類爲：示範的談話、協同合作的談話和離題的談話，每一種都以他們自己的方式給孩子學習的能力。

示範的談話

在開始探究之前，老師和學生討論他們可能會在哪裡找到所需要的訊息，孩子們建議一些來源：看書、問專家（例如園藝俱樂部的成員）、看看其他的吊籃、問他們的父母、看電視上的園藝節目。這時老師示範他們可以如何選擇和使用這些訊息性的圖書。她示範了一個放聲思考的活動，說出她在做的事情及爲什麼這樣做；她所做的是孩子通常可以做到的內在獨白，下面是一段她示範過程的摘錄：

老師：咦，現在我該用哪一本書呢？這本封面上有花，名稱也告訴我們可能是有用的，現在我該做什麼呢？是了，我可以看看索引，讓我看看索引中有沒有吊籃式的植物，於是我要翻到

書的後面，找到了，這是索引，現在這是按照字母排列的 a ……d……g……h……，嗯，這裡就是，讓我們來找 h, a……。

經由這樣一種後設認知的示範（對孩子明確說明她所經驗過的思考過程），老師就能給學生一個有經驗的讀者會怎麼做的重要教導。老師實際展示問題解決、計畫及策略決定等閱讀過程的重要性。示範使老師明確敘說加入讀寫活動的思考過程，這些過程基本上是看不見的。

在隨之發生的討論中，有很多例子是學生用了相似的外在化思考過程來引導他們自己的工作，這裡有一個例子，就是愛米和凱莉尋找有關金蓮花的訊息：

愛米：這本書裡什麼都有嗎？（拿起一本書）

凱莉：我必須抄下來（看著愛米筆記中金蓮花的拼音，將其寫下）。

愛米：索引，應該在這個地方，對了……，它說什麼？金蓮花，但這裡又沒有，我必須要找目錄，翻到前面去，喔！在這裡啦！（尋找目錄的頁數——卻無法找到想要的）。應該是在另一本書上吧！（掃描一堆書）

凱莉：看看這本吧！（指著書）

愛米：好啊！我要找這一本（拿起凱莉所指的這一本書）。

凱莉：（跟愛米一起捧著封面）這裡說什麼呢？（讀）「裝飾性的廚房花園」。

愛米：就是這本（瀏覽了幾頁圖畫，但是積極搜尋），這告訴我們有關……耐寒的矮牽牛……法國的萬壽菊……金蓮花？……甜蜜的威廉……還有一些其他植物（讀頁數標題）「萬壽菊」！我們家後院有一些這種花（兩人喃喃自語的對話——繼續「瀏覽搜尋」）。

愛米：到哪裡去了啊？金蓮花。

凱莉：再看看另外一本吧！（愛米跟凱莉各拿起了另一本書）看一下索引。

愛米：索引，對（兩人都在看他們書上的索引）。金蓮花……金蓮

花……有了……157……157……（翻頁並檢查號碼），在這裡，金蓮花，（應該在這裡一掃描頁數），這就是啦！高度是一呎三十公分，很好，我找到了。（凱莉開始寫起來，愛米闔上了書）

愛米：可是我還不知道顏色呢！（顏色是在表格的下一個欄位，又打開書）157……對……是什麼顏色？（出聲讀）紅、橘、黃；紅、橘、黃，我們最好是找到紅色的（再把書闔起來）。

凱莉：你怎樣拼……（兩個人都在寫顏色這一欄）

愛米：（看著表格）是的，香味，它是什麼香味？這種花有香味嗎還是沒有香味？我不認為……（打開書再找 157 頁），現在到哪裡去了？

孩子經由這個尋找的過程找出特殊的訊息，但他們仍繼續將整個過程「說出來」，很顯然的他們所用的語言是非常接近於先前老師所示範給他們的語言。例如：愛米的「金蓮花……這裡找不到，我必須要到目錄去看看，翻到前面，啊，在這裡啦！」可能都是直接來自先前從老師那裡學到的示範。

凱莉在這段摘錄中的角色也似乎是來自她所目睹老師的談話，她持續的鼓勵愛米去進行特別的行動：「看看這本書」、「看看另外一本書」、「看一下索引」，這正是過去老師給過多次的指導種類。愛米和凱莉都用說話來引導他們的行動，也藉著聽他們老師所使用的談話來學習這樣做。

協同合作的談話

這種社會的、互動性的工作特性是非常重要的，在無數的事件中孩子彼此鼓勵繼續工作，如果找不到他們想要找的東西就試用其他的技術、討論訊息、一起工作以了解困難的文本，或要求彼此的幫助或建議。下面有一個例子，也是愛米和凱莉，這次他們是尋找在英格蘭稱為「Busy

Lizzie」這種植物的訊息（它的拉丁名字是 impatiens）：

凱莉：那我們找一下索引，哪裡有寫 Busy Lizzie？（兩人都在看）

愛米：Busy Lizzie，我要找另外一本書。（凱莉繼續掃描原來的索引）

凱莉：喔，為什麼？所以這是……48（開始翻到 48 頁注意到一個圖畫）

凱莉：看啊！寇克斯老師（愛米看了一眼圖畫），寇克斯老師（Miss Cox）是一種花的名字耶！（愛米再看一下，兩人都笑了起來，因為老師的名字就叫寇克斯）

愛米：在哪裡？（凱莉指著，兩人又笑了）

凱莉：這裡呀，這裡寫的是亨利寇克斯（Henry Cox）小姐。

愛米：是的，我們不是要找這個，我們是要找 Busy Lizzie。

凱莉：我找到 Busy Lizzie 了。

愛米：我知道。

凱莉：（翻頁）48……Busy Lizzie……48 頁……超過了……48 頁（找到了，掃描；愛米站起來並從凱莉的肩膀上看過去）

愛米：我會找（開始找另外一本書），我會找到，你不要擔心，凱莉，我很會找書的，Busy Lizzie……100……150……（找到 150 頁），這就是啦！應該在這裡（當她找不到就闔上書），對……我會嘗試……這一個（又拿另一本書），現在是什麼？（翻到索引，掃描）……83（翻到 83 頁），Busy Lizzie（找到並讀給自己聽），這並沒有寫很多（闔上書），我討厭這個，我永遠也找不到任何東西。對，現在又怎樣？我還是……

凱莉：他們就要合併了（愛米打開來看），他們一定是？（愛米沒有回答，兩個女孩都拿起了書並再翻到索引）。

愛米：Busy Lizzie……看……emperor……什麼？……Busy Lizzie……什麼？Busy Lizzie 請看 emporer 或什麼的……什麼？……很奇怪！（凱莉一眼看過去）看 impooer 什麼……這裡寫著 Busy Lizzie……，看什麼東西。

凱莉：我們到底在找什麼？

愛米：Busy Lizzie 啊！（兩人都看著愛米的書）

凱莉：這很奇怪，我要去告訴老師。（兩人都離開了桌子）

　　這裡很明顯的是兩個女孩子的協同合作，即使愛米扮演主導的角色，這卻是一個分享的活動，女孩子們藉著研究共同建構他們自己的方式。另外很有趣的一點是，當他們發現花的名字跟老師的名字一樣時，能夠分享一個對老師開的無傷大雅的玩笑，但是他們很快又回到工作中。

　　這個摘錄最後部分困擾愛米的問題，是他們在書中索引上發現了這個「Busy Lizzie 請看 Impatiens」的說明。兩個女孩最後把這個問題交給老師，老師和她們解釋交叉參考的做法，及拉丁文植物名稱的使用。愛米和凱莉聽完解釋後就繼續工作，這個事件提供了一個有力的證據，強調真實活動的力量。這不可能是老師計畫中的活動，為六歲的孩子介紹交叉參考或植物的拉丁名稱，但是在女孩們工作的情境中，這個明顯複雜的訊息卻沒有為她們帶來太大的困難。

　　當然，協同合作並不是像上面所顯示的那樣一直都沒有問題的，六歲孩子很自然的自我中心特性常會出現，例如下面這段摘錄，麗莎和貝瑞在合作上有一些問題，雖然他們還是逐漸解決了。

老師：（對著麗莎說）你知道什麼是吊鐘海棠嗎？

貝瑞：（他是園藝俱樂部的一員）是的，我們花園裡有這種花。

老師：（對麗莎）你知道那是什麼顏色嗎？看一下索引。

貝瑞：是的，我們在花園裡有種（指著）。

老師：（對麗莎說）你可以在索引中找到吊鐘海棠，或是跟貝瑞討論一下，他似乎知道許多吊鐘海棠的事情（老師就離開了）。

貝瑞：（對麗莎）你可以看那裡，我們那邊也有一個，我看過幾千次了。

麗莎：（找尋了顯示在索引上某個特定的頁數）是這裡嗎？（給他看一張相片，兩人都看）

貝瑞：什麼？在哪裡？……你要不要看窗外，我可以指給妳看？

麗莎：（她假裝不太願意，站起來）喔⋯⋯（兩人都走到窗戶邊）
貝瑞：（指著）就是那個啦！看就是那棵。（麗莎點頭）

　　兩個孩子留在窗戶邊大約一分鐘，另一個孩子在被經過的大人帶回位置之前，也加入想要看看那是什麼花。在麗莎回到桌邊後，她重新跟貝瑞分析花園裡的吊鐘海棠和書上相片的顏色不一樣。後來，她就在表格上記錄下來，寫著「紫色和粉紅色，也可能是白色」。

　　在這個簡短的事件當中，我們看到貝瑞很清楚的決定展現他的專長，而且能用他過去的經驗和真實存在的例子來和同伴分享他的知識。麗莎一開始不願意從找訊息的工作中分心，但是後來也溫和跟隨貝瑞的另類策略。在這樣做時，她學到使用不同來源的訊息，而那有時是不完全都彼此吻合的，兩個孩子都學到文本閱讀要有批判性。

離題的談話

　　在很多孩子一起討論的例子中，也有完全只能當成是與他們的工作沒有什麼關係的對話；我們把這樣的談話定義為離題的，雖然這並不表示沒有關係。事實上，很多這樣的對話來自工作本身，而我們主張這樣的說話也有著學習的原始機制的功能。在下面的摘錄裡，貝瑞在尋找萬壽菊的圖片，這時他的注意力卻被一張十分不同的圖畫所吸引。

貝瑞：你看，這個是，這個是⋯⋯是花做的。（指著一張設計成船
　　　的樣子的花床）
麗莎：這是一個米老鼠的⋯⋯另一個在另一個地方。
貝瑞：哇～這簡直太棒了！
麗莎：我看過幾百次了！
貝瑞：（對賽門）你在拖奎看過這個嗎？他們有這種東西，完全是
　　　用花做的。
賽門：哪裡啊？
貝瑞：拖奎！他們用花做模型，你到過拖奎嗎？（賽門搖頭）

第五章　「但是盆栽並不長在吊籃裡」

079

貝瑞：去過派頓嗎？

麗莎：我去過派頓。（拖奎和派頓都是當
地孩子去過的遊樂城）

老師如果在這個時候來到，可能會下結論
說這兩個孩子沒有專心做活動，但是從另一個
角度來看，他們是專心的，因為他們正在與工
作的材料做個人連結。

> ☞ 將先前知識
> 經驗與新材料的
> 連結，是研究與
> 學習過程中很重
> 要的部分。☜

這個將先備知識經驗與新材料的連結，是研究與學習過程中很重
的部分，也確認了在孩子藉探究學習的過程裡，對話比沉默更重要。

藉訊息增權

這天早上，我們觀察到兩個孩子學到非常重要的課程，羅瑞安和夏
洛特學習到訊息是可以增權的。這一對孩子一開始是瀏覽園藝書和看圖
畫，從這些圖畫中他們決定想要的吊籃植物包括了番茄、草莓以及盆栽，
他們將這三種植物的名字寫在表格的第一欄，準備好開始尋找進一步的
訊息。這時老師加入他們，指出他們的建議是不尋常的，需要找到好證
據來支持這些選擇。羅瑞安和夏洛特並未因他們的想法而分心，反而開
始研究；在一本園藝書中，他們發現了一些不同的矮小的垂掛番茄。在
另外一本書中找到草莓養在種植器裡的相片，很明顯的說明這是垂掛的
植物。他們把這個發現拿給老師看，老師於是回答：「但是盆栽不會長
在吊籃裡，我認為你們應該再小心檢查一遍。」

孩子們把注意力轉到盆栽上，他們發現一本書中有一部分提到有關
這種樹的成長和修剪，這給了他們一個訊息，就是盆栽「可以被修剪成
任何形狀」。他們從這點推論可以把盆栽修剪成繞著吊籃垂掛；他們了
解需要用鐵線，但是卻不知道需要五十年這棵樹才會長成。當老師回來
時，學生已準備好為他們的案例爭論，為所選的植物辯護了。

這些孩子所學到的是準備好適當的訊息時，一個人就可以有力而具

說服力的辯論。知識可以提供辯護的力量——一個民主的核心課程。他們的老師很通情達理並充分回應來對這個辯論讓步，不想打擊學生的熱情。但應注意的一點是，當他們真正想要說服同儕時，還有更困難的工作要做。

結論

在這些對幼兒的簡短一瞥中看到，當我們提供一個目標和結構去引導他們時，他們就可以成功的使用研究技巧。這個研究也讓我們相信，我們實在不清楚孩子的能力和限制到底有多少，直到我們看到孩子跟著一個焦點清楚的探究問題的要求在行動。孩子只有在他們受探究的需求所驅動的時候，才會激發出潛能；在這個探究的過程中，孩子用說話達成廣泛的目的：去支持、爭論、辯護、探討和分享。談話的使用，和孩子對所參與工作的認知，以及老師所協助設計的社會情境的特性都密切相關。

參考書目

Lewis, M., Wray, D., & Rospigiosi, P. (1994)....And I want it in your own words. *The Reading Teacher, 47* (7), 528-536.

Lewis, M., Wray, D., & Mitchell, C. (1995). Extending interactions with texts: theory into practice. *Reading, 29* (1), 10-14.

Wray, D., & Lewis, M. (1994). Extending literacy in the junior school: A curriculum development project. In A. Littlefair (Ed.), *Literacy for life.* Widnes, UK: United Kingdom Reading Association.

Wray, D., & Lewis, M. (1995). Extending interactions with nonfiction texts: An EXIT into understanding. *Reading, 29* (1), 2-9.

鮮活的討論！——培養專注的閱讀

第六章

相信學生對文學的問題：
跨情境的故事

米契兒・坎麥瑞斯
凱莉・沙瑞爾
金貝莉・溫克爾

　　你是否對孩子的思考感到好奇？你是否有興趣去發現一些從你所教的孩子的觀點來看事情的方法？你是否願意在文學討論中跟隨孩子的興趣？如果你的答案為「是」，那你將會對我們的文學討論經驗有興趣。我們——米契兒是大學老師，金貝莉和凱莉是準老師——從執行這個環繞學生所提問題的文學討論中學到了很多。我們將以回顧教育文獻所學到的理論基礎做前言。米契兒將摘要她所知有關二年級教室中學生的發問，以及她如何與主修小學教育的大學生分享這些知識。金貝莉是幼稚園實習老師，凱莉在四年級實習，將分析他們用學生所提的問題做文學討論的經驗。

學生的問題：回顧和理論

　　對孩子的發問活動感興趣，特別是在學校情境中的問題，並不是一個新現象，在整個二十世紀中，教育者都同意孩子的問題應該是課程興趣的來源（Dale, 1937; Dewey, 1944; Dillon, 1988; Hunkins, 1976）。一個有關孩子在學校環境中發問的最早的研究是 Mau 在一九一二年針對幼稚園、一年級、二年級和三年級學生所問有關物理和生物的材料問題的調查（引用 Dale, 1937）。研究者長久以來就有一點結論：「當任何老師去看去聽他有多少學生具備探索的精神，無論他們的問題是否顯現思考，然後考慮將怎樣用這些問題做更好的教學，都是很值得的」（Thompson, 1924）。這種強調孩子的問題在教學法上的重要性的覺知，曾在至少五十年的教育方法和學習理論的文獻中得到驗證（Fahey, 1942）。例如，看一看最著名的教育哲學家杜威的說法：

> 從來沒有人解釋過為什麼孩子在學校外會充滿了問題（如果他們得到任何鼓勵，他們會去刁難成人），但卻明顯的對學校裡的學科課程很少表現好奇，在反省這樣一個令人驚訝的對比現象時，就顯示了傳統學校情況所提供的經驗脈絡的問題，而在其中問題已自然呈現（Dewey, 1944）。

　　令人好奇的是，學生提出的問題在教育的修辭和實作之間所存在的鴻溝。研究者曾重複發現，在一天中老師問了學生幾百個問題（Dillon, 1988; Gall, 1970）。例如：在一個三年級閱讀團體的研究當中，Gambrell（1983）報導，老師平均每四十三秒就會問一個問題，這種大量增加的老師發問與有限的學生發問有著很顯著

☞ 這種大量增加的老師發問與有限的學生發問有著很著顯著的對比。☜

鮮活的討論！──培養專注的閱讀

的對比，但也證實對學生發問和學生問題的研究仍相當缺少（Carlsen, 1991）。

　　但是，又有一些老師們所寫的實作取向的文章，描寫當發問轉到學生身上以後的情況。Kitagawa（1982）就寫出有關她讓四年級和五年級學生在所有課程領域上都擔任發問的角色時所發生的事情。在一個馬丁路德金恩傳記的引導閱讀活動中，她了解學生問的問題和她的問題非常不一樣，但是「符合這一段及我的要求，而且事實上會更直接的導入下一個部分」（p.45）。十年之後，Ash（1992）也寫下當為學生讀有關Armstrong 的《發聲器》（*Sounder*）（1969）這本書的開始一段時，學生所提出的令她驚訝且印象深刻的問題。這些都不是英語課高級班的學生，而是一些在有危機或可能變成高中中輟生的一些替代性課程裡的學生的表現。Kitagawa 和 Ash 跟學生討論文學問題的經驗，反映了閱讀教學指導更朝向以讀者為中心的文學討論型式的漸增趨勢（Peterson & Eeds, 1990; Raphael & McMahon, 1994）。這個趨勢代表著對原先學生意圖理解文本以便找到教師手冊和測驗中所要求的「正確」答案的一種背離。取而代之的，是由學生提出問題而不是老師，然後問題更成為一種建構意義的工具。

🌿 學生的問題和教師培育：米契兒

　　桑娜是一位二年級的老師，我們從一九九二年就開始一起協同合作進行讀寫的研究，我們原本決定要研究從老師轉換責任到學生身上，設計來促進批判性思考的一個討論型態（Commeyras, 1993）。由此導出了一個研究，就是在七歲和八歲的孩子聽過所選的文學故事書之後，賦予他們提出問題來討論的責任時，會發生什麼事情（Commeyras & Sumner, 1995）。我們所做的討論轉錄的質的分析顯示，邀請學生提供問題給全班或團體做文學討論時，會導致下列教育上的有利結果：

- 各種閱讀能力的學生都會因此機會而願意提出並討論他們對文學的問題。
- 學生會討論他們發現目前和未來生活的重要議題（死亡、偏見和愛情關係等）。
- 學生會參與一系列能配合他們年級程度的核心課程目標的讀、寫和口頭語言（編輯標點符號、解讀語意的關係和為了解而重讀）。
- 學生會表現對問題文字的興趣，和對因為字的選擇而產生微妙的意義轉換的敏感度。
- 學生會參與有教育性價值的思考型態（辨明未陳述的假設、尋找替代性和提供理由）。

　　經過三年聽這些二年級學生討論他們自己的問題，桑娜和我學習到看重他們所有的問題。一開始，我們認為讓學生問我們認為深奧或能引發批判性思考的那類問題是很重要的，結果我們卻了解到，學生會問的是他們認為有趣、困惑或特別的問題。進一步而言，我們也相信，當老師信賴學生的自然探究能力，並尋找出一些鼓勵且支持他們整理和寫出問題能力的方式，學生的發問就會成為很尋常的事情。

　　我在教授一門小學閱讀指導的兩個連續課程，做為一個大學老師，要跟學生溝通桑娜和我所學到的有關發問的問題是一個很大的挑戰。接下來是一段描述我如何向金貝莉、凱莉和他們班上其他的學生介紹學生提問的價值。這段描述提供金貝莉和凱莉，在第二門課最後四個禮拜實習所經驗的學生發問的基礎。

有關學生提問的師資培育

　　我經常讀《我和尼西》（*Me & Neesie*）（Greenfield & Barnett, 1975）這本書，讓我的學生思考有關發問的問題，這是有關一個學前女孩吉奈兒和她的想像朋友尼西的故事。雖然吉奈兒的家人無法看到或聽到尼西，但這兩個女孩還是常常會在家裡惹出一些麻煩。尼西是個好同伴，但是

當吉奈兒開始上學以後這個情況就改變了，當吉奈兒對上學的第一天感到很興奮的時候，尼西看起來卻很悲傷。吉奈兒第一天上學回來很熱切的想要告訴尼西有關她的老師和新朋友的事情，但是卻到處找不到尼西，她好像從此失蹤了。

在讀這個故事之前，我就引導這些大學生來思考，讓他們在聽的時候，提出一些問題來刺激二年級小孩的討論；我也要他們預測二年級學生可能會對這個故事提出的問題。在我讀完這個故事之後，就在黑板上列出他們整理出來的問題，我們把它們分類為老師型態或孩子喜歡的兩種問題，簡短地比較了這兩類的問題，討論不同和相同的地方。接下來，我提供了一段有關桑娜開學第一週在她二年級班上所進行的《我和尼西》的討論活動的轉錄，這些大學生就讀了這些七歲和八歲的孩子所提供討論問題轉錄的部分。在此同時，我也在黑板上我們問題的旁邊寫下二年級學生的問題，然後比較二年級學生的問題和大學生的問題。他們發現有一些二年級學生的問題和他們老師的問題相似，但其他的問題卻和他們預測孩子會問的問題很不一樣。

到了這個學生發問課程的最後，我放了一段二年級學生提出有關《我和尼西》的問題的錄影帶，因為他們已經熟悉轉錄的文字，這個班級就能加入桑娜教學法的應用，也就是她的促進問題的提出和逐漸討論。在看過錄影帶之後，我們評估這個討論的執行情形，及這些二年級學生是如何參與的。最後，每個學生得到一本桑娜和我為教育者所寫的小冊子《文學為基礎的討論中學生所提的問題》（Commeyras & Sumner, ND）來做為一個資源。

我所描寫的學生發問的介紹，是發生在金貝莉和凱莉第一次的閱讀方法課程上，我要求每一個學生在他們四週的小學實習裡必須執行最少選擇兩個讀本、故事書或指定教科書閱讀的討論，並從中提出自己的問題。我就用《紙鶴》（*The Paper Crane*）（Bang, 1985）這本書，示範我對二年級學生所用的取向。這些大學生必須提供問題和回應問題，他們也得到如何寫一個對他們年級程度指定作業的簡明計畫的指導。他們必須清楚敘述：(1)要用什麼樣的閱讀材料？(2)誰要閱讀？(3)他們將會有全

班或小組的討論嗎？(4)如何提出問題爲學生解釋？(5)如何記錄和討論問題？

我閱讀並批評了每個學生的計畫，很多是在修正後才被核准。金貝莉、凱莉和他們的同班同學在小心構想計畫來執行閱讀課程和文學討論後，都準備好要把想法應用到實作中。在這四週的試教裡，我有機會去觀察很多以學生提問爲依據的文學討論。這些新手老師發現一些跨越教室和課程情境，運用學生所產生的問題的獨特方法。金貝莉和凱莉的經驗，驗證了他們的班級對探索以學生問題爲討論基礎的執行方法的創意。

 ## 幼稚園幼兒的學習發問：金貝莉

幼稚園對我是一個新的界限，雖然我很興奮要開始四週的教學實習，但我知道在一個文化和語言上有極大差異的班級教學將會是個很大的挑戰。這個學校座落在喬治亞大學已婚學生宿舍附近，學生們來自世界各地。我班上有十七個五到六歲的孩子，其中有十一個學生是英語非母語者，這十一個學生是從非洲、亞洲、歐洲和南美洲來的，其中有三個剛開始學英語。只有六個孩子是在美國出生，他們的母語是英語，但反而是班上的少數民族，因此，我擔心自己是否有能力有效的跟每一個孩子溝通。學生們的能力和技巧的差別也很大，即使我知道這是大部分幼稚園的典型，我還是覺得沒有準備好來面對這個挑戰。但是，我很喜歡孩子和熱心教學，並且很渴望去發現教學的巨大力量和這種可以永遠接觸生活的能力。

我在大學課程裡學到了學生提出的問題以後，就很興奮的想要去跟學生實驗看看。當我選了閱讀方法這門課時，我曾把學生的發問用在我在附近學校「Chapter 1」特殊課程班級的一個四年級學生身上。這個學生的老師曾經謝謝我幫他增進了這孩子閱讀理解的水準，因此在我開始實習時就在心中準備好要這樣做了。因爲這個原因，我對於跟四年級孩子使用學生提出的問題覺得很有信心，但我也承認有一點遲疑，不曉得

這個策略能否用在幼稚園孩子身上。

第一次討論：嘗試和錯誤

如果我過去不曾有過用學生提出問題的成功經驗的話，我想在第一次試圖和幼稚園孩子嘗試過後，將永遠不會再用這個方法。在我的觀點中，這個課進行得不太好，我一開始解釋我的目標，是要介紹學生問問題而不是老師問問題的概念，然後，我就爲他們讀《蔬菜去睡覺》（*The Vegetables Go to Bed*）（King & Grandpre, 1994）的書。我選這本書是因爲我們正在研究植物，我在讀時會時常停下來問問題，每個回應都是一個建議而不是問題。我假設他們都知道問題是什麼，但我對他們的回應太驚訝了以致不知道該怎麼做。

經過了一天的反省，我了解即使這個課進行得不太順利，我還是從這個經驗中學到了很多；我決定要再試一次，用一個小組的孩子來進行一個寫作工作坊的活動。我計畫依這個團體的能力來爲他們個別讀字，以幫助他們了解我所謂的「問問題」是什麼意思，然後他們就可以在接下來的課程中爲班上其他人示範發問。

第二次討論：小團體

在寫作工作坊中我呈現給學生一系列的字：誰、什麼、什麼時間、哪裡、爲什麼、將要、做和如何等；我爲他們解釋這些都是「問題的字」，和「我們用這些字句來開始發問」。孩子輪流讀這個表，我給他們一些問問題的例子，然後請他們問問題，結果很有效，他們很喜歡問問題而不想停止。

現在我們可以開始講一個故事了，我就選擇了《半夜的時候》（*In the Middle of the Night*）（Henderson & Eachus, 1992）。這是有關發生在每個人都在睡覺的夜半時間的職業和事件，我開始讀並且等著第一個問題出現，結果沒多久，就出現一些他們所問問題的例子：

為什麼這個小寶貝要睡覺？

為什麼是在半夜？

為什麼她要在晚上打掃？

她的孩子在做什麼？

為什麼這位女士不在家跟她的孩子睡覺？

為什麼這個媽媽和爸爸在晚上照顧孩子？

為什麼這個護士看著這個男人死掉呢？

每一次在閱讀時我抬頭看，孩子的小手都在空中向我揮舞，他們對於問自己的問題感到很興奮。

有幾次我發現在記錄之前有必要改述這個問題，但是在這樣做之前，很重要的就是要考慮下面的事情：「我的改述是否讓別人了解？」或者「我的改述是因為他們沒有用標準英語嗎？」

當他們提出問題時我們並沒有討論，我只是把它們記錄在一張大紙上面，然後等我們講完故事再回來看。對我而言最有趣的問題就是那些看起來很明顯的問題（例如：為什麼這個小寶貝要睡覺？），我懷疑學生提出這些問題只是為了問一個問題，或者是因為他們的理解力很有限。很多問題如果從思考程度來看是很棒的，而且在我們的討論中，學生也為所有問題提供創造性的回應。

我們的討論幫助我了解聽學生說話的重要性，學生的問題並不總是像我們「大人老師」的問題一樣的，學生的解讀也不完全是我們的解讀，但是卻讓我們知覺到他們的思考、背景，以及他們對生命的信念是什麼。例如，我看到大部分的孩子對人們在晚上工作的事情感到困惑，他們奇怪當你應該睡覺的時候如何能夠工作？和他們說話和分享想法是很有趣的事，現在我對幼稚園小團體的幼兒可以提出與故事書有關的問題感到有信心，但是班上其他人也可以嗎？

👉 學生的解讀也不完全是我們的解讀，但是卻讓我們知覺到他們的思考、背景，以及他們對生命的信念。👈

第三次討論：大團體

　　我把對小團體發問所用的字呈現在黑板上讓全班孩子看到，我開始問：「在我們的小團體裡面，誰還記得我們昨天是如何問問題的？你能給我們一個問題嗎？」五個學生全部都用一個問題來回答。下一步，一個學生讀了這個問題字的單子，然後全班就用詠唱的方式再讀一次，我就開始談像「你可能已經知道或者不知道這個答案」這類的問題。我告訴他們可以問任何問題，因為「所有的問題都是好問題」。他們準備好了，熱烈的舉起手來，讓我驚訝又高興的是，沒有意見只有問題，這次的示範成功了。

　　接下來我開始讀《不管恐龍身上發生了什麼？》（*Whatever Happened to the Dinosaurs?*）（Most, 1984）這本書，因為我期望這本書能引發很多問題。學生立刻注意到這本書的名字就是一個問題，「因為它是用一個問號結束的」一個孩子這樣說。「最後是『什麼』，這就是我們從字句單上學到的」另外一個孩子這樣說。我知道他們在聽而且在學習。當我在讀的時候，他們是完全的參與；當我要求問題，學生就舉手而且很多人叫出：「喔！選我！老師選我！我有一個很好的問題。」他們問的問題似乎非常自然，有一個孩子問：「偽裝是什麼意思？」另外一個孩子回答：「就是有些人穿上了一些東西，其他的人就認不出他們是誰。」這也刺激出另外的意見：「你可能是一隻偽裝的恐龍吧！」結果全班嘻嘻笑。

　　其中一個我所做的最令人興奮的事情，就是問學生他們對提出自己的問題覺得怎麼樣，他們的回應包括：

　　那幫助我學得更好。
　　有些人可能會告訴別人這個答案，所以，其他人就學會了。
　　我可以更了解這本書一點。
　　我喜歡成為故事書的一部分。

我很驚訝這些都是五、六歲孩子對發問的價值的見解。

四年級學生跨文本的發問：凱莉

在我駕車到新學校的路上，我思考著所有我必須在這四週實習中完成的作業：我必須教寫作工作坊、數學分數的部分和希臘的統整單元。我還有一個獨特的作業，就是進行至少兩個基於學生提問的文學討論，並對每個討論的結果做反省。我很懷疑學生發問的能力，以及給他們決定討論什麼的權力之後的反應會是如何。再者，我也懷疑在這樣一個座落在鄉下的、工人階級社區裡的一個學校，跟我在亞特蘭大都會區上學和我最近在喬治亞大學附近的家教經驗非常不同的社區學校裡，會有多少成功的機會？

學生、教室和課程內容

班上有二十七位四年級學生，但只有十七個是在我的閱讀班上，在這十七位當中有四位非洲裔美國人、十三位歐洲裔美國人、十二位男生、五位女生。我發現這個教室因受到限制，已經好多年看不出清理或組織過的樣子而有點動亂不安；再加上有一個很吵的窗型冷氣機，和一個與其他六個班級共用整天不斷運作的電腦印表機，整個教室情況變得更加複雜。

但是，我還是很熱心的要去教學，並且渴望發現這兩個禮拜中我計畫要教的「希臘的過去與現在」這個單元將會是怎樣的情形。我很小心的考慮要使用什麼文學，最後決定用伊索寓言和希臘神話。我計畫了三個依據學生提問的討論時段，每一時段都用一個我認為會刺激有趣的問題和討論的寓言或神話來進行討論。

學生提問的假設、考慮和限制

當大學課程介紹給我有關學生提出的討論問題的想法時，我一直認為學生會選擇簡單的方式來做，我想他們會問一些字義上的問題，就可以很容易回答，這也只會有一個正確的答案。我想像當學生被叫到要問一個問題的時候，會回答說：「其他人都已經問過我的問題了」，我也擔心很多學生會選擇不寫任何問題。我擔心學生應該要聽或寫的時候卻在畫圖，也憂慮某些學生會居於主導地位，而掩蓋了那些比較沒有自信的學生，我想要的是讓全班都參與。

我預期背景知識和先前經驗會在解釋和了解寓言和希臘神話上扮演一個重要的角色。但是，如果學生對寓言和神話的文類不熟悉的話，他們如何能夠在沒有我的幫助下提出他們的問題？我怕學生只會注意在每一個故事裡去發現道德的教訓，而錯過進入更細節的分析的機會。我懷疑他們在了解每個故事的因素後，能否再做一些跨寓言和神話的比較？我只想扮演一個促進者，但是預期這樣一個很長的深入討論會需要老師的發問，因為我害怕學生會在十到十五分鐘之內草草結束他們所有的問題。

討論「狐狸和烏鴉」

第一天我開始藉著定義一個寓言，和解釋我將要讀三個「狐狸和烏鴉」的故事版本來嘗試討論學生提出的問題。我讀的時候，要求學生對每個故事寫下一個問題，我告訴他們這個問題可以應用到所有三個故事上或只針對單一的版本。我強調問題有的是在故事展開後答案就會變明顯，有的是沒有人能確定答案是什麼，兩種都可以接受，我強調任何問題都是好問題。在我出聲閱讀完這個故事之後，我就在黑板上給每個故事畫一欄，當學生提出問題時，我就把每個問題記錄在適當的欄內。我對結果感到很驚訝，因為顯然這個探究的過程在孩子的腦中非常積極的進行著。他們的問題令人印象深刻，包括下面這些：

表 6-1

狐狸與烏鴉 （Rice, 1979, pp.5-9）	狐狸與烏鴉 （Hague, 1985, p.25）	狐狸與烏鴉 （Testa, 1989）
為什麼狐狸在舔牠的嘴？	狐狸怎樣看烏鴉？	為什麼烏鴉會相信狐狸？
為什麼狐狸總是戲弄烏鴉？	狐狸為什麼總是讚美烏鴉？	為什麼這故事用肉而不是起司？
精緻是什麼意思？	誰是鳥中的皇后？	烏鴉從哪裡得到這塊肉？

　　我們開始輪流思考每一個陳列在黑板上的問題，直到全部討論完為止。我很驚訝的發現每一個孩子都具備了解提出文學問題過程的能力，因為據我所知，這應該是他們第一次做這種活動。沒有人寫出的問題是他們已經知道答案的，如果在討論開始之前就已經知道答案的話，那也沒關係——這表示他們是在思考他們所問的問題。所有的問題都與寓言有關，所有的孩子也都願意貢獻一、兩個問題。當在討論可能的答案時，我再度為他們對彼此問題思考的成熟度感到驚訝！有一些問題很容易回答（例如誰飛過狐狸的頭上——烏鴉飛過狐狸的頭上），其他的問題則會導出較深入的思考和辯論。例如：在考慮像「誰是鳥中的皇后？」的問題時，學生會提供一些超越故事的創意回答。

> 特　隆：這很簡單，禿鷹就是鳥類的皇后，這是美國的國鳥，所以牠就是皇后。
> 查　許：喔不！鳥全世界都有，禿鷹只代表美國，只因牠是我國的象徵，並不表示牠就是全世界的皇后。
> 布蘭登：是啊！這要看你在哪個地方或哪個國家，才知道哪一個是鳥的皇后。

　　我們的討論也包括我們是否已適當的回答了問題的考慮，有時討論轉換到回顧問題，去看它們是否有什麼相似之處。我們自己摘要結論「狐狸和烏鴉」的道德教訓，這個過程引導學生分享一些過去他們曾經說謊，或諂媚別人以得到想要的東西的一些軼事。

從學生身上學習

　　像下面這個鮮活的意見交換，讓我知道四年級的孩子對發現原因和發展替代性的解讀很有興趣，而不只是去找一個正確的答案。學生在討論一個有關希臘神話「都克林、法拉與大洪水」（*Deucalion and Pyrrha and the Great Flood*）中的問題（D'Aulaire & D'Aulaire, 1962）：「為什麼石頭會變成人類？」

> 強納森：他們想要開始一個不會打仗的新種族，像戰爭這類東西……，因為他們會殺人、偷別人的東西，因此[神]想要一個新的種族，他們會做對的事。
>
> 卡洛琳：因為那是神話也是魔術。
>
> 布蘭登：因為上帝要開始一個新世界。
>
> 卡洛琳：老師，在神話中任何事情都可以發生，因為就是寫下來而已也不是真的。
>
> 布萊恩：也許當水打到石頭，就可能變成人了。
>
> 強納森：他們只是把他們摔過肩膀而已，布萊恩，並沒有把他們摔到水裡。
>
> 布蘭登：也許他們把他們摔過肩膀，他們就掉落在水裡頭。

　　在每一個學生所提供的問題與答案中，我們可以學習到有關學生的個性、背景、價值觀和感覺。例如：在後來同一個討論中，我學習到更多有關孩子的宗教信仰，有一個學生非常防衛性地說：「天堂是在天上，不是在奧林帕斯山」，即使其他學生想要解釋這個神話是很久以前寫的，那時候的人們所相信的和她所信的不一樣，但她還是不相信。

老師身為促進者的角色

　　老師必須在討論的管理和組織中扮演一個角色，有時候我們選擇文

本來討論，其他時候我們會藉著提供學生可能感興趣的圖書討論來幫助學生選擇文本。老師也必須預先思考時間和空間的實際性的計畫，像下列這些問題就會引導我的計畫和準備：

如何記下學生的問題？
我將如何鼓勵學生提出問題？
問題將要陳列在哪裡？
我應該陳列多少問題？
我們應該討論每一個提出的問題嗎？或記錄一系列問題？
我是否應該提供任何問題？

對我自己假設的反思

從我進行孩子提問的討論經驗中，我了解到原先的假設大部分是錯的。學生不只是問一些他們能夠回答的問題，也許他們了解這沒什麼趣味或挑戰性，他們總是寫下比被要求還要多的問題，而很多平時安靜的學生更是最積極的參與者。當然，我必須控制額外無關的討論，並去提醒那些注意力有時會搖動的孩子，但是一般而言，這些學生都是積極參與的。學生的目標並不是去弄清道德的教訓或做比較，而是努力想要了解那些使他們困惑或想學的東西。我了解到為了要讓討論完全由學生產生，我必須讓學生決定什麼是最重要、需要討論和解決的議題。如果我對他們必須深思熟慮什麼有所預期，這個討論就不是學生引導的了。

 結論

我們所分享的這些教師環繞著學生的發問來促進文學討論的經驗，應該能夠刺激其他教育者去探討學生的問題的潛能。金貝莉和凱莉曾經很坦白的說出她們用學生提問做為文學討論基礎的保守想法；很顯然的，

了解發問的益處，比相信這些能在教室裡實際運用來的容易。顯然金貝莉和凱莉在她們第一週的學校教學中，就能找到用學生提問去創造鮮活的討論的方法，也讓學生用批判性和創造性思考來建構對文本有意義的解讀。

　　我們對學生在讀或聽過文學之後想要討論問題的經驗的了解，讓我們相信教師引導的文學討論應該多仰賴學生的問題，這樣才會讓全班或閱讀團體的討論，更像在只有同儕的文學團體中的討論故事那樣。Almasi（1995）曾報導，在一個同樣有老師引導和同儕引導的文學討論團體的研究中，學生在同儕討論中顯著的會問更多問題，而複雜的對話也來自學生彼此的發問。身為老師，應該將那些孩子在一起討論分享的閱讀時自然產生的問題，帶到文學討論的情境當中。在那裡，我們的角色只是促進者而非領導者。這樣的轉變，需要我們放棄身為老師想要控制教室內任何事情的意向，而給學生更多機會負責自己的學習。在一個最近的女性主義教學法的研究中，Maher 和 Tetreault（1994）發現，使用學生的問題，是老師成功的反轉以老師所知為一切權威的階級性教室動力的一種做法。讓教室對談跟隨學生的發問進行，可能是一個我們思考知識來自哪裡，以及如何分享和學習知識的革命性的開始。未來有一天我們會看見這是很普通的事情，就是老師和學生在一起，進行每個人都在發問的鮮活的文學討論。

參考書目

Almasi, J.F. (1995). The nature of fourth graders' sociocognitive conflicts in peer-led and teacher-led discussions of literature. *Reading Research Quarterly, 30*, 314-351.

Ash, B.H. (1992, September). Student-made questions: One way into a literary text. *English Journal*, 61-64.

Carlsen, W.S. (1991). Questioning in classrooms: A sociolinguistic perspective. *Review of Educational Research, 61*, 157-178.

Commeyras, M. (1993). Promoting critical thinking through dialogical-thinking reading lessons. *The Reading Teacher, 46*, 486-494.

Commeyras, M., & Sumner, G. (1995). *Questions children want to discuss about litera-*

ture: What teachers and students learned in a second grade classroom. (Research Report #47). Athens, GA: Universities of Maryland and Georgia, National Reading Research Center.

Commeyras, M., & Sumner, G. (ND). *Student-posed questions for literature-based discussion.* (Instructional Resource No. 6). Athens, GA: Universities of Maryland and Georgia, National Reading Research Center.

Dale, E. (1937). Children's questions as a source of curriculum material. *Educational Research Bulletin, No. 16,* 57-66.

Dewey, J. (1944). *Democracy and education.* New York: Free Press.

Dillon, J.T. (1988). The remedial status of student questioning. *Curriculum Studies, 20,* 197-210.

Fahey, G.L. (1942). The questioning activity of children. *The Journal of Genetic Psychology, 60,* 337-357.

Gall, M.D. (1970). The use of questions in teaching. *Review of Educational Research, 40,* 707-721.

Gambrell, L.B. (1983). The occurrence of think-time during reading comprehension. *Journal of Educational Research, 75,* 144-148.

Hunkins, F.P. (1976). *Involving students in questioning.* Boston, MA: Allyn and Bacon.

Kitagawa, M.M. (1982). Improving discussions or how to get the students to ask the questions. *The Reading Teacher, 36,* 42-45.

Maher, F.A., & Tetreault, M.K.T. (1994). *The feminist classroom.* New York: Basic Books.

Peterson, R., & Eeds, M. (1990). *Grand conversations.* New York: Scholastic.

Raphael, T.E., & McMahon, S.I. (1994). Book club: An alternative framework for reading instruction. *The Reading Teacher, 48,* 102-116

Thompson, L.H. (1924). Children's questions. *Educational Research Bulletin.* 347-352.

兒童文學參考書目

Armstrong, W. (1969). *Sounder.* New York: Harper Collins.

Bang, M. (1985). *The paper crane.* New York: Greenwillow Books.

D'Aulaire, I., & D'Aulaire, E.P. (1962). *Book of Greek myths.* New York: Doubleday.

Greenfield, E., & Barnett, M. (1975). *Me & Neesie.* New York: HarperTrophy.

Hague, M. (1985). *Aesop's Fables.* New York: Henry Holt.

Henderson, K., & Eachus, J. (1992). *In the middle of the night.* New York: Trumpet Club Special Edition.

King, C., & Grandpre, M. (1994). *The vegetables go to bed.* New York: Crown Publishers.

Most, B. (1984). *Whatever happened to the dinosaurs?* New York: Trumpet Club.

Rice, E. (1979). *Once in a wood-Ten tales from Aesop.* New York: William Morrow.

Testa, F. (1989). *Aesop's fables.* New York: Barron's.

鮮活的討論！——培養專注的閱讀

第七章

想法圈：
同儕協同合作進行概念學習

約翰・古斯瑞

安・麥坎

 ## 什麼是想法圈（idea circle）？

　　在馬里蘭州克維頓的五年級教室裡，充滿著學生的聲音，史瓦茲老師穿梭學生堆中鼓勵他們彼此討論。學生們正在辯論，從他們聲音所發散的精力可以判斷，這個主題必然是很有趣的。在小團體中傳閱著故事書，學生正在指著圖畫、標題、做記錄和組合段落。

　　其中一組，有五個男孩子正在討論動物和牠們不同的調適行為：他們專注的在做一個有很多不同的動物、每種動物各有獨特調適行為的例子的圖表。老師指出他們必須由團隊來決定選擇要放到圖表上的訊息，這個圖表就顯示在表 7-1。這個小組沒有正式指定的領導人，但是會逐漸產生出一個來。經過領導人的指導，選擇出了五種動物：無尾熊、寶石頸的蜂鳥、食蟻獸、狐狸和水果蝙蝠。小組成員開始從書裡面尋找關於

這些動物的適應行為，他們略讀掃描、抄下筆記、檢查彼此答案的一致性、迅速達到共識後靈巧的填上答案。

　　突然這時對話轉換了，成員之一挑戰領導者關於水果蝙蝠的餵食行為的說法，他不相信牠們能夠在吃的時候掛在藤蔓上，像領導者所說的那樣。其他成員也加入了這個挑戰，開始去翻書並且檢查這組共同感興趣的事實。事實上領導者也發現了和他先前陳述相矛盾的訊息，這個水果蝙蝠很明顯的是黏在牠所吃的水果上面，而不是黏在藤蔓上。他讀出這段訊息來向組員澄清，組員就接納了這個改變，而改寫作業單。他們也在過程中學到一些新的東西，這包括了理論、發問、挑戰的循環過程，在小組轉移到討論狐狸時，又重新開始了。

表 7-1　引導協同合作討論的圖表

	動物	位置	特性／使用
繁殖			
氣候			
餵食			

調適

　　上述的情況就劇本就是一個想法圈，想法圈是一種充滿多元文本資源的同儕領導的、小團體的概念討論。本章中，我們將描述想法圈和學生學習之間的關係，從一個研究的代表性樣本裡面，我們將說明人們所知道的想法圈是什麼、它在教學中的地位，以及為什麼這種特性的討論對學生的學習是正向的。我們要提供教育者有關想法圈的充分知識，讓他們在自己的教室裡創造進行，同時也希望提醒研究者，他們可能會探討想法圈的角色和益處。

 學生在想法圈中做什麼？

　　在很多的教室裡學生參與文學討論，這樣的討論通常包含了老師領

導全班，或同儕引導小團體。文學討論通常占據一個文學性文本的核心，譬如是一個短篇故事、詩或小說；學生參與對話，是為了解讀或說明這個文學作品。當參與在情節的運作、角色的動機、故事的衝突以及他們的解決中時，學生就描繪出一個廣泛的意義，放入他們自己的背景經驗和信念（Almasi & Gambrell, 1994），這個廣泛的意義就是對這段文學的解讀。

想法圈裡面的團體討論的目的與文學討論的目的不太相同，在想法圈中，兒童是在學習一個概念，在對話中連結孩子的也是一個特定的概念。例如：孩子們可能會研究河流的概念，檢驗它們的位置、如何流動，以及對水循環的貢獻。在文學討論當中，學生分享一個文本，但在想法圈中學生會用多元文本來學習分享一個概念（請看哈特曼和艾立森在本書第八章的論述）。

一個概念的基本元素就是事實、事實之間的關係，以及解釋。例如：對於一個河流的概念就包括了有關它們的長度和深度、形狀和型態的關係，以及解釋它們的流動型態。在文學討論中，這種解讀就是由讀者通過情節、角色和內容的細節來建構，這主題是一種抽象觀念。同樣的，在學習一個概念時，學生是從特別的訊息、細節和資料中建立抽象的了解（Chi, DeLeeuw & Lavancher, 1994）。

在想法圈中學習是基於參與者之間逐漸產生的共識，當學生貢獻訊息並在事實之間做連結時，他們就建立了一個概念的架構。但是，在文學討論時，學生可以有不同的想法，對一個主題矛盾的解讀和不同的觀點是受到一些老師鼓勵的。雖然文學討論團體和想法圈都建立在文本為基礎的訊息上，但文學圈鼓勵不同結論的可能性，想法圈卻希望促進參與者概念了解的趨同性（請看表 7-2）。

☞ 雖然文學討論團體和想法圈都建立在文本為基礎的訊息上，但文學圈鼓勵不同結論的可能性，想法圈卻希望促進參與者概念了解的趨同性。☚

表 7-2　兩種教室討論的差異性

	文學圈	想法圈
相同性		
團體大小	三至六位學生	三至六位學生
團體領導	同儕領導	同儕領導
互動規則	看得見，學生產生的	看得見，學生產生的
教師指導	事先察看、修正、報告	事先察看、修正、報告
差異性		
團體目標	文學的解讀	概念的學習
文本使用	單一文本	多元文本
解讀	不同	共識
對主題的熟悉性	選擇性	必要性
文本的預讀	需要	希望有

✿ 學生如何在一個團體中建構概念？

　　大部分成功的想法圈是包含三到六個成員的小團體，雖然也可能由全班討論邁向概念發展的機會，但同儕合作卻較常被用來學習較高層次的解釋。讓一個小團隊建立連結力通常需要四到六週，而不是一夜之間就能夠成立的，這樣的連結力需要老師的引導。老師或想法圈的領導者要幫助學生討論，並為他們的對話建立公開的規則。大部分的小學生都會承認想法圈的成功建立在參與者「彼此聆聽的能力」、「每次只一個人講話」、「讓每個人都有機會輪到」，以及「聽領導者的話」（O'Flahavan, 1989）。可以寫下這些規則張貼在團體能看得到的地方（請看威內克在本書第十四章所寫有關如何幫助學生建立這種規則的討論）。清楚說明這些規則可以培養達到團體概念學習的挑戰的互動性（Johnson, Johnson, Stanne, & Garibaldi, 1990）。

　　每一個學生帶著獨特的訊息來到團體中，每個參與者為想法圈所貢

獻的訊息是不同的。基於先前的經驗、最近的閱讀或與其他同學的討論，他們將在建構過程中結合這些訊息和其他學習者輸入的部分（Hutchins, 1991）。學生也可能帶著他們獨特的專長來到想法圈，例如：如果某些學習者獲得了使用一個工具的能力（例如：指南針或電腦），他們就很可能將這個專長帶到團體過程中。曾有研究顯示，訊息和專長如果分布在團體成員身上，比那些所有成員都擁有同樣訊息的團體，在思考和問題解決的品質上會來得較高（Johnson, Johnson, & Stanne, 1989）。

在想法圈中，訊息和專長是分散的，不同團員有不同的能力能夠邁向一致的目標，外形就像一個鋸齒拼圖（Aronson, 1978）。在這樣的型態中，學生學習一個特定的主題，或如何在一組中使用一個特定的工具。例如：在一個生態的單元當中，學生也許會分組學習有關河流、高山和氣候，再重新分組學習不同的大陸，包括北美、南美和非洲，每組包含了一個河流、高山和氣候的專家。這兩種分組型態都是想法圈，但第二組的訊息是更廣泛的分配（大陸），當專長分散，個人會提供更多的訊息，也會被其他人檢驗，並做更深入的討論。

一些作者曾經檢驗團體討論中有關訊息類文本的對話型態，例如：Pontecorvo（1993）曾報導，學生對歷史文本的討論是受主張和辯解所控制的。孩子想要對一些事件和人提出主張，並用文本或他們自己的知識來辯解。成人之間的團體討論更複雜，例如：當成人參與一個辯論時（例如有關核子能源對一個國家是不是一個好政策的辯論），他們通常都會交換一些前提、主張、挑戰、回答挑戰、讓步及結論（Resnick, Salmon, Zeitz, Wathen, & Holowchak, 1993）。比較精通於平衡這種對話因素的成人，在辯論中是比較有說服力的；同樣的，在想法圈中，小學生也交換事實和事實間的關係，並加以解釋。這種繞著一個概念的事實和發展解釋的協調能力，是在學生熟練概念學習之後慢慢學到的（Chi et al., 1994; Kuhn, Amsel, & O'Loughlin, 1988）。

為了在想法圈裡建立概念的了解，學生會強調訊息的統整，要了解河流或水果蝙蝠，需要學生們將許多的重要細節交織在一起。訊息類文本能支持學生達成這個挑戰，因為這能激發學生們統整先前的知識、從

朋友得來的訊息，以及文本上的想法（Leal, 1992）。當學生提供訊息給同儕時，也會被其他的班級成員所修正，學生們要檢查其他學生提出事實的正確性，並要求他們的同儕做解釋（Meloth & Deering, 1994）。這樣的要求解釋，會鼓勵學生去搜尋訊息、理解他們所發現的文本，並綜合多元來源所得到的訊息。想法圈的工作並不只是重新蒐集而已，那常可以在老師引導的討論中看到（Edwards, 1993）。學生並不只是被老師或同儕帶領去記憶和編輯事實，相反的，是用了不同的認知策略，為了新的學習目的而與文本互動。

　　成員對於想法圈的概念目標應該要非常清楚才行，只要一個簡單的問題就夠了，例如：「什麼是河流？」也許是一個合適的概括目標。當回答這個問題時，他們會被問到為什麼河流不同於溪流、海洋或陣雨，學生要給一個解釋。雖然學生有一股自然的動力想要了解環繞他們的世界，老師還是應該要求他們明確的解釋出來。

　　最理想的目標是開放的，他們會邀來不同的事實、訊息和關聯。如果學生可以自由選擇如何表達對概念的了解、如何學習，以及怎樣組合想法的話，比起較少自由的目標，他們將會有更多的內在動機（Skinner & Belmont, 1992）。我們觀察到這種開放的目標挑戰最有才能的學生，也能引發他們最高度的合作。我們在理論上的期盼，就是概念的學習會逐漸在具有概念的目標的想法圈中增加（Johnson et al., 1990; Meloth & Deering, 1994）。這種社會互換是最有互動性的，學生也會在讀寫上運用不同的策略（Brown, Ash, Rutherford, Nakagawa, Gordon, & Capione, 1993）。

教室的例子

　　下面這些例子是從一些進行統整的科學和語文課程的教室中得到的，學生參與附屬在延伸的主題單元中一系列的操作的科學活動。語文指導是基於包含了科學主題的故事書和文學，像所知道的「概念導向的閱讀指導」（Concept-Oriented Reading Instruction, CORI），這個課程包括了不

同的協同合作結構，包括全班、小組、個別的活動和想法圈。

在牟蒂斯老師的三年級班上，小組是很自然的每日活動，孩子坐在異質性的五、六個學生的團體當中，這種分組整天都很固定。老師要求在統整的科學／語文的大部分課程工作中，討論必須是很重要的部分。孩子曾參與文學圈，其中互動的規則應用在想法圈裡也是有效的。每一個小組都將他們自己的規則貼在告示板上，以便在工作時參考。

老師要求這個小團隊思考他們研究了一個禮拜有關鳥類的問題，每一個孩子必須去研究一種他自己所選擇的鳥。他們在一些選擇的訊息書中發現了有關這些鳥的驚人事實，並與他們的小組同伴分享。這些學生是從一籃包含了有關鳥的重要訊息的多元程度的圖畫書裡面去選擇的。在討論過事實，並且被其他的兒童認同之後，每個學生就在一個半結構的、老師所設計留有空間讓他們寫和畫出鳥的單子上，寫下這些驚人的事實。

孩子花了幾分鐘找到這本有和他們選擇的鳥相關訊息的書，他們安靜的閱讀幾分鐘，準備好可以討論的知識。

大　衛：我不知道這紫色的小燕是最暗的一種鳥。

傑　洛：（對凱莉）你聽……成鳥是住在北方的。

凱　莉：（對傑洛）我們以前就學過這個了。

老師就停在這個小組旁檢查他們的討論，並督促孩子彼此發問為什麼他們的事實是驚人的。

肯　特：（對尤馬娜）你想要寫有關貓頭鷹的嗎？你必須把頁碼寫在這裡。

傑　洛：你聽這個——因為我正在讀，我要讀的……

馬特龍：（加拿大鵝）會去狩獵自己的食物，並且在孵化以後就能夠自己進食，我從來不知道牠們會在出生以後就立刻進食這種事情。

每個孩子都是從團體的書箱裡尋找資料，其中三個一樣、三個不同，

凱莉就在其中一本書上檢查馬特龍所說的有關加拿大鵝的事實。

> 凱　莉：生完立刻嗎？應該是生完第二天而不是立刻，爲什麼這很
> 　　　　令人驚訝？
> 馬特龍：因爲我不知道。
> 凱　莉：我的也很令人驚訝，因爲我不知道我的這種鳥（咖啡色的
> 　　　　鶇鵒）可以飛這麼遠。
> 大　衛：我也從來不知道這麼多，我要寫出這個驚人的事實，我這
> 　　　　輩子從來沒看過藍色的檻鳥，這是個驚人的事實。

肯特叫大衛過來看在尤瑪娜書上有關大角貓頭鷹的一個圖畫，這個
貓頭鷹的爪上有一隻臭鼬，先前一頁顯示貓頭鷹是在俯衝向臭鼬。男孩
們把書翻來翻去，並同意尤瑪娜畫這樣的順序是很好的，她沒有口頭回
應，但繼續寫下有關她的貓頭鷹的訊息。

> 馬特龍：（看著他的書）飛機的型態是模仿飛鳥的樣子，牠們（鳥）
> 　　　　有武器嗎？
> 大　衛：老鷹有武器。
> 凱　莉：（對著大衛和馬特龍）你得說出爲什麼，畫出一個鶇鵒很
> 　　　　難，也許我應該改變我的圖畫，因爲我不想畫牠們遷移的
> 　　　　樣子。

孩子工作了大約四十五分鐘，老師停在各組，督促每個孩子告訴彼
此有關他們所寫的事實，以及它們爲何令人驚訝。

> 馬特龍：（對傑洛）你開始吧！（從他的單子上，傑洛讀出他寫的
> 　　　　有關水鴨和牠們如何脫毛的事實。）
> 馬特龍：（打斷傑洛）讓我讀我的。

傑洛試著繼續讀出他的事實，陳述爲什麼令他感到驚訝。馬特龍開
始從上面讀他的單子（包括日期）。

凱　莉：（想要馬特龍直接說到狩獵的地方）我們已經知道日期了，
　　　　讀你的標示吧！

傑　洛：他沒有標示啊！

凱　莉：（對馬特龍）你沒有寫出為什麼。

馬特龍：有啊！我寫了。

　　大衛讀出他有關紫色小燕的說明，他並沒有寫得很多，凱莉就幫他拼了一些他不會拼的字。接著凱莉讀了她的有關咖啡色鵜鴣的事情，然後試著讓肯特讀他自己有關烏鴉的這段，肯特不想，他也沒有寫。

　　雖然凱莉沒有讀出她的文本，那是這樣寫的：

　　咖啡色鵜鴣的眼睛是蒼藍色的，有一些明亮的粉紅色皮膚環繞著這個部分，當孵化小鳥時，牠們的眼睛會黯淡成白色，粉紅色的皮膚就會變成較暗的色彩，黃色的羽毛就會掉落。我認為這個事實很驚人，因為，我從來不知道當咖啡色鵜鴣生蛋的時候，牠們會變顏色並失去牠們的黃色羽毛。

　　這個小組顯示了團員之間高層次的社會互動，花最少的時間在決定說話和聽話的規則上面，他們尊重輪流，鼓勵每一份子都參加，討論也包含了很多探究和挑戰的層面，超越了原先只要學習驚人事實的要求。孩子們努力的去找出那些符合驚人事實的標準，還有不符的。他們學習到什麼是對一個人的意見可接受的解釋，也尋找不同的訊息書來證明或反證問題中的事實。在交換想法和得到建構性的回饋之後，他們每一個人就要對自己的作品負責任。

　　在協同合作的情況下，小組對動物適應得到一種概念性的了解，他們學到鳥類會有很明顯的外表特徵能幫助牠們活下去，鳥會有一些不尋常的行為像是遷移，以求得生存。這些結構和不尋常的行為就記錄了動物調適的原則，雖然沒有用到這些生物的名詞。

　　相反的，在本章一開始描寫的史瓦茲老師班上的五年級學生的部分，

第七章　想法圈

109

卻能使用像是「調適」和「棲息」這類名詞來促進他們的溝通。史瓦茲老師的學生學習了有關餵食是生存的核心原則的概念；進而，他們又發現不同的種類有不同的餵養方式，使牠們能回應所居住的環境。在這個例子裡，這些三年級和五年級的學生，都得到一個概念的了解，就是不同的種族會有不同的物理結構和行為功能，使他們在自己的環境中存活下去。

在另一個不一樣的三年級教室裡，想法圈被當做是一種新的社會互動型態介紹給學生。在彼特老師的班上，每個學生過去是習慣坐在一組保持固定五到六個孩子的小組中，這些學生在一個統整的科學和語文課程中，每組也能深入研究一種鳥類，達很多星期之久。

相對於牟蒂斯老師的教室，彼特老師選擇混合小組團員，她希望一個學生代表一種鳥，分別表現在下面的新團隊裡面：餵食、養育、居住、棲息和防衛。這些「興趣」小組會討論他們的主題，每一份子就身為一種特別鳥的相關習性的專家，貢獻出他們的專長。孩子們每人都有一張記錄單，上面有他們先前對鳥的研究記錄，每個小組會有一箱有關鳥的圖書，在需要時可以去諮詢。彼特老師也指出團隊目標是創造一個概念網，包含所有他們分享的支持性訊息。

這裡並沒有詳列出新分組的社會結構的指導大綱，彼特老師的班級並不熟悉文學圈，以及隨之而來的互動規則。因此，當學生被安排成這種新的鋸齒型態時，顯然這七個有關「棲息」的學生是彼此不熟悉的，他們似乎很難進入一個建構性模式的說話和聽話活動中。

老師：現在你是在想法圈中，每一個人都知道很多訊息，你如果需要更多，可以用這些書，每一個人要怎麼說你所研究的鳥呢？

卡爾以一種幽默的聲音讀他的文章，其他的小孩（六個女孩）開始爭吵誰是下一個，艾娜開始讀但被卡爾打斷。

卡爾：老鷹住在哪裡呢？——在沙漠的一部分。

艾娜鼓勵其他人注意，卡蘿讀出她的筆記單，但因為聲音非常的輕

以至於沒有人能了解，卡爾發出打鼾的聲音。艾倫讀出她所寫有關農莊貓頭鷹的筆記，沒有注意棲息的議題。娜卡塔跟莎朗決定娜卡塔應該讀下一段，卡蘿提名自己再讀下去，艾娜和凱娣覺得很沮喪，因為都還沒有輪到她們讀。

卡爾：我們正在討論牠住在哪裡？
蘿：（對琳達）你不需要讀全段。

彼特老師巡視著新團隊，她注意聽並評估這個討論的品質，如果學生似乎需要一些引導才能繼續下去，她也會介入。

老師：想一想你研究的鳥是住在哪裡？牠們身體的部分如何幫助牠們活下去。你們必須多一點互動，棲息包括了很多想法：像是牠住在哪裡？牠們如何找到一個家？還有牠為什麼住在那裡等。
卡爾：（對團體）老鷹住在山上，因為牠需要很大的空間飛翔。我講的是事實，牠需要高大的樹來築窩，至於牠住在水邊的原因，是因為這樣牠可以喝水。

其他孩子都在看著卡爾所出示他標示的老鷹圖表，女孩們又開始爭辯誰應主導這個團體。艾娜宣布輪到她了，她逐字讀自己的筆記，而不看她的團隊成員，她繼續讀下去，雖然沒有一個人在聽。

莎　朗：（對安娜）你應該要解釋……。
娜卡塔：（對安娜）太長了，你在浪費時間。

然後彼特老師給這個小組一大張紙和一些麥克筆，讓她們去創造「棲息」的概念網。當她在網的中心畫一條線寫下她自己的鳥，每個學生都在爭取可以寫的空間，此時似乎並沒有顯示太多的分享或交換想法。最後的產品看起來像一個車輪——中間有一個齒輪標示著「棲息」，然後分散開讓每個孩子寫下他們所知道的鳥的事實。這個事實在孤立時是很正確的，但和整個較大的棲息概念，卻沒有明顯的有意義的連結。

這兩個教室的例子可以用兩種方式來對照，首先，協同合作的過程，在牟蒂斯老師的班上發展得比在彼特老師的班上好。牟蒂斯老師的小組是輪流、彼此鼓勵、檢查訊息、討論其標準的意義（驚人的事實），並試著發展能讓這個團體所接受的解釋。在此同時，這個團隊發展出一個較高的概念知識的型式，雖然這科學的原則並不是特別複雜，而基本原則（驚人的事實）也不是生物科學的核心，但小組確是發展了一組事實、關係和解釋。這個知識結構比起彼特老師的小組所發展的更深入擴充，他們有一堆事實卻沒有連結，或加以解釋。我們理論上的期望就是較高層次的協同合作會產生出較高層次的概念知識。

想法圈如何幫助學生？

想法圈需要借助於老師和學生的共同合作來組織，想法圈的組織需要時間，而且必須了解學生花在討論上的時間，會占去傳統上用來直接閱讀文本的時間。當我們回顧一下這種時間的花費，想法圈對學生的利益是什麼？雖然，需要進一步的研究來檢驗我們的期望，我們還是能預估想法圈在學習中最好的潛在角色。我們期望當學生有更成熟的合作程度時，他們也會有更多機會獲得讀寫的策略、概念的了解、合作的過程和內在的動機。

讀寫的策略

本章觀點是基於我們在「觀念導向的閱讀指導」（CORI）的統整課程之經驗，或許被想法圈所擴充的讀寫發展的最基本形式就是策略學習。當學生用多元文本進行團隊學習時，他們會得到不同的閱讀策略，其中一個最明顯的策略就是尋找訊息。學生會很自然的使用廣泛不同的書，在書中找尋訊息時，他們會學習檢驗最重要和相關的細節。判斷什麼重要是一個複雜的過程，很多學生在一開始會迷失，但通過經驗和直接的

指導，就獲得了這個能力，讓他們的閱讀更充分的被他們自己的目標所引導。第二組的策略與文本理解有關，包括使用背景知識、了解情境中的文字意義，以及摘要重要的文本單元。第三個在 CORI 的課程中強調的過程是統整，學生學習到將文本中新接觸到的訊息，和其他學生所發現的做組合。相似於 Webb（1989）在數學學習中的發現，我們期望最積極參與的學生會發展最好的讀寫策略。這個指導的目標就是強化所有學生讀寫的參與。發展語言和認知能力，以及讀寫的動機習慣是這種課程的優先目標。就如一位 CORI 老師所提到的「學生學習到閱讀具有有力的目標」，在鑲嵌在 CORI 課程內的想法圈中，學生學習把閱讀看成不只是一種技巧能力，而是一種追求訊息和發現想法的途徑，他們學習到書是儲藏庫，能為自己的目的去打開。

在很多教室裡，尋找、理解和統整的策略經常是被個別教導的，但是在想法圈當中，這些策略卻必須要被協調。學生學習到為了手邊立刻活動的需要而運用不同的策略，這些策略是用在觀念的情境中，情境決定了它們何時有用，以及如何被用，這個過程被研究者稱為「情境化的學習」（situated learning）（Rogoff, 1990）。為了實際的目的而運用策略讓學生能將其運用在不同的文本種類當中，學習為不同的主題去修正策略，最終也會廣泛的運用在立即學習的情境之外。想法圈是一種可在其中練習讀寫策略，並依個人需要而修改的情境。

概念的了解

在想法圈中，學生會很敏銳的知覺到他們所學習的概念。有一個小組學習有關河流的問題，把很多的討論時間花在河流的事實和功能上面。雖然學生會使用閱讀策略和寫作技巧，但是他們比較不太可能去討論這些技巧，而比較會辯論正在調查的主題。學生發現學習觀念中最有用的策略，是在辯論的情境中練習過的那些。因為觀念的中心性，老師必須小心選擇概念。這些中心的主題必須是有趣的、說明性和可擴充性的；例如：河流是生態的一部分，可以導致水循環和污染的討論。河流也許

> ☞ 當學生被期望去挑戰同儕和辯護他們自己的解釋時，比起在孤立的學習情境中，他們會得到更彈性的概念了解。☜

是單純的，但這個主題能夠導致較大的環境科學的問題。我們的研究顯示，孩子在想法圈的情境中學習概念很容易，他們逐漸能充分的了解這個主題，進而去組合圖畫、圖表或段落，並教導其他學生有關他們新發現的專長（Guthrie, Ng, McCann, Van Meter, & Alao, 1994）。

學生需要學習想法能運用在新的情境中，想法圈能讓學生獲得能轉換的知識和解決問題，因為學生看到了訊息被混合和統整的情形。當不同份子貢獻事實和挑戰解釋時，他們學習到可以從不同的觀點來看訊息。因此當學生被期望去挑戰同儕和辯護他們自己的解釋時，比起在孤立的學習情境中，他們會得到更彈性的概念了解。

史瓦茲老師班上五年級的學生正在對一個有關動物調適環境的單元做結論，學生在想法圈中設計一個動物可以生存的特別的棲息地。當這個小組選擇了一個棲息地之後，每個學生就畫和寫出他們所發明的動物。有一個學生寫了對動物的描述，說明她對動物的身體部分和生存技巧如何去調適環境的了解：

嗨！我是 Slapper，我住在沙漠中，我身上是用彩色的鱗片蓋住，這是用來偽裝的。我的適應是有尖銳的牙齒、很長的尾巴，以及尖銳的爪子，要想在這酷熱的沙漠中生存，我就用我的長尾巴為我自己搧涼，並且把敵人趕開。我有尖銳的爪子可以撕開其他鳥獸的肉體，我的獵物是兔子、路上奔跑的動物，以及狐狸。我在晚上打獵，因為晚上比較涼快，我會跑得快一點。我在春天的晚上生小寶寶，我住在一個很大的洞底下，每天吃五百磅的食物或獵物，每次生六到十個小寶寶，當有乾旱時，我會喝仙人掌的水。

這個說明性書寫的例子，透過特別的特性，像是偽裝來防衛自己、

以及尖銳的牙齒來掠奪肉食，正描繪了一個學生的概念知識。她主要是交代了有關她所發明的動物在沙漠中生存的情形，像是防衛、餵食、居住和繁殖後代的主題。她對於Slapper的描繪顯示了動物—植物—生態的關係，她的描寫不只是一堆事實的陳列而已，而是描繪出一個彈性的生態系統。她成功的描述了她能夠將這種調適原則運用到一個新情境中，也成功的將學習情境中學到的知識轉換到老師所提出的問題上；這種將知識延伸到一個新情境中就是深度概念了解的特性（Novak & Musonda, 1991）。

協同合作的過程

想法圈是社會性的活動，當一群學生團結在一起建立一種了解，他們會發覺了解並不只是孤立在學生的腦中，學習是一個社會活動的產物，它本身就需要一些經驗和學習。當學生學到依賴和與同儕互動很有益處時，他們開始得到一些社會專長。例如：一個老師問學生：「你是不是了解昨晚作業所讀的這段文章？」學生回答：「要和我的同伴討論以後才曉得」，這個學生知道知識的社會建構是一個有力的過程。

從我們一開始的觀察，發現在想法圈中有幾個基本的協同合作的過程。第一就是輪流，成為團隊的成員可以是個非常複雜的旅程，一個功能良好團隊的成員必須要彼此尊重。輪流的過程正意味著對其他人的尊重，以及認同團體是一個學術活動的單位。輪流的行動同時也暗示著一個貢獻者的責任，每一個團隊成員都要會說和聽，能引導也能跟隨；但是，參與在一個團體當中遠比單純的輪流複雜得多。

另一個協同合作的過程包含了維持成員的參與，因為想法圈運作在分散的專長上，每個人可以提供一個貢獻。從牟蒂斯老師班上團體成員的例子來看，就包含了：一個天才的學生、一個一般能力的學生、一個留級一年的低成就學生、一個比較活潑外向的孩子，以及一個新來的學生。但是，這需要團體很大的努力來維持並平衡不同成員的參與，這個維持的過程包括了：注意聽一個人說話、跟上團體活動的步調、對領導

者的要求有所回應、不打擾其他的學生及享受幽默。在界線之內完全的參與，能使團員感受到他們的想法在團體中是算數的，也維持了個人之間相互依賴的意識。

想法圈為學習概念的目的是被當成一種社會導向的工具，團體要達到概念學習的目標，在像鳥的適應這種問題的形式或主題描述中，目標是以學生的對話為焦點。當邁向這個目標時，團體就會修正知識的成長，在個人提供訊息給團體時，其他份子也繼續建立在這個訊息上。事實是提供了，但事實的正確性和相關性也受到挑戰；最重要的是，學生會推動彼此來超越事實，而邁向關係和解釋。當這個團體尋求組織它的想法，成員也修正他們集體的知識成長；就像在閱讀理解中的自我修正一樣，團體會檢查並規範它的進度，朝向概念性知識的目標。

當學生彼此熟悉並對他們所研究的主題感到自在的時候，他們會參與在一種教練讀寫策略的協同合作過程中。學生幫助彼此找到書中的訊息，也引導彼此來填寫圖表或建立概念網。他們爭論有關如何寫好一個段落，如何畫圖和標示圖畫。在極端的例子中，一個學生也許會模仿較慢的學習者所需要用來完成一個完整方案的所有過程。因為學生專注於學習主題單元的概念，教導讀寫策略是相互有利的。身為學習者的學生獲得策略，而身為老師的學生則獲得新的策略覺知。

當學生在想法圈中完成工作，他們會一起感謝這種成就，很驕傲的說「我做到了」，這裡包含了目標完成的意識。藉著稱讚「做得很好」來欣賞同儕的成就和注意其他人的工作，這種社會性的互相交換提供了一種完成的集體意識。概念性目標達成時，這種社會動力能使概念的努力非常豐富。當學生認同自己的成就時，他們會在想法圈的活動上得到新觀點。我們期望團體互動中有愈完整的合作過程，孩子就會學到愈多的概念性知識和使用愈多的讀寫策略。這些協同合作的過程自然的存在於文化性相關的讀寫活動中（Gee, 1992），將它們用在教室裡，可以促進學生進入知識階級的文明教化中。

讀寫的動機

想法圈幫助學生發展他們的內在動機，所有的學生都會對特別的主題感到好奇，渴望參與有趣的活動，並需要感覺到與團體的聯繫（Deci, Vallerand, Pelletier, & Ryan, 1991），這些動機可在想法圈中得到支持。當學生了解個人的興趣和好奇可以藉由團體工作來達到的時候，他們的內在動機就會增加。他們的好奇通過新的學習得到滿足，在自己有信心後會受到團體其他成員的支持。在想法圈中，學生能夠滿足他們動機的需要，因為他們被同盟所包圍，其他學生能幫助他們克服概念學習中的障礙，或在讀寫中支持他們。有了同儕可為示範和批判，團員就會得到一種樂觀的意識，就是可以用來表達興趣、滿足好奇，以及投入一個學習領域。研究顯示在教室的社會環境中，超越學習，能夠培養廣泛和經常閱讀的渴望（Guthrie, Schafer, Wang, & Afflerbach, 1995）。成為一個分享圖書的團體一份子，能延伸個人長期讀寫的參與。

☞ 想法圈幫助學生發展他們的內在動機。

✿ 在教室中組織想法圈

如果老師想組織想法圈的話，可以考慮下面的引導，有關如何運作想法圈的考慮必須在建立之前就要想好。首先，考慮是否要讓全班同時加入想法圈，或先讓一個小組這樣互動，其他孩子則安靜的做另外的讀寫活動。看到一個小組中訊息交換的動力，可能會讓老師專注於對學生有效和需要修正的事情。但是，如果全班都很清楚概念目標、訊息反應、互動規則和想法圈與其他部分課程之間的關係的話，同時進行六個組，每組五到六個學生的活動還是可能的。

適當的主題

　　想法圈裡的學科課程需要特別的考慮（請看哈特曼和艾立森在本書第八章有關選擇研究主題的額外想法的部分），最具建設性的討論似乎是當專家和特別化的知識分散在團體份子身上時才會萌發。在選擇一個能讓這種分散支持概念取向教學的主題時，我們發現了很多包含自然的類別和次領域的科學概念，都能夠提供很好的基礎給分配的專家和想法圈。例如：動物適應的概念能夠被分解爲棲息地、餵食、哺乳和生存技巧等項目來討論。這些次領域可以做爲分組的依據，在此學生各有專長並分享他們對特定動物的知識。另外一個選擇，就是讓每個小組成員專注在鳥類上，負責學習一種有關適應行爲的次領域。老師應該評估這些內容，是否有激發學生有品質的討論之潛能，因爲有些內容可能並不如此有彈性。一個火山的單元就很難細分到想法圈去，因爲火山的部分和如何運作是密切相依的。如果讓學生分組去做只有很少差異或類別的主題，像是火山的部分，是不會有建設性的。除了主題的概念性特性之外，廣泛的資源也很有價值；孩子要能對他們的問題、挑戰和概念有所了解，加上在學科課程中放入高品質和不同取向的證據。如果團體份子想貢獻獨特訊息的話，就應讓每一個次團體都有同樣的機會來尋找與想法圈目的有關的訊息。如果一個主題太狹窄或沒有不同的訊息基礎，一些份子貢獻知識的能力就可能會受到壓抑。

概念的目標

　　想法圈的目標應明確的溝通，如果學生無法自己進行的話，老師可以提供一些推力去引起討論，但是逐漸的，老師必須要把團體的控制權轉換到學生身上。當給學生一些自由去表達他們認爲什麼是最重要的主題時，一個像牟蒂斯老師所設計的半結構學習單，似乎能讓孩子專注在活動上。在彼特老師的例子中，學生需要協助才能掌握有關棲息的概念，

彼特老師了解到這個概念對孩子來講不夠具體，因此她花了一些時間引導他們用適當的問題討論。

老師必須說明在這個指定討論的時間裡所期望完成的活動，目標也許是單一課程，或一個六天的活動，預期的結果可能是個人化導向，就像牟蒂斯老師的驚人事實的作業單；也可能是一個團體產品，像彼特老師的概念網。不管哪一種，如果在討論剛開始就說明清楚預期的最後產品，就可以花較少的時間爭論要做什麼，而有更多的時間實際進行。

訊息的資源

很重要的一點就是一些關鍵材料要能讓學生方便取得，蒐集一些不同難度的相關故事書，能提供訊息搜尋和挑戰證據的基礎。接觸不只一個訊息資源，也能增加學生研究的選擇，並提供不同閱讀程度的學習者之間的互動機會。學生在開始想法圈的討論之前，應有廣泛的閱讀和學習。讓學生帶筆記簿到想法圈去是一個很好的想法，老師並應清楚說明筆記與未來活動之間的關係。最豐富的互動似乎是當訊息散布到學生之中時才會產生，有時有必要在跨團體之間教導學生好的尋找策略、社會技巧或特別深的知識。團體的異質性特質更能邀請所有的團體成員來參與。

互動的規則

體驗有建設性的發言和聽的技巧的重要性是無法低估的，如果能公開陳列由學生產生的互動規則的話，先前在文學圈中的經驗就能很好的轉換到想法圈中。想法圈的團員如果能了解彼此的一些歷史和各自的討論型態是比較理想的。我們看到在彼特老師的例子中，跟不熟悉的人決定角色需要花時間（例如：誰是領導者？誰是跟隨者？誰是記錄者？）。我們建議跟幾個學生發展團體討論的規則，然後寫在圖表紙上，這個圖表可在後面的課程中重新介紹，舊的規則可以再確認，新規則也可以因需要加上去。

課程的安置

　　想法圈如果想在任何教室中成功的話，有一個要點就是內容必須有足夠的深度來支持延伸的對話，還要有足夠的彈性讓學生有興趣和提出貢獻。在一個十二到十六週的主題單元中，想法圈最有價值的就是中間（六到七週）及最後（十到十二週）的時間。這時學生對主題和彼此都已充分的熟悉，而能有建設性的討論。這種引發概念的討論像生命輪迴或地球形成，在一個統整的科學／語文課程中具有無限的可能性。在CORI的架構之內，孩子帶著對一個主題的個人投入和豐富的背景知識來到想法圈，讓他們渴望對討論有所貢獻。

　　有了可用的訊息，對社會互動技巧有信心，並具備尋找、發問與探討的策略內涵，孩子就能積極的參與想法圈。在任何新的教室嘗試中，解決一些無法避免的問題是非常需要時間的。把學生提升到塑造彼此知識的較高層次的對話不是容易的過程，但這個努力卻會得到豐富的報償。

參考書目

Almasi, J.F., & Gambrell, L.B. (1994). *Sociocognitive conflict in peer-led and teacher-led discussions of literature.* (Reading Research Report No. 12). Athens, GA: Universities of Maryland and Georgia, National Reading Research Center.

Aronson, E. (1978). *The jigsaw classroom.* Beverly Hills, CA: Sage.

Brown, A.L., Ash, D., Rutherford, M., Nakagawa, K., Gordon, A., & Capione, J.C. (1993). Distributed expertise in the classroom. In G. Salomon (Ed.), *Distributed cognitions: Psychological and educational considerations* (pp. 188-228). New York: Cambridge University Press.

Chi, M.T.H., Deleeuw, N., Chiu, M., & Lavancher, C. (1994). Eliciting self-explanations improves understanding. *Cognitive Science, 18,* 439-477.

Deci, E.L., Vallerand, R.J., Pelletier, L.G., & Ryan, R.M. (1991). Motivation and education: The self-determination perspective. *Educational Psychologist, 26*(3 & 4), 325-346.

Edwards, D. (1993). But what do children really think? Discourse analysis and conceptual content in children's talk. *Cognition and Instruction, 11* (3 & 4), 207-225.

鮮活的討論！──培養專注的閱讀

Gee, J.P. (1992). Language, ideology, and social practice. In D. Macedo (Ed.), *The social mind.* New York: Bergin and Garvey.

Guthrie, J.T, Ng, M., McCann, A., Van Meter, P., & Alao, S. (1995). *How do classroom characteristics influence intrinsic motivations for literacy*? (Research Report). Athens, GA: Universities of Maryland and Georgia, National Reading Research Center.

Guthrie, J.T., Schafer, W, Wang, Y.Y., & Afflerbach, P. (1995). Relationships of instruction to amount of reading: An exploration of social, cognitive, and instructional connections. *Reading Research Quarterly, 30* (1), 8-25.

Guthrte, J.T., Van Meter, P., & Mitchell, A. (1994). Performance assessments in reading and language arts. *The Reading Teacher, 48*(3), 266-271.

Hartman, D.K., & Allison, J. (1996). Inquiry-oriented discussions using multiple texts. In L.B. Gambrell, & J.F. Almasi, (Eds.), *Lively discussions! Fostering engaged reading.* Newark, DE: International Reading Association.

Hutchins, E. (1991). The social organization of distributed cognition. In L.B. Resnick, J. M. Levine, & S.D. Teasley (Eds.), *Perspectives on socially shared cognition* (pp. 283-307). Washington, DC: American Psychological Association.

Johnson, D.W, Johnson, R.T., & Stanne, M.B. (1989). Impact of goal and resource interdependence on problem-solving success. *The Journal of Social Psychology 129*(5), 621-629.

Johnson, D.W, Johnson, R.T., Stanne, M.B., & Garibaldi, P. (1990). Impact of group processing on achievement in cooperative groups. *The Journal of Social Psychology, 130* (4), 507-516.

Kuhn, D., Amsel, E., & O'Loughlin, M. (1988). *The development of scientific thinking skills.* New York: Academic Press.

Leal, D.J. (1992). The nature of talk about three types of text during peer group discussions. *Journal of Reading Behavior, 24*(3), 313-338.

Meloth, M.S., & Deering, P.D. (1994). Task talk and task awareness under different cooperative learning conditions. *American Educational Research Journal, 31*(1), 138-165.

Novak, D.J., & Musonda, D. (1991). A twelve-year longitudinal study of science concept learning. *American Educational Research Journal, 28*(1), 117-153.

O'Flahavan, J.F. (1989). *Second graders' social, intellectual, and affective development in varied group discussions about literature: An exploration of participation structure.* Unpublished doctoral dissertation, University of Illinois: Urbana-Champaign.

Pontecorvo, C. (1993). Forms of discourse and shared thinking. *Cognition and Instrtuction, 11*(3 & 4), 189-196.

Resnick, L.B., Salmon, M., Zeitz, C.M., Wathen, S.H., & Holowchak, M. (1993). Reasoning in conversation. *Cognition and Instruction, 11* (3 & 4), 347-364.

第七章 想法圈

Rogoff, B. (1990). *Apprenticeship in thinking: Cognitive development in social context.* New York: Oxford University Press.

Skinner, E.A., & Belmont, M.J. (1993). Motivation in the classroom: Reciprocal effects of teacher behavior and student engagement across the school year. *Journal of Educational Psychology, 85*(4), 571-581.

Webb, N.M. (1989). Peer interaction and learning in small groups. *International Journal of Educational Research, 13,* 21-39.

Wiencek, B.J. (1996). Planning, initiating, and sustaining literature discussion groups: The teacher's role. In L.B. Gambrell & J.F. Almasi (Eds.), *Lively Discussions! Fostering Engaged Reading.* Newark, DE: International Reading Association.

鮮活的討論！——培養專注的閱讀

第八章

用多元文本促進探詢導向的討論

道格拉斯・哈特曼
珍納特・艾立森

探詢導向（inquiry-oriented）的討論有很多歷史的先例，在本世紀初，William Heard Kilpatrick 的方案研究（1918）就讓學生和老師參與主題探究式的討論一段相當的時間。幾乎在二十年之後，由美國英語教師國家委員會（U.S. National Council of Teachers of English, NCTE）所倡導的課程，是描述學生和老師能跨越多元文本，從不同觀點來探索主題的方法（Hatfield, 1935; Weeks, 1936）。同樣在一九三○年代，哥倫比亞大學師範學院出版社也出版了由全美老師所寫的好幾百本小冊子，他們用各種型態的文本引導延伸的對話（例如 MacNeel, 1932）。

在一九七○年代，Henry（1974）出版了一本書，讓老師用於引導多元文本討論，幫學生學習做更複雜的跨文本連結。在這十年內，由美國國家閱讀研究中心所資助的一個方案，檢驗一個一整年的教室討論中，老師和學生很小心的記錄他們討論的觀點，然後用這記錄去反映他們的進度，並計畫未來的討論（Guthrie, McGough, & Bennett, 1994）。

本章就是呼籲將探詢導向的討論做為教室實作不可缺少的一部分。一開始，說明背景訊息及簡短的理論；在本章中心，我們會解釋創造一個探詢導向討論的核心概念與實作，最後我們會建議如何開始，並強調那些開始的討論中常會產生的問題。

🌿 背景

一開始我們藉由說明探詢導向的討論和其他形式的討論不同的五種差異，來看一看它的特性：

一、這種討論建立在多元文本上。當要討論的時候，在學生面前也許有五、十、二十本或更多與一個主題相關的文本。這些文本一再被分類成為書群，其中一本書的想法、插畫或意象，會放在另一本的旁邊，以便就近做比較。文本可以傳閱，這樣學生可以自己看到論點是否被妥當證明。

二、討論的焦點是放在多元文本的連結上。雖然有時也會討論一個文本，但大部分的討論是有關一對、三本一起、或更多文本的書群如何彼此相關，和與中心主題的關係。跨文本的對角色、事件、想法、主題和要素的連結會被呈現、修正、混合新想法，也可能被放棄。

三、討論可以延伸幾天、幾星期，甚至幾個月。因為一個主題的觀點可以在很多情況下被重新修正，老師和學生也可以發展出有關彼此想法如何隨時間發展並改變的一種分享的歷史。他們常常討論有關過去對一個主題的思考，相對於目前在閱讀和聽了更多有關這個主題之後的想法的比較。

四、寫下討論的過程記錄。這種記錄常寫在學習日誌中，或大張的學習單上。因為對一個主題的討論可能會持續很長一段時間，這些記錄就可以做為有關過去討論了什麼，以及哪些還有待討論的重要提示。

五、這種討論具有探究的特性。說話可以粗分為：假的開頭、暫停、散漫迂迴、重複說話，以及聰明的句子、深奧的想法、清楚的思考

和誠實的評論等。因為學生是一個團體的成員，他們看到彼此最好的和最差的部分，他們知道想了解新想法需要冒的風險，因此，他們願意承受痛苦來支持和鼓勵這種初出茅廬的意圖和主要的突破。

因為這種探詢導向的討論約有一世紀之久的傳承，人們可能會認為這是廣為流傳的一種教室實作，事實卻不是這樣（Wolf, 1988）。加上在全語言運動中所強調的探究式學習，人們可能又會認為這種型態的討論在專業文獻中顯而易見，其實也不然（Lipson, Valencia, Wixson, & Peters, 1993）。在這兩種情況下，目前的證據顯示，大部分美國教室中的討論是：

- 焦點放在單一文本上（Wolf, 1988）。
- 引導學生在一個文本之內或之上做連結，但並不是跨文本（Akyol, 1994）。
- 發生在一天內，或最多幾天內（O'Flahavan, Hartman, & Pearson, 1988）。
- 如果有，也只留下很少發生事件的記錄（Wolf, 1988）。
- 因為是這樣編導的方式，因此學生很少會嘗試錯誤的步驟（O'Flahavan, Hartman, & Pearson, 1988）。

有一些學者提供了為什麼探詢導向的學習型態不能成為教室實作主流的原因（例如：Brandt, 1993a; Shannon, 1990）。要仔細回顧這些原因超越了本章的範圍，在下面的幾頁，我們的焦點將放在阻礙了廣泛使用探詢導向討論的概念和實作的問題。雖然我們知道教室中所發生的事受制於政策、文化和經濟的力量，但我們同時也了解，發生在這些變數當中的品質，主要也是概念和實作執行的問題。因此本章剩下的部分，就是要重新看待這些問題。這樣做時，我們的思考是基於探究學習的研究（請看 Brandt, 1993b; Hartman, 1993 對此研究之回顧）、文本交互性（intertextuality）的最近研究（請看 Bloome & Egan-Robertson, 1993; Hartman, 1992, 1995 的研究回顧），以及我們在教室使用探詢導向討論的經驗。

這個重新看待探詢導向討論的動機，是受到教育者和研究者為了解而教學，以及培養學生在教室內外使用複雜思考的持續呼籲所致（Drucker,

1994; Fowler, 1994; Sizer, 1984）。最近的這種呼籲，是由過去二十年的研究所形成，它強調了一個事實，就是大部分的學生無法好好了解他們的學習，也不會成為終生的學習者（Gardner, 1991）。很多學生就陷入一種「正確答案的折衷派」的模式（Brandt, 1993a, p.4），這只能促進狹窄和例行的思考方式。為了回應這點，很多改革者就呼籲一種思考周密與了解的讀寫（Brown, 1993; Gardner, 1991; Resnick, 1987, 1990; Sizer, 1984），這種更有力的讀寫超越了基本技巧，並「包括擴充的能力去批判和創造性思考，小心的分類，有系統的探究任何重要的事情，去分析、綜合、評估訊息和爭議，並對不同觀眾以不同形式做有效的溝通」（Brown, 1993, p.xiii）。師生雙方都要有周密的思考和關懷才能達成廣泛深入的文學了解的觀點。達到此目標並不容易，需要持久專注於創造讓探詢導向討論興盛發展的教室文化的許多因素上（Brandt, 1994; Cairney, 1990, 1992; Lehr, 1991; Pogrow, 1994）。

創造一個探詢導向討論的教室文化

有一些概念和實作，是創造探詢導向討論的教室環境之核心，基於先前的研究、我們自己以及他人的經驗，我們將討論九個概念和實作因素。這些因素是：選擇主題、選擇文本、安排文本、設計活動、發展問題、管理文本、管理討論、記錄學習和評估學習。

選擇主題

第一個，可能也是最重要的因素就是挑選一個主題。我們以探詢為焦點將主題定義在一個廣泛的意義上，不管焦點是在一個問題、困難、人、想法、歷史階段、主題或事件上。因為有些主題比較適合探詢導向的討論，當決定要選擇哪一類型的主題時，有一些重要的相關主題的特色必須要考慮（Dearden, 1983; Hartman & Eckerty, 1995; Katz & Chard, 1993;

Perkins & Blythe, 1994）。至少有五個相關主題的特性必須用在引導主題的選擇上：

一、概念導向的主題（concept-driven topic），這與更大的概念相連。這種較大的概念通常是對一些主題、人、動物、事件或者其他現象的類化。這種類化的、高層次的概念的例子有：改變、型態、週期循環、民間故事、無法回報的愛或文類等。這些概念因它們抽象的形式，通常是比較無趣或不容易被學生所接近的，它們通常是跟某些特定的東西相連結。

二、生產性的主題（generative topic），隨著時間能導致本身的發展和成長，它提供了討論的持續性。這種持續的品質是指主題具有引導性的特質，而且會持續向前、蒐集動力，並讓學生融入發現之流。一個生產性的主題傾向於超越它原本的限制，通常能導致了解的邏輯和連貫性成長。

三、複雜的主題（complex topic），這是多面向的，而且能從很多觀點及層次上來調查，它可以連結到一些課程領域內和跨領域間其他的主題上。這包含了很多延伸的、相互連結的部分，需要持續的思考去解開糾結和了解。一個複雜的主題有很多的層次和面向，加以深入探討就能跨年級以不同的方法多次重訪，而每一次的重訪都會引起新的好奇、興趣和奇想。

四、有用的主題（useful topic），立刻有關聯，並可以應用到學生的生活當中。有些主題有很高的暫時吸引力，但是長遠來講，可能是不太有用或與學生有關。主題如能引起目前及未來的了解的話，常被認為是有高度實用性的，因為學生能在這裡發展出未來的學習，不管是在校內或校外。

五、可接近的主題（accessible topic），是在學生的概念和身體上能接近的範圍。可接近的主題「正好有」可以探究的東西，讓學生能直接從個人經驗及真實的現象中擷取，幫他們了解正在討論的主題。在開始討論能讓孩子立刻接近的主題後，老師就能延伸學生的知識，超越立即的想法，到比較抽象的想法上。

為了讓主題類別的討論更具體，我們就來比較兩個主題做為例證，分別是「沙漠生態」和「恐龍」。這兩個主題也顯示出在腦中和一群特別的學生和地點思考這個議題的必要性。這兩個主題是在亞利桑那州鳳凰城，一個市區學校的二年級班級裡進行的。在應用到本文所談的五個主題特點時，我們將考慮每個類目用在探詢導向討論上的可能。

　　就概念導向的主題而言，這個「沙漠生態系統」的焦點是放在一個較大概念（生態系統）的特別例子（沙漠）上。因為這個主題是高度概念導向的，所學到的有關沙漠中的生態系統，就可以用來了解其他的生態系統（像雨林、平原或海洋）。相反的，「恐龍」本身是特定的例子，和較大的概念並沒有什麼關聯，如果能夠把它連結到高層次的想法上像是「滅絕」的話，這個主題就可以進行得更概念導向；而可以將焦點改成「恐龍滅絕」，或變成研究其他滅絕或幾乎滅絕的動物。

　　就生產性的主題而言，這個「沙漠生態系統」可以導致很多方向，也可回到相關主題像是「熱帶雨林生態系統」、「平原的生態系統」或「海洋生態系統」。但是相反的，「恐龍」是較無生產性的主題，因為很少有實質的方向可以邁進，因此限制了未來研究動物主題的潛能。「恐龍」也可以變成更有生產性，就是把它連結到高層次像是「滅絕」的概念，以便創造一個像是「恐龍滅絕」的主題，這樣就可以提供一個方向去研究恐龍，並轉移主題超越原先的限制，去研究其他滅絕的動物。

　　就複雜的主題而言，「沙漠生態系統」提供了一個和課程領域相關的潛在的討論，就是去探究生態系統的關聯部分，並且研究鳳凰城之外的沙漠系統的面相。相反的，雖然「恐龍」是一個相當複雜的主題，卻沒有很多讓學生擴充延伸的可能。這可以做成更複雜的主題，像是與較高層次的概念相連結的「滅絕」，這個焦點是了解動物生存和滅絕的成因和困境，並為這個複雜問題找尋解決方法。

　　就有用的主題而言，「沙漠生態系統」能提供學生一種應用到其他領域的了解，不管是以後研究其他的沙漠地區，或針對鳳凰城郊區成長對沙漠系統的影響。相反的，「恐龍」並不會讓學生了解目前和未來的生活，因為運用這種知識的機會非常有限。要讓這個主題更有用，就必

須提升到較高的概念層次像是「滅絕動物的過去與現在」，才能提供影響個人、教室或社區的政治行動的知識。

　　就可接近的主題而言，「沙漠生態系統」能將學生和地區的資源連結，學生可以調查沙漠、觸摸東西、和參與沙漠保存的人們談話，以及引發個人和沙漠的接觸。因為沙漠是可以接近的，學生就能自己去延伸這個主題。相反的，「恐龍」則很難接近，雖然替代經驗也許可以取代真實的接近，但是畢竟無法真正充分的體會。要讓這個主題更具可接近性，最好先著眼在當地曾存活過的恐龍身上，然後轉變到「已經滅絕的西南方的恐龍」的主題。

　　這些主題的特色是要做為選擇適當主題型態的指標，提供如何擴充探詢導向討論主題的方向，結果有些主題可能只呈現了某些類目的品質。無論這些類目是否能引導老師去計畫一個學區規定的主題，或讓學生自選主題來調查，其本質和接下來進行探詢導向討論的樂趣，是可通過思考周密地運用這些不同類型的主題來無限擴增的。

選擇文本

　　當老師從許多文本型態中選擇時，必須使用廣泛定義的文本，這樣學生才會有一組豐富的資源用來做探究。典型而言，文本是被定義為用文字溝通的經驗或想法，就像一本教科書、一個章節或一段文字。雖然這是最普遍常見的文本這個名詞的定義，文本卻不需要侷限在印刷的書頁範圍之內。文本更廣泛的定義包括了任何溝通意義的事物（Rowe, 1987; Siegel, 1984）。

　　為了達到探詢導向討論的目的，把文本想成是從語音學到語意學的範圍是很有用的（Hartman & Hartman, 1993）。語音學的文本包括寫出來的材料，像是故事、章節、文章、詩和論文等；語意學的文本則包括了電影、錄影帶、戲劇、舞蹈、音樂、相片、繪畫、姿態、口語型態及許多其他型態的符號。廣泛而言，

☞ 文本不需要侷限在印刷的書頁範圍之內。☜

學生能藉著閱讀語音學和語意學的文本資源來建構意義。

　　採納文本型態的廣泛意義有兩個優點：第一、它可以擴充學生在討論中探討特定主題的機會。第二、這能支持學生參與校外的多元媒體和多元模式的學習經驗。整體而言，這些優點給學生所用的廣泛文本型態範圍一個很高的價值。

　　在一個特定的主題上辨明語音學和語意學的文本常是一個花時間且令人挫折的過程，不管是老師或學生在負責選文本都一樣。為求尋找過程更有效率，我們發現了一些很有用的資源（Hartman & Hartman, 1993, 1994）。我們也發現圖書館員的專長在找尋額外的文本上是很珍貴的。最後，網際網路及線上服務也提供了尋找文本日漸重要的方法。

安排文本

　　準備進行探詢導向的討論，需要思考如何安排所選擇的文本，目的就在貢獻給學生豐富的探討和統整的討論經驗。雖然用哪一組文本來促進討論沒有固定的規則，但是我們也找出一些有用的方式來思考文本之間的基本關係（Hartman & Hartman, 1994）。關係有五大類：補充性、矛盾性、控制性、概要性和對話性。

　　補充性文本（complementary texts）能擴充和支持一個主題，並提供學生不同和重複的機會來看這個主題的多元面貌特性（請看圖 8-1）。例如「數字意識」的主題，可經由一組能提供有關大量數目感覺的補充性文本來探討：如 Gag 的故事書《百萬隻貓》（*Millions of Cats*）（1963）（遠流），訊息類圖書《百萬是多少》（*How Much Is a Million?*）（Schwartz, 1985），同樣名稱的訊息性文章（Goins, 1975），一篇有關大數字是如何發展的歷史報告「數目的故事」（*The Story of Numbers*）（Lauber, 1961），以及一本充滿了百萬個點的書（Hertzberg, 1970），都提供學生很多機會從多元資源中去建構、重建和綜合訊息。

　　矛盾性文本（conflicting texts）為一個主題提供另類的、有問題及干擾性的觀點（請看圖 8-2）。它們為學生帶來競爭性的觀點，例如：在

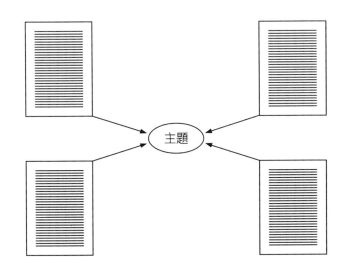

圖 8-1　一組補充性文本之間關係的圖畫呈現

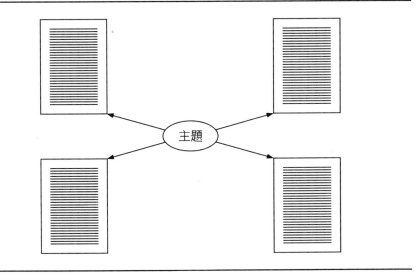

圖 8-2　一組矛盾性文本之間關係的圖畫呈現

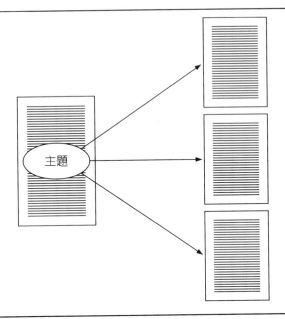

圖 8-3　一組控制性文本之間關係的圖畫呈現

主題「歷史上真正發生了什麼」（What Really Happened in History?）上，可以藉吳爾非將軍在一七五九年九月，法國與印度戰爭的魁北克戰役中的陣亡事件的衝突報告來探討。這可能包括了：在社會科教科書中提到的這個事件（Hirsh, 1988）、在一個兒童期刊上的描述（Collins, 1991）、或被 West 畫出來（1770）、或在圖畫書中被討論（Henty, 1961; Marrin, 1987; Ochoa, 1990），或被歷史學家所重述（Schama, 1991）等的內容。

　　控制性文本（controlling texts）提供一個閱讀其他文本的架構。這給學生機會用一個文本做為策略工具，或權威性的表達對另一文本了解的發展（請看圖 8-3）。例如 在 MacLachlan（1985）所著《又醜又高的莎拉》（Sarah, Plain and Tall）（三之三）這本書中可看到的「歸屬之需要」的主題，可用來做為控制的透鏡。通過此書閱讀連續的文本，例如 McCord的《這是我的石頭》（This is My Rock）（Cole, 1984），或Hughes 的《夢想》（Dreams）（Prelutsky, 1983），《春天來了》（Sumer is Icumen In）（Caldwell & Kendrick, 1994），和《瘋狂麥基》（Maniac Magee）（Spinelli, 1990）。

概要性文本（synoptic texts）強調的是單一故事和事件的版本與變異。這給學生機會看到一個故事可以藉不同的透鏡來折射，包括了社會、文化結構、媒材和歷史性（請看圖8-4）。例如：關於「世界大不同」的主題，可以經由一系列的概要性文本來探討。注意像「灰姑娘」這樣的童話故事如何跨越不同文化來表現，學生可以閱讀語音學版本的《葉線》（Yeh-shen）（Ai-ling, 1982）的故事（中國），《毛球公主》（Princess Furball）（Huck, 1989）（德國），《美麗的凡絲麗莎》（Vasilisa the Beautiful）（Whitney, 1970）（蘇俄），《苔蘚長袍》（Moss Gown）（Hooks, 1987）（美國南方），和《慕法羅的美麗女兒》（Mufaro's Beautiful Daughters）（Steptoe, 1987）（非洲），以及 Rogers 和 Hammerstein 的語意學文本的音樂作品（1964）「柏林喜劇劇場」（The Berlin Comic Opera's）（Bey & Gawlick, 1986）的舞蹈解讀，和先前提到的版本中的插圖等。

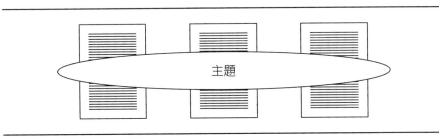

主題

圖 8-4　一組概要性文本之間關係的圖畫呈現

最後，對話性文本（dialogic texts）呈現一種持續的互相交換或在一個主題上的「對話」（dialogue），這可提供學生一種文本的對話，其中角色或人、主題、事件會從許多文本中再度出現（請看圖8-5）。桑尥克（Sendak）的三部曲《野獸國》（Where the Wild Things Are）（1963）（漢聲）、《廚房之夜狂想曲》（In the Night Kitchen）（格林）（1970）和《在那遙遠的地方》（Outside Over There）（1981）（格林），都提供說明環繞「面對困境」主題的例子，在文本之間是如何交換互動和重新組合的。

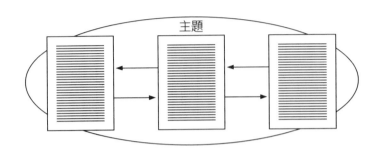

主題

圖 8-5　一組對話性文本之間關係的圖畫呈現

　　無論不同型態的文本如何安排，基本的考慮應該是如何能以一系列文本促進學生探詢的學習。身為老師可能會預期蒐集一些文本能提供更好的探究學習，重要的是要堅持和探討文本在討論中挑戰和補充所探索主題的諸多方式。

🍃 設計活動

　　許多活動能鼓勵學童努力去探索，並將多元文本連結到探詢導向的討論中，想想這些從封閉到開放型態的活動會很有幫助（Hartman & Hartman, 1993, 1994）。封閉的活動特別能界定探詢的方向，因此焦點就放在跨文本閱讀的特別觀點和目的上。為了「媒體中的誇張與真實」這個主題，學生將閱讀許多不同的「傑克與豌豆」的版本（例如Cauley, 1983; De Regniers, 1987; Gruenberg, 1933; Harris, 1807/1974; Kellogg, 1991）。一個封閉的活動將學生限制在一組由老師選擇的預設文本中。老師會提出一個同樣封閉的問題，例如在學生讀過這三種版本的故事之前，問「傑克為什麼第三次會跑到豌豆上去？」預先選擇要讀的文本，又先提出這樣的問題，討論的範圍是有限的。

　　相反的，開放的活動就比較不會特別去界定這種一開始要讀的文本

和討論方向。這些活動是想幫助學生以他們自己的方式參與探詢，只需要最少的老師指導。但是當學生在探詢中有所進展時，老師也許會想幫他們決定一些要研究的中心概念。在學生探討這些中心概念之後，又回到包含其他相關想法的較廣焦點上。一個開放的活動，在使用「傑克與豌豆」的不同版本時，會引導學生為他們自己的目的，去探索文本之間的相似性與

☞ 開放的活動是想幫助學生以他們自己的方式參與探詢，只需要最少的老師指導。☜

差異性；然後超越這個閱讀目的，去尋找另外與他們逐漸萌發的了解與反應有關的書籍。例如：學生可能會發現童話中如何描述其他巨人的相關文本（Adams & Atchinson, 1926; Naden, 1979），其他角色遇到豌豆夾時的反應（Briggs, 1970），以及真正的豆類植物如何在自然和人為的情境中成長運作等（Black & Huxley, 1985; Children's Britannica, 1988）。鼓勵學生超越剛開始閱讀的文本，為自己的目標學習，更廣泛的潛在的連結範圍應是可能的。

但值得注意的是，當學生首先在一個比較開放的活動中使用文本時，常會傾向於尋找老師認可的文本之間的關聯。因此應鼓勵學生在文本之間尋找自己的連結，做出與連結有關的判斷，並以他們了解的方式來分析訊息。當老師在探究的過程中給學生更多的責任時，他們會看到學習是一個較開放和跨文本的持續的意義建構。

✿ 發展問題

問題長久以來是被用在發展和評估學生對一個主題的了解上，但是對有關小學教室中常用的問題型態的研究卻顯示，無論是發展或評估理解，老師的問題大部分是指導學生在單一的文本之內或之上做連結，而非跨文本之間的範圍（O'Flahavan, Hartman, & Pearson, 1988）。在大部分的教室討論中所缺乏的這種跨文本的問題，卻能指出探詢取向的討論的

組織、豐富性和方向。為了強調這種問題型態的缺乏，Akyol（1994）和
Hartman（1991）就發展一種基模，將問題分成三種型態：

- 文本內的問題（intratextual），能促進學生在單一的文本之內記
  憶或連結訊息，這些問學生的問題是要他們從文本中發現明確的
  答案，或藉連結文本內的幾個句子或段落中的訊息去推論。
- 文本間的問題（intertextual），促進學生從跨越兩個或更多的文
  本之間去連結訊息，這些問題會要求學生從為討論或討論之外的
  目的而讀的文本中連結訊息。
- 文本外的問題（extratextual），能促進學生將超越文本之外的訊
  息和文本中的訊息相連結，這些問題能引導學生將他們的背景知
  識和文本中的訊息做連結，或只從他們的背景知識去記憶訊息（請
  看表 8-1）。

表 8-1　探究導向討論的問題型態：文本內、文本間、文本外

問題型態	目　　　的	焦　　　點	例　　　子
文本內	在單一文本之內去認識、記憶或連結訊息	促進學生回答的問題是藉由： • 認識或記憶明確陳述在單一文本內的訊息 • 從單一文本之內的幾個段落或句子中連結訊息	• 主角的名字是什麼？ • 主角對沙漠生態系統的看法從書的開始到中間到結束如何改變？
文本間	在跨越兩個或更多的文本之間連結訊息	促進學生回答的問題是藉由： • 跨越討論部分的幾個文本來連結訊息 • 跨越討論部分和討論之外的幾個文本來連結訊息	• 這三本書中的問題有何相同或不同？ • 你從科學書上讀到有關斑點老鷹的部分如何幫你了解這篇恐龍滅絕的文章？
文本外	從超越文本到文本中的訊息來連結想法	促進學生回答的問題是藉由： • 連結從文本得到的訊息和背景知識得來的訊息 • 從背景知識來記憶或建構訊息	• 你現在對鞋子如何製造的了解與過去所知有何不同？ • 你對雨林如何運作的現象有何了解？

這些問題型態是否能應用在任何情況中呢？我們在行進中用這三種型態的問題觀察到一種一致性的模式：開始時先用文本內的問題，繼續用文本外的問題（如果必要的話），然後才擴充到文本間的問題。當學生不太熟悉探究取向的討論過程、發展較年幼，或陷入暫時不知如何連結文本的情況中時，這種進行是很有效的。例如：

- 當學生較不熟悉跨文本的探詢、討論和連結的過程時，從文本內的問題開始，進入到文本外的問題，然後再擴充到文本間的問題可能是比較有幫助的。另一方面，當學生比較熟悉這種過程時，他們也許能立刻參與文本間的問題，再隨時間加入文本內和文本外的問題討論。

- 當學生在較年幼的發展階段時，他們也許需要從文本內和文本外的問題開始，再進入文本間的問題。相反的，年紀較大的孩子也許可以很快加入文本間的問題。

- 當學生暫時困在不知如何連結文本以便更了解主題時，他們的想法可以通過問文本內或文本外的問題來改進，這可以刺激他們辨識從文本和經驗所得的訊息。接下來是文本間的問題，能導引學生將跨文本訊息連結到對主題更深思熟慮的了解上。總之，老師如能密切了解學生知道什麼和能做什麼，就會知道應使用什麼問題型態及何時使用。

雖然這三種型態的問題在探究取向的討論中都有一席之地，但文本間的問題應該特別顯著，因為它們的焦點是連結多元文本的訊息，來發展一個對主題深思熟慮的了解。懷著構想和提問文本間的問題需要一種思考形式，這點至今尚未獲得廣泛的注意。藉著合併其他人的研究，我們發展了一個簡單的基模，來組合不同型態的文本間的問題（Bartholomae & Petrosky, 1987; Hatfield, 1935; Henry, 1974; Moss, 1984）：

- 相關的問題（correlation questions），是鼓勵學生去跨文本的比較訊息，以了解每個文本的立場是相似或不同的。焦點是藉著分析

比較來對照想法、事實或文本因素（例如角色、場地、事件、問題）。一個相關問題的例子是「我們所讀過的這些創造神話的相似性和差異性是什麼？」

- 合併的問題（fusion questions），能促進學生去跨文本組合訊息，用外在因素達到更完整的了解，焦點在於外在因素如何——是主題或另外的文本——能夠做為一個架構或透鏡在主題上顯示新觀點。一個合併問題的例子是「在一個文本中有沒有什麼可以幫助你更了解其他文本上的主題？」

- 統整的問題（integration questions），促進學生以一種創新想法的方式去連結跨越文本的訊息。藉著產生尚未出現在任何文本上的新觀點，將不同的觀點想像混合而建構想法。一個統整問題的例子就是「在讀完這些文本之後，你有什麼新想法是這些文本所沒有的？」

無論是否在學生讀一組文本之前提出這些型態的問題（如同在較封閉的活動中），或由老師提出即興的問題來引導學生已在追求的問題（如同在較開放的活動中），都是在強調引導學生從他們討論的多元資源中去連結、合併和統整訊息（請看坎麥瑞斯、沙瑞爾和溫克爾所寫的本書第六章）。

管理文本

在探詢導向的討論中安排文本要有足夠的空間來陳列，一個大桌子或開放的教室地板都能有效的呈現。將文本擺好，以便能在討論時清楚的看到、指出和移動。全班或小組活動時可以圍著文本席地而坐。

讓學生在討論中分類並組織這些文本，也有兩種方式可以去操作這些文本：一種是鼓勵學生在討論時將文本分成一堆、成對、成欄或成列擺放（Short, 1992a）。這個具體操作文本材料的方式，能幫學生了解各種資源之間看得到的、經驗性的、社會性的及概念性的相關連結。另外

一種做法是讓控制討論發言權的學生在特定時間來移動文本，如果控制權直接放在說話的學生身上的話，就會有最少的延遲、誤解或分心。接下來，討論的進行會很有效率。

管理討論

當需要考慮很多項目來引導一個討論時（請看古斯瑞和麥坎、李歐、麥基、麥克麥罕和威內克等人在本書第七、十、十三、十四和十五章之討論），有三個項目很明顯的可以在探詢導向的討論中用來管理說話：其中之一是認識兩個在探詢導向討論中的重疊狀態。第一個階段是探究的階段，這裡提到很多的想法，但卻沒有深度探討；不去注意對主題任何形式的持續對話，討論其實是多曲折和變化的。這也許看起來是無焦點、隨意的談話，但卻是很重要的腦力激盪的時間；在此階段初步的反應、局部的想法和錯誤的開始都是常態，卻有可能形成以後焦點更清楚的討論。因為是重要想法的胚胎期，老師不必藉著指出邏輯的關聯，或督促學生每次只聚焦在一種想法上，而太介入這種分開的討論。意圖指導這段「形成觀念」或「弄糟失敗」的時間，而美其名為想要更有建設性的討論，反而會壓制了日後能反應創造性與深思熟慮的了解的更有焦點討論之可能性（Short, 1992b; Smith, Goodman, & Meredith, 1970）。這種探究的階段就是讓學生探討並公開他們草創的想法，給他們一種可能性的意識。

第二個階段包含較多的塑造、再做和修定想法等焦點更清楚的活動，是在這更有焦點的討論中的談話，創造了有力的洞見和午後發現的時刻，這種從探究轉換到焦點式的討論逐漸的產生，也許會需要老師在關鍵處做一些推動。當學生開始過濾初步的想法，有些值得做更深度的探討，更多的想法就會萌發，這時討論也就能凝聚在這些想法的發展上。

☞ 老師不必藉著指出邏輯的關聯，或督促學生每次只聚焦在一種想法上，而太介入這種分開的討論。☜

另一個探詢導向討論的明確項目就是每日討論的記錄，每日討論的草稿應該要一系列的記錄下來，這會讓所探討的想法、一再使用的文本，和之間所做的連結方面有流暢感。一種有用的方式就是使用捲軸的牛皮紙，這樣每個新的討論就能陳列在先前討論記錄的後面。每次討論都要寫下日期，才能被當成是引發討論的概念故事牆來閱讀。建構每日討論記錄的實作，可以在很多天的討論對話中建立持續性和一致性。

　　最後一個探詢導向討論的特性，就是建立開始和結束這個長期討論的每天例行慣例。一個有效的開始的例行做法，是請一個或兩個學生，藉著回顧小組前幾天討論的發現來開始一個新的討論。學生做這個簡短的回顧，就是參考每天他們在牛皮紙上的草稿討論，他們所產生的文獻或作品也可用來回顧。至於結束的慣例，就是讓學生花幾分鐘時間說明當天所完成的東西，以及下次希望要做什麼（Short, 1992a）。下一個步驟，以及下次討論的時間，都要記錄在當天的牛皮紙上，做為未來的參考。這也會提醒那些需要做另外準備的學生該做什麼及什麼期限內要做好。不管是這個或其他的慣例，都應該有回顧既往（反省綜合）和預見未來（預測計畫）的因素，可以將討論指導變為持續順暢的談話。否則，可能無法了解這種延伸的、深度的探詢導向討論的豐富潛能（請看本書馬坦柔第十六章和威內克第十四章有關討論後報告的相關內容）。

記錄學習

　　為了評量的目的，考量學生對跨文本主題的了解所建構的作品與結果的表現是很重要的。如果狹隘的定義學生如何展現學科能力，可能會對學習和社會化產生一些不太好的影響（Rosenholtz & Simpson, 1984）。如果廣泛的定義學科能力，並鼓勵學生用多種方式更有效的表現他們的新想法，就更能有效的容納學生不同的學習和互動型態。

　　任何有關結果的討論都應包括學生對一個主題逐漸了解所表現的不同形式，表達結果的方式包括了從單一媒材（unimedium）到多元媒材（multimedia）的範圍（Hartman & Hartman, 1993, 1994）。單一媒材的結

果通常表現在孤立的形式上，並包含像說、唱、寫、畫出關聯這類的活動。例如：一個學生可能會非正式的和別人對話，寫一個故事、詩或歌曲，素描或畫圖，或做語意圖。

如果用比較多元媒材的表達方式，就包括了組合這些活動，例如寫一個報告在班上發表，或素描在小組座談中討論的連結。還有更融入的表達型態，是藉著演出或重新建構跨文本的連結，來鼓勵象徵化學生的思考。

例如：當討論「演出書寫文字」的主題時，學生可以結合許多表達的方式。在讀了一個語音學版本的「彼得與狼」之後（例如 Chappell, 1981），學生可能演出一個他們所寫的戲劇（完整包含場景、道具和音樂）；或者他們會使用一個包含音樂樂譜的摘錄版本，混合了語音的文本（Voigt, 1980），以及一些符號語言學的文本。這種符號語言學的文本可能具有傳統述說的經典記錄型態（Prokofiev, 1984）、一個更近代的爵士演奏（Van Ronk, 1990），或是一個詳盡的動畫電影（Disney, 1982）。

此外，學生能夠藉著用方案來重新建構文本的關聯（Hartman, 1991; Katz & Chard, 1989）。方案是「深度調查孩子的興趣，可以持續從幾天到幾個月」的活動（Hartman & Eckerty, 1995, p.143）。例如在閱讀過一些有關熱帶雨林的書之後，如《熱帶雨林的一天》（*One Day in the Tropical Rain Forest*）（George, 1990）、《熱帶雨林的秘密》（*Rain Forest Secrets*）（Dorros, 1990）、《大木棉樹》（*The Great Kapok Tree*）（Cherry, 1990）和《森林和海洋相遇的地方》（*Where the Forest Meets the Sea*）（Baker, 1987），以及一些文章像是〈熱帶雨林：生命的極限〉（*Tropical Rain Forests: Life at the Maximum*）（Batten, 1991）、〈熱帶雨林和其他森林有何不同？〉（*What's the Difference Between a Rain Forest and Other Forests?*）（Fairley, 1990）和〈熱帶雨林的特性〉（*The Nature of the Rainforest*）（Crabtree, 1990）等，學生可以綜合跨文本中的重要訊息，在教室的一角建構一個熱帶雨林的模型。

這裡要注意的一點是，多元媒材取向不只接納一個學生延伸的角色，同時也重新了解教室空間及老師在教室中角色的概念。教室不只是學生

在桌椅上學習並把作品掛在牆上的地方而已，還要能將它假想成是一個博物館、出版社、智囊團、寫作工作坊、藝術家的工作室、劇院、寫稿的房間、電腦教室、圖書館、書店、藝廊、錄音間或其他。因此，老師的角色就成爲一個監護人、演出經理人、編輯者、未來派的畫家、心理治療師、導演、製片家、媒體資源專家、銷售員和工程師。

不論是用單一媒材或多元媒材來記錄資料，焦點都必須一致的放在記錄討論的連結上，來建構對主題深思熟慮的了解。可做的方式之一就是在書下放一張大牛皮紙，草繪出討論的跨文本連結或分組方式，並記下這個討論的公開記錄。另一個以圖像來描寫關聯的方式，是讓每個學生都寫學習日誌，描繪出文本形式的不同構造，這也產生個人討論的記錄以供未來之用。不管是用哪種方法，留下一個討論中所發生事情的紙上線索，對未來的參考很重要；不論此訊息是用在寫報告、準備口頭報告，或記住上次結束的地方正是下次討論的起點。

評估學習

評估學生的學習必須依據探詢導向討論過程中所蒐集到的證據文件，我們對如何評估這些證據的看法，是受很多學者研究的影響而形成的（例如 Perkins & Blythe, 1994; Valencia, McGinley & Pearson, 1990）。有兩種形式的評估可以使用：持續的評估，能告訴我們學生的學習和老師的指導（形成性評量），和終結的評估，以做爲信度的需要（總結性評量）。這兩種評估都需要一些標準來判斷討論中的教學與學習，過程和內容標準是用來評估持續的和最後的證據，這是爲探詢導向討論所蒐集的。

過程標準是把焦點放在討論進行得如何，以及不同因素如何促進或阻礙這種進展上。因爲這裡將討論的九個因素，是專注在促進或阻礙探詢導向的討論，我們就用此來做爲過程的標準。表 8-2 呈現這些因素，並聚焦於每一個重要評量觀點上的問題。表 8-2 同時也留下空間，讓評估者辨識回答每個問題的證據的型態，一個計分表的範圍從「不好」到「非常好」（1-5），用來評量在文件證據中可以看到的、所反應問題的

標準程度。最後，也有空間留給改進持續的討論所做的任何調整或步驟。

表 8-2　用於評估探詢導向討論的過程標準

過程標準	文件證據	評　分	調整／下一步
選擇主題			
1.這個主題如何導致探詢導向討論的調查的特性？		1 2 3 4 5	
2.主題如何符合概念導向、一般性、複雜、有用和易接近性的類目？		1 2 3 4 5	
選擇文本			
3.文本如何提供一組豐富的資源可從中擷取想法和訊息？		1 2 3 4 5	
4.這些文本如何代表從語音到語意符號的文本型態的範圍？		1 2 3 4 5	
安排文本			
5.文本之間的基礎關係如何被了解？		1 2 3 4 5	
6.如何安排文本來促進探詢的討論？		1 2 3 4 5	
設計活動			
7.封閉的活動如何促進討論中的探詢？		1 2 3 4 5	
8.開放的活動如何促進討論中的探詢？		1 2 3 4 5	
發展問題			
9.計畫好的問題如何促進文本之間、之內和之外的訊息連結？		1 2 3 4 5	
10.後續和即興問題如何促進對文本之間、之內和之外訊息的深思熟慮？		1 2 3 4 5	
管理文本			
11.是否有空間用來分類所用的文本？		1 2 3 4 5	
12.在討論中文本操作的管理如何？		1 2 3 4 5	

（下頁續）

（承上頁）

管理討論	
13.初期的討論是否允許腦力激盪和想法的探索？	1 2 3 4 5
14.後來的討論是否變得更集中在探索特定的想法上？	1 2 3 4 5

記錄學習	
15.討論是否記錄在大紙條或學習日誌上？	1 2 3 4 5
16.是否用作品記錄學習以反映證據型態的平衡和多樣？	1 2 3 4 5

評估學習	
17.持續和終結的評量型態是否能幫助了解所學習到的？	1 2 3 4 5
18.這些標準如何被解釋和使用在討論中？	1 2 3 4 5
19.剩下的時間如何被用在反省探詢的過程？	1 2 3 4 5

1 ＝不好；2 尚好；3 ＝普通；4 ＝好；5 ＝非常好

　　內容標準則集中在討論的實質性，強調從過程中產生的材料的品質。表 8-3 呈現光譜上的四個點，用來評估文件證據內容的思想和了解的複雜度。這個表也提供一欄，顯示這些標準所用的證據型態，在證據上應用標準之後再加上評分，以及任何未來討論所須採取的調適或步驟。

　　這兩組標準都可讓師生用來評估討論，騰出時間規律的對這些部分或全部的標準作反應，會對討論的持續效能有很大貢獻（形成性評量）。此外，在幾週的討論中止的時候，也應寫出最後的報告（總結性評量）。

　　這裡所強調的九個因素，是專注在教室正在發展的探詢導向討論的明顯特徵上。這些因素被當成是方法，而非結果；是概念性且是實際的工具，可以創造一種能讓探詢導向的討論旺盛發展的文化。當然，其他因素像是師生關係的和諧、教室管理的技巧、參與的結構，事實上也同樣會影響任何討論的成功與否。

表 8-3　用於評估探詢導向討論的內容標準

內容標準	文件證據	評　分	調整／下一步
認識			
1.學生如何了解在討論中所用的或創造的連結？		1 2 3 4 5	
使用			
2.學生如何使用在討論中所用的或創造的連結？		1 2 3 4 5	
創造			
3.學生如何創造原本的連結以用在討論中？		1 2 3 4 5	
應用			
4.學生如何將連結運用到小說的想法、原創的作品，或標準的解決的發展上？		1 2 3 4 5	

1 ＝不好；2 ＝不太好；3 ＝普通；4 ＝好；5 ＝非常好

開始進行

　　最後，要提供給初步使用探詢導向討論的老師們一些建議，同時也強調老師在討論開始時會面對的四個問題。我們首先提出開始探詢導向討論的建議。

開始的建議

　　下面的建議是基於一個基本的策略：從小處開始，再隨時間而擴充對話。

- 一開始用老師啟動的主題或提供一些主題讓學生挑選，一旦師生對不同的主題如何運作較有把握後，就可幫助學生承擔更多選擇

主題的責任。

- 一開始用老師選擇的文本討論，然後再鼓勵學生尋找額外的文本，向學生強調由老師選擇只是一個開始，學生也可選擇其他文本，讓主題的討論持續下去。

- 用語音學的（書寫的）文本開始前面幾個討論，以後再擴充到更多符號學的文本。不斷提醒學生可以從不同型態的文本來源去閱讀和學習，並且應超越傳統文字資源的探索。在他們充分了解有這許多資源可用之前，老師也需要提供時間讓學生去尋找圖像、音響和視聽的資源。

- 一開始進行的討論是由老師來引導學生，一段時間之後，幫助學生站在前面而由老師在後面引導，老師應從指導的角色轉移到促進的角色。

- 將示範連結文本的過程，做為一種了解主題的方式；對文本的大量閱讀和認真討論，對很多學生也許是一種新的學校經驗，因此他們需要老師教導他們如何嘗試想法、改變思考或反對自己。

- 提供有關如何圖像化的描述文本與想法之間連結的例子，這對大部分學生而言也是新的領域，因此他們也需要例子來學習。剛開始老師可以示範自己探索主題所畫的草圖以供參考。

- 在與主題有關的概念上保持一個規律的焦點，通常去討論這個主題的特點（如沙漠），而不是其相關概念（生態系統）。當學生探詢這種特別的例子時，討論應將他們引導到更高層次的概念上。

常見的問題

一旦開始進行探詢導向的討論，經常會產生一些問題；這些問題從不確定中產生，都是伴隨著探究學習取向，像是探詢導向的討論活動而來。下面是我們對四個最常見問題的回應：

我如何清楚的為學生解釋我們正在做什麼？ 一個簡單的解釋應能

充分幫助學生描繪探詢導向的討論是什麼樣子。一種說法如下：「我們將學習一些主題，我們要了解很多不同的訊息，並與知道這些主題的人討論。當我們學習主題時，必須去想每個訊息如何與其他訊息有關。所以，你將比較一個訊息是如何與另一個訊息相同或不同——一個訊息是如何符合或不符合另一個訊息。當你在學習這些訊息，並與朋友討論時，你對這主題的了解將會改變。這是好的象徵，在我們讀和討論每個新文本時，會想要看到我們對主題的思考如何成長。」

如果學生不會做跨文本的連結，或他們的討論不是探詢導向時該怎麼辦？ 缺乏跨文本連結或探詢導向討論的原因可能是：(1)這個主題不符合我們先前所討論的標準，(2)文本的多樣性不夠，(3)學生需要老師更多的推動，或(4)學生沒有足夠的時間去學習這些訊息和發展想法。一旦找到這些問題的原因，可重新再讀一次本章所建議的如何使討論復活的部分。

當老師使用多元文本去發展探詢導向的討論時，主要的目標是什麼？ 探詢導向討論的最主要目標，是讓學生對主題發展深思熟慮的了解；這種了解是藉由團體討論在跨越文本內、文本間、文本外的連結而發展的。學生也應學習如何從許多文本資源中去分析、評估和綜合訊息的複雜思考。一段時間之後，學生就更會用這樣的方式思考。

使用多元文本進行探詢導向的討論應從哪裡融入課程中？ 這種討論如何融入課程之中，要看老師與學校的目標而定，如果目標包含了批判性思考，則這種討論就應該是教室活動的核心，理應每天或每週安排這樣的活動。如果目標沒有包含這種型態的思考，那麼討論將扮演較不核心的角色，一個月只有幾天進行這樣的活動。

結論

　　本章中我們呼籲讓探詢導向的討論能成為教室實作中不可缺少的部分，這個想法是連結著一個促進對讀寫的深思熟慮與了解的更大的歷史運動。這種新讀寫的目標，是要從多元文本中，發展學生為不同目的、不同觀眾去找尋、過濾、分析、解讀、評估和溝通訊息的能力。達到此目標的方法就在於某些基本概念和實作如何在教室中執行。本章所討論的這九個因素，代表了這些基本概念和實作，並描繪了一個設計、實施及評估探詢導向討論的架構。這個架構只是描述性而非規範性，伴隨說明的例子也是描寫的而非涵蓋的。藉著認真考慮這些對探詢導向討論的建議，教育者將能在他們學生的身上發展出深思熟慮的讀寫能力。

參考書目

Akyol, H. (1994). *An analysis of questions in three fourth-grade basal reader anthologies from an intertextual perspective.* Unpublished doctoral dissertation, University of Pittsburgh, Pittsburgh, PA.

Bartholomae, D., & Petrosky, A.R. (1987). *Ways of reading: An anthology for writers* (2nd ed.). New York: St. Martin's.

Behrens, L., & Rosen, L.J. (1985). *Writing and reading across the curriculum* (2nd ed.). Boston: Little, Brown.

Bloome, D., & Egan-Robertson, A. (1993). The social construction of intertextuality in classroom reading and writing lessons. *Reading Research Quarterly, 28*(4), 305-333.

Brandt, R. (1993a). On teaching for understanding: A conversation with Howard Gardner. *Educational Leadership, 50*(7), 4-7.

Branst, R. (Ed.) (1993b). Inquiry learning [Themed issue]. *Educational Leadership, 50*(7).

Brandt, R. (1994). Overview: It's not easy. *Educational Leadership, 51*(5), 3.

Brown, R.G. (1993). *Schools of thought: How the politics of literacy shape thinking in the classroom.* San Francisco: Jossey-Bass.

Cairney, T.H. (1990). Intertextuality: Infectious echoes from the past. *The Reading Teacher, 43,* 478-484.

Cairney, T.H. (1992). Fostering and building students' intertextual histories. *Language*

Arts, 69, 502-507.

Commeyras, M., SHERRILL, K.A., & WUENKER, K. (1996). Trusting students' questions about literature: Stories across contexts. In L.B. Gambrell & J.F. Almasi (Eds.), *Lively discussions! Fostering engaged reading.* Newark, DE: International Reading Association.

Dearden, R.F. (1983). *Theory and practice in education.* London: Routledge & Kegan Paul.

Drucker, P.F. (1994). The age of social transformation. *The Atlantic Monthly, 274*(5), 53-80.

Fowler, C. (1994). Strong arts, strong schools. *Educational Leadership, 52*(3), 4-9.

Gardner, H. (1991). *The unschooled mind: How children think and how schools should teach.* New York: Basic Books.

Guthrie, J.T., & McCann, A.D. (1996). Idea circles: Peer collaborations for conceptual learning. In L.B. Gambrell & J.F. Almasi (Eds.), *Lively discussions! Fostering engaged reading.* Newark, DE: International Reading Association.

Guthrie, J.T., McGoug, H, K., & Bennett, L. (1994). *Concept-oriented reading instruction: An integrated curriculum to develop motivations and strategies for reading.* (Reading Research Report No. 10). Athens, GA: Universities of Georgia and Maryland, National Reading Research Center.

Hartman, D.K. (1991). *8 readers reading: The intertextual links of able readers using multiple passages.* Unpublished doctoral dissertation. University of Illinois, Urbana-Champaign.

Hartman, D.K. (1992). Intertextuality and reading: The text, the reader, the author, and the context. *Linguistics and Education, 4* (3-4), 295-311.

Hartman, D.K. (1995). Eight readers reading: The intertextual links of proficient readers reading multiple passages. *Reading Research Quarterly, 30* (3), 520-561.

Hartman, D.K., & Hartman, J.A. (1993). Reading across texts: Expanding the role of the reader. *The Reading Teacher, 47*(3), 202-211.

Hartman, D.K., & Hartman, J.A. (1994). *An analysis of text set structiure: Articulating the relations among thematically related texts.* Paper presented at the annual meeting of the American Educational Research Association, New Orleans, LA.

Hartman, J.A. (1991). Fostering emergent literacy in a publishing center. In B. Spodek (Ed.), *Educationally appropriate kindergarten practices* (pp. 52-73). Washington, DC: National Education Association.

Hartman, J.A. (1993). *Inquiry learning: A review of the literature.* Cupertino, CA: Apple Computer.

Hartman, J.A., & Eckerty, C. (1995). Projects in the early years. *Childhood Education, 71* (3), 143-150.

第八章 用多元文本促進探詢導向的討論

Hartman, J.A., & Hartman, D.K. (1994). *Arranging multi-text reading experiences that expand the reader's role* (Tech. Report No. 604). Urbana, IL: IIniversity oi Illinois, Center for the Study of Reading.

Hatfield, W.W. (Ed.). (1935). *An experience curriculum in English.* New York: D. Appleton-Century/National Council of Teachers of English.

Henry, G.H. (1974). *Teaching reading as concept developmemt: Emphasis on affective thinking.* Newark, DE: International Reading Association.

Katz, L.G., & Chard, S.C. (1989). *Engaging children's minds: The project approach.* Norwood, NJ: Ablex.

Katz., L.G., & Chard, S.C. (1993). The project approach. In J.L. Roopnarine & J.E. Johnson (Eds.), *Approaches to early childhood education* (2nd ed.), (pp. 209-222). New York: Merrill.

Kilpatrick, W.H. (1918). The project method. *Teachers College Record, 19,* 319-335.

Leal, D.J. (1996). Transforming grand conversations into grand creations: Using different types of text to influence student discussion. In L.B. Gambrell & J.F. Almasi (Eds.), *Lively discussions! Fostering engaged reading.* Newark, DE: International Reading Association.

Lehr, S.S. (1991). *The child's developing sense of theme: Responses to literature.* New York: Teachers College Press.

Lipson, M.Y., Valencia, S.W., Wixson, K.K., & Peters, C.W. (1993). Integration and thematic teaching: Integration to improve teaching and learning. *Language Arts, 70*(4), 252-263.

Macneel, M.W. (1932). *History of transportation in the United States (Grade 5),* (Teachers' Lesson Unit Series No. 35). New York: Teachers College, Columbia University Bureau of Publications.

Matanzo, J.B. (1996). Discussion: Assessing what was said and what was done. In L.B. Gambrell & J.F. Almasi (Eds.), *Lively discussions! Fostering engaged reading.* Newark, DE: International Reading Association.

McGee, L.M. (1996). Response-centered talk: Windows on children's thinking. In L.B. Gambrell & J.F. Almasi (Eds.), *Lively discussions! Fostering engaged reading.* Newark, DE: International Reading Association.

McMahon, S.I. (1996). Guiding student-led discussion groups. In L.B. Gambrell & J.F. Almasi (Eds.), *Lively discussions! Fostering engaged reading.* Newark, DE: International Reading Association.

Moss, J.F. (1984). *Focus units in literature: Handbook for elementary school teachers.* Urbana, IL,: National Council of Teachers of English.

O'Flahavan, J.F., Hartman, D.K., & Pearson, P.D. (1988). Teacher questioning and feedback practices:A twenty year retrospective. In J.E. Readence & R.S. Baldwin (Eds.),

Dialogues in literacy research (pp. 183-208). Chicago, IL: National Reading Conference.

Perkins, D., & Blythe, T. (1994). Putting understanding up front. *Educational Leadership, 51*(5), 4-7.

Pogrow, S. (1994). Helping students who "Just don't understand." *Educational Leadership, 52*(3), 62-66.

Resnick, L. (1987). Learning in school and out. *Educational Researcher, 16,* 13-20.

Resnick, L. (1990). Literacy in school and out. *Dadalus 119,* 169-185.

Rosenholtz, S.J., & Simpson, C. (1984). Classroom organization and student stratification. *The Elementary School Journal, 85,* 21-37.

Rowe, D.W. (1987). Literacy learning as an intertextual process. In J.E. Readence & R.S. Baldwin (Eds.), *Research in literacy: Merging perspectives: Thirty-sixth Yearbook of the National Reading Conference* (pp. 101-112). Rochester, NY: National Reading Conference.

Shannon, P. (1990). *The struggle to continue: Progressive reading instruction in the United States.* Portsmouth, NH: Heinemann.

Short, K.G. (1992a). Intertextuality: Searching for patterns that connect. In C.K. Kinzer & D.J. Leu (Eds.), *Literacy research, theory, and Practice: Views from many perspectives* (pp. 187-196). Chicago: National Reading Conference.

Short, K.G. (1992b). Researching intertextuality within classroom learning environments. *Linguistics and Education, 4*(3-4), 313-333.

Siegei., M.G. (1984). *Reading as signification.* Unpublished doctoral dissertation, Indiana University, Bloomington.

Sizer, T. (1984). *Horace's Compromise.* Boston, MA: Houghton Mifflin.

Smith, E.B., Goodman, K.S., & Meredith, R. (1970). *Language and thinking in the elementary school.* New York: Holt, Rinehart & Winston.

Valencia, S.W, McGinley, W., & Pearson, P.D. (1990). Assessing reading and writing. In G.G. Duffy (Ed.), *Reading in the Middle School*(pp. 124-153). Newark, DE: Interarional Keading Association.

Weeks, R.M. (Ed.). (1936). *A correlated curriculum.* New York: D. Appleton-Century/National Council of Teachers of English.

Wiencek, B.J. (1996). Planning, initiating, and sustaining literature discussion groups: The teacher's role. In L.B. Gambrell & J.F. Almasi (Eds.), *Lively discussions! Fostering engaged* reading. Newark, DE: International Reading Association.

Wolf, D. (1988). *Reading reconsidered: Students, teachers, and literature.* Report to the College Board. Princeton, NJ: Education Testing Service.

Worthy, M.J., & Bloodgood, J.W. (1993). Enhancing reading instruction through Cinderella tales. *The Reading Teacher, 46,* 290-301.

兒童文學參考書目

Diversity Around the World (Example: Cinderella fairy tales)

Ai-Ling, L. (1982). *Yeh-shen.* New York: Philomel.

Bey, H., Gawlick, R., & The Berlin Gomic Opera (1986). *Cinderella ballet.* Berlin: VIEW.

Hooks, W. (1987). *Moss gown.* New York: Clarion.

Huck, C. (1989). *Princess furball.* New York: Greenwillow.

Rogers, R., & Hammerstein, O. (1964). *Cinderella.* New York: CBS/Fox Video.

Steptoe, J. (1987). *Mufaro's beautiful daughters.* New York: Lothrop, Lee & Shepard.

Whitney, T. (1970). *Vasilisa the beautiful.* New York: Macmillan.

鮮活的討論！——培養專注的閱讀

第九章

文本談話：
以討論促進對訊息性文本的理解

蘇珊·馬若妮
琳達·甘柏瑞

在文學研究圈或圖書討論中與別人分享和互動是教室中真實文學的自然成長，而討論敘述性文本的興趣也在本書中到處可見。雖然使用和教導文學對讀寫學習很重要，但兒童卻常發現訊息類文本是最難理解的（Martin, VanCleaf, & Hodges, 1988; Vacca, Vacca, & Gove, 1991）。訊息類文本可以提供讀者許多挑戰，和描述式型態是不一樣的；像是不熟悉的文本結構，或高程度的學科背景知識等。但是無論如何，一九八八年的教育進步國家評估（National Assessment of Educational Progress, NAEP）的結果顯示，美國很多學生無法從這些特定的閱讀材料中表現高層次的閱讀功能（Mullis, Owen, & Phillips, 1991）。

因為學生很難了解訊息性文本，因此指定

☞ 訊息類文本可以提供讀者許多挑戰，和描述式型態是不一樣的：像是不熟悉的文本結構，或高程度的學科背景知識等。☜

教科書常會避免它，而提供課程教學的取代型態（例如講解、影片、戲劇和用手操作的活動）。學生能從不同的教學實作中受益，這些活動也能導致正面的教育結果。事實上，這些取代型態的課程教學確能提供背景知識，促進閱讀理解（Gillet & Temple, 1994）。但孩子也需要從訊息性的文本中閱讀和蒐集訊息，以發展高層次的閱讀技巧，這是 NAEP 所建議和今日職場所要求的。

✿ 訊息性文本的討論如何能嘉惠兒童？

在過去的二十年中一個新的閱讀模式過程萌發出來，也產生用訊息性文本討論來嘉惠學生的應用。閱讀不再被當成是一個被動的活動，讀者只是陳述內容訊息而已。目前的閱讀模式是將讀者當成一個積極的參與者，他能獨立使用策略來建構意義（Ryder & Graves, 1994）。這種建構模式考慮的是每個讀者帶到文本中的知識，並建議流暢的讀者和他們閱讀的內容做互動。Pressley 和 Afflerbach（1995）在他們研究放聲思考的調查中，發現了支持這種建構模式閱讀的證據。經過對精熟讀者在閱讀文本的之前、之中及之後的自語資料的分析發現，精熟讀者會統整先備知識、能做預測及假設、對文本有熱烈反應，並能批判性的評估他們所讀的東西。這種真實的教室討論能讓學生分享他們的觀點，並挑戰他們支持文本的爭論；這種方法可讓學生學到統整內容訊息、個人反應、批判性閱讀和思考技巧——這些都是精熟讀者用來了解文本的方法。

不像講課型態總依賴老師去探索訊息，或陳述型態中老師要負責評估學生的反應，有效的訊息性文本討論會鼓勵學生應用教室所讀到的內容來交換意見，並修正他們在班級成員互動中所得到的反應。研究支持當學生有機會和同儕討論文本時學習的優勢就會發生的觀點，例如Almasi和 Gambrell（1994）曾檢驗四年級學生在同儕引導和教師引導的討論中所產生的社會認知衝突特性。社會認知衝突被界定為「一種認知的不穩定狀態，代表個人參與在社會互動中所面對的問題。」（p.2）。Almasi

和 Gambrell 發現在同儕引導的討論中，學生比較可能認同並解決他們對文本的誤解，因爲在團體中「認知的不穩定性」是更有可能被分享和探索的。相反的，在老師引導的討論中，老師比較會負起探討學生想法不一致的責任。Almasi 和 Gambrell 認爲依賴老師擔任一個解讀的權威，可能會讓學生變成被動的學習者。爲了讓學生成爲更積極獨立的讀者和思考者，必須幫他們去了解並化解自己與文本之間不同的觀點。鼓勵這種過程的方法之一，就是提供孩子許多參與同儕討論的機會。

再者，McMahon（1992）發現在歷史小說的小組討論中，四年級和五年級學生在聽完別人對文本的溝通之後較能去建構並修正他們自己的想法。例如：在閱讀一段描寫和平日嘉年華，紀念那些在原子彈轟炸長崎、廣島的身亡者的故事之後，有一個孩子就爲團體澄清了「嘉年華」的意思，並不是一種遊樂場或馬戲團有雲霄飛車的活動。在這種方式之下，一個學生能做到協助團體成員對所讀的誤解的澄清。這個與同儕討論訊息的過程，是能增加和澄清個人在許多真實生活情境中的了解的一種方式。就像歷史學家置身於有關資源文件的爭議，會計師討論稅收的法律，工程師將新科技的證據出版在期刊雜誌上，或陪審員長考一個案子一樣，孩子也能從對訊息性文本深思熟慮的討論中獲益。

在我們團體研究的經驗中發現，學生之間的對話能幫助澄清並辨明一些訊息性文本的解讀，而討論也可豐富和修正我們的了解。我們的經驗，正如 Almasi 和 Gambrell（1994）以及 McMahon（1992）的發現一樣，支持一個社會建構的閱讀理論，假設讀寫是一種社會行動（Beach, 1994）。當讀者在社會情境中參與訊息性文本的分享回應時，他們建構新的意義，是在教室社會中和別人互動的結果。這種社會建構論的閱讀觀點是被許多教育學家所支持的，他們主張在社會互動和促進閱讀理解之間有一個很強的連結（Gavelek, 1986; Short & Pierce, 1990）。進而言之，這種社會建構的理論觀點也與維高斯基的思想一致（1962, 1978），他認爲語言是一種溝通的工具，也是人類智性發展的方法。當社會建構論明顯被認爲與敘述性文本有關時，它對訊息類文本也同樣重要。有機會在社會情境中討論訊息性文本，是學生發展更高層次語言表達和學科材料知識的一

種方法。

　　討論同時也能發展字句的學習，這是可以影響一個人理解訊息性和敘述性文本能力的一個重要因素。Halliday（1988）曾寫道：

> 在個人生命中所產生的語言，是通過與另一個顯著的他人持續的意義交換……與一小群構成他的意義團體的夥伴互動。在這個意義中，語言就是一個社會過程的產品（p.1）。

　　在看過一些研究結果之後，Ruddell（1994）下了一個結論：「我們目前所有的證據顯示，正面結果是來自字句學習時的社會互動」（p.436）。

　　精熟的讀者常會依據社會標準來修正他們的意義建構，就像是從文本中學到足夠的訊息用在接下來的討論上（Pressley & Afflerbach, 1995）。Pressley 和 Afflerbach 相信教育者可以從分析精熟讀者在閱讀上的做法學到很多，教學的重點也就會放在協助學生同化這些策略上。在閱讀訊息性文本之前，讓學生知道他們將參與一個討論，這樣能幫助建立一個閱讀的目標，這正是常被推薦的一種促進閱讀理解的策略（Ryder & Graves, 1994）。

　　當學生在分享個人的回應時，教室討論也能為訊息性文本帶來活力。很多學生會自然的產生動機，去與別人談話並分享觀點。因為學生必須流通他們的想法，討論也能增強長期的記憶（Alvermann, Dillon, & O'Brien, 1987）。此外，Alvermann 等幾位學者也建議，以文本為基礎的討論中，學生需要參與評量次文本或比較對照訊息來源的對話，這也能提供他們批判性思考的機會。Gall 與 Gall（1990）建議，討論的方法對培養一般的學科熟練、問題解決能力、道德發展、態度的改變和發展，以及溝通技巧的發展方面都很有效。此外討論也可做為有效的評估工具，因為老師的問題並不能常指出學生的誤解。Hyman 和 Whitford（1992）曾寫道：

> 很簡單的，當學生認知發展的需要不只是獲得訊息時，當學生發展出學習的需要和強調人際之間的技巧時，或當學生需要進

一步動機來熟練這些知識技巧與價值時，老師能也應該用策略
討論……都可以在課程領域之內，用在問題解決、預測、場地
策略及解釋議題上；還有當學生需要統整、內化和運用這些與
課程領域有關的知識、技巧和價值（p.144）。

　　那麼什麼是我們可以用來促進訊息性文本討論，並完成小學教學目
標的方法？下面描述了一些想法，特別適合把訊息性文本的討論用在學
科內容或語文課程中。

促進訊息性文本討論的想法

　　本段將這個討論的想法分成三部分：促進討論的非發問技巧、統整
文本到討論中的想法，和刺激訊息性文本周密的討論的策略。重要的是，
這許多想法都可以在教學中混合使用。

促進討論的非發問技巧

　　有一個支配教學的假設就是，藉著問有關訊息性文本較高層次的問
題，可以激勵學生高層次的思考和更精密的反應。雖然研究的結果是混
合的，但一般結論都認為教學中較高層次的問題對學生的成就有正面的
影響（Redfield & Rousseau, 1981），特別是對那些由一般到較高能力的，
能獨立思考的學生（Gall, 1984）。即使大部分的師資培育教科書都建議
在教學中應該運用較高層次的問題，但是 Gall（1970）卻發現「老師的
問題大約有百分之六十是讓學生去記憶事實的，百分之二十需要學生思
考，剩下的百分之二十是有關程序性的問題。」（p.713）。再者，一些
研究顯示，學生對較高層次問題的反應卻是很明顯的低於問題本身的層
次（Dillon, 1982）。令人疑惑的是，到底老師引導的較高層次問題對刺
激學生高層次的思考是否足夠？Dillon 有一個另類的建議（Dillon, 1985,

1990），就是使用非發問的技巧。他認爲這種非發問技巧能促進討論，老師所提的問題反而會縮短討論。接下來的部分將說明 Dillon 所建議的一些非發問技巧（Dillon, 1985, 1990）：

聲明性陳述（declarative statements）　有一個取代老師發問的方案是用聲明性的陳述對學生的意見做回應。例如：在一個有關太空的科學單元中，有一個孩子認爲火星可能是一個可讓太空人去訪問的好星球，因爲它很接近地球。這種意見可讓老師做一個聲明性的陳述，例如「但是我們的照片顯示在火星上並沒有發現生命」，而不是接下去問另一個問題。研究支持學生對陳述而非問題會提供更長更深入的回應的觀點（Dillon, 1985）。在聲明性陳述後面加上一些等待的時間，可以暗示學生這是輪到他們對你的陳述作回應的時候了。

反應性陳述（reflective statements）　另一個取代發問的方法就是老師說明對學生反應的了解的反應性陳述。例如在讀了歷史小說《金鶴》（The Golden Crane）（Goerr, 1977）後，有一個孩子可能會說：「我認爲主角貞子對日本孩子很重要，因爲她是因原子彈而死的」。這時老師不再問孩子另一個問題，而是反應如下：「所以你認爲她對其他日本孩子意義重大的原因是因爲她的死是原子彈所造成的」。研究建議，在老師重複或引述孩子們的意見時，他們比較會深入或澄清其回應（Orsolini & Pontecorvo, 1992）。

說出想法（state of mind）　另一個引出孩子反應的方法，就是在聽了孩子的意見之後描述心中真實的想法。例如如果一個孩子沒有很清楚說明他的觀點，我們可能會回應：「我了解你的話到某個程度，但我不知道當你說……時到底是指什麼意思？」或當孩子提出一個有趣的意見，但卻未提出發展的想法時，我們可以問：「這是個滿深奧的陳述，告訴我你是怎麼得到這個結論的？」這種方法可以鼓勵學生延伸他們的反應並表達得更清楚。

學生的發問（student questioning）　另一個取代老師發問的方案就是

學生發問,這可以促進學生形成他們自己的問題,以幫助彼此解決困惑(請看坎麥瑞斯、沙瑞爾及溫克爾在本書第六章的進一步討論),或者老師可以要另一個學生對某人的貢獻提出問題(Dillon, 1990)。Mishler(1978)發現在一年級的教室裡,學生對同儕問題的反應要比對老師問題的反應更為深入。

統整文本到討論中的想法

有一種提醒學生負起了解訊息性文本責任的方法,就是請他們用文本支持他們的想法。Alvermann、Dillon、O'Brien 和 Smith(1985)在他們針對七年級和八年級學生的研究中,就指出一種可運用在小學教室的方法。他們建議老師可鼓勵學生統整文本訊息到大或小團體討論中的不同方式。接下來就描述其中幾種技巧:

訊息澄清(information verification) 孩子可用文本來支持他們的陳述的一種方法,就是要求他們用教科書訊息來澄清自己的意見。例如:可以要四年級生在小組討論有關哥倫布時代和今天太空探索之間有何相同和相異的地方。接著讓他們參考文本來辨明意思,從中了解他們的陳述到底是字面的了解或推論而得的(例如哪些訊息是直接從文本獲得,哪些意見是由文本推論而得的)。需要注意的一點是,訊息澄清的程序不只是老師問問題、學生查看文本上的答案,再由老師加以評估的過程而已。理想上,文本澄清的程序應能鼓勵獨立的思考、用文本蒐集到的訊息統整背景知識。訊息澄清技巧特別適合用在要求學生支持他們個人回應的時候。

非直接的推論(indirect reference) 也可要求學生運用文本中的訊息做非直接的推論,以便刺激他們的記憶或比較對照過去與目前的材料。例如:在一個三年級科學的動物單元上,可要求學生參與有關食物鏈與生命相依賴問題的討論。如果學生似乎抓到了想法卻無法提供更具體的例子時,可以請他們參考教科書的插畫,以便幫助他們延伸反應。另一

種想法是老師可兼用澄清和非直接推論技巧來平衡其討論。

重新聚焦（refocusing） 有時教科書訊息可以導致一系列的教導，爲了要重新聚集學生的注意力於下一個部分的材料，我們可以要求他們藉由掃描章節大綱、副標題或插畫，去臆測文本內容，也可讓學生將他們已知的和他們預測的相連結。例如：在電力的科學單元中，學生會學到有關電池如何運作，可能測驗材料的傳導性。我們可讓學生去看下一段教科書中指定的閱讀，其中顯示出完整的電池、電線和燈泡的巡迴電路的插畫。用這種重新聚焦的做法，可以讓學生在掃描過小標題和看過插圖之後預測文本內容，也可以要求學生去看文本中的訊息是否支持他們的假設。一個要注意的地方就是：雖然這技巧可提供一個教學的邏輯程序，但過度使用重新聚焦也可能會給學生一個訊息，就是這個文本，而不是他們的思考，才是最有價值的。

改寫釋義（paraphrasing） 另一個將文本統整在討論中的方法就是要學生改寫或摘錄作者所提供的訊息。Alvermann、Dillon、O'Brien和Smith（1985）發現孩子通常有改寫訊息性文本的困難，學生也常瞄一眼文本就想要改寫作者的文字。一種可以幫學習者改寫訊息的策略，是要求學生讀文本的一小部分（默讀或出聲讀），然後參加一個「思考、配對、分享」的活動（Think, Pair, Share），他們可與鄰座的同學一起改寫或摘要訊息，這些回應也可與全班一起分享。

刺激周密的討論的策略

接下來的策略提供一些教學的想法，可在學科或語文領域中刺激對訊息性文本周密的討論，每個都可被調整以適合特別的班級程度或學生的需要。

最佳想法（best idea） 這是一個簡單的討論策略，是從Hyman和Whitford（1990）的研究中修正而來，是統整了文本使用、個人回應，以及

大、小團體的討論。在閱讀一部分的訊息性文本之前，先要學生寫下閱讀中所產生的一兩個或更多想法（例如什麼是困惑、有趣和與他們的生活有關的）。學生可在讀的時候寫下他們的想法，或在讀之後寫下心得，然後選擇其中最好的想法來和他的小組成員分享。過了五到十分鐘之後，再由個人或通過小組代表去和全班分享。例如：在閱讀了《依頓日》（*Samuel Eaton's Day*）（Waters, 1993），或《摩頓日》（*Sarah Morton's Day*）（Waters, 1989）等這幾本有關殖民時期美國人的生活故事後，三年級生最好的想法的回應包括了「我非常困惑的就是 thee 和 thou 是什麼意思呢？」或者「我認為很有趣的是，這些男孩子白天都和他們的爸爸在一起，而女孩則和媽媽在一起。」在使用最佳想法的策略時，學生必須寫下想法來反應他們的閱讀，每個孩子都有機會在小組中表達觀點並獲得他人的回饋。最佳想法不只是幫助統整文本訊息到討論中，同時也可以用小組討論做為增加參與大團體討論的方法。

基於陳述的推論引導（statement based reasoning guides）　這也是一種有效的統整文本與討論的策略（Herber, 1978）。過程的一開始是創造一些陳述來反應作者的觀點，或相反的觀點。例如：對故事書《蝙蝠人：探討蝙蝠的世界》（*Batman: Exploring the World of Bats*）（Pringle, 1991）所做的基於陳述的推論引導，可能會看起來像表 9-1 的樣子：

表 9-1　基於陳述的推論引導

同意或不同意？用文本支持你的觀點
- 蝙蝠是個問題，因為他們會黏在人的頭髮上
- 蝙蝠是溫和而聰明的
- 蝙蝠對人類沒有價值
- 我們需要撲殺住在我們閣樓中的蝙蝠
　（能反應文本所提供的訊息或與之相矛盾的都可包括在內，以做更多挑戰性的推論）
- 蝙蝠會害人得狂犬病，因此對人的健康會有很大的威脅

在讀過文本之後，學生會在小組中對每個陳述有所回應，不管是贊同或反對這些陳述，都會用文本來支持他們的觀點。然後，老師會選擇在團體中最有爭議性的陳述，做為全班討論的藍圖。

基於陳述的推論引導也可做為一個讀前的策略，就是讓學生在閱讀之前就對這些陳述做回應，用背景知識支持他們的想法，然後學生會形成小組來討論其觀點。當學生讀選擇的文本時，鼓勵他們尋找支持或與他們原先回應相反的證據。小組也可再度聚集來討論他們的發現，再報告給全班討論。

活動內的程序（the intra-act procedure） 活動內的程序（Hoffman, 1979）是一個包括四步驟的程序，能促進小組的討論，並幫助成員發展一種團體其他成員對文本內容反應的知覺。步驟如下：個別學生安靜的閱讀一個選擇的文本，然後在小組中討論。每個小組指定一個主席，他將負責以文本內容的摘要陳述來開始一個討論。然後老師提供每個孩子與所選文本有關的四個有價值的陳述。表 9-2 顯示如果孩子用訊息性文本研究鯨魚，也讀了《聽那鯨魚在唱歌》（*The Whales' Song*）（Sheldon, 1990）（格林）這本書之後有關的陳述。

表 9-2　活動內的程序

你同意或不同意？你認為你的團體成員會如何回應？
• 我認為鯨魚是神奇、奧妙的生物
• 我相信鯨魚的肉、骨和皮下脂肪都很重要
• 我認為不應該再獵殺鯨魚

學生會被問到同意或不同意這些陳述，而不用顯示意見給其他團體成員。然後，學生會寫下預測小組其他成員可能會有的反應，再重新分組來比較其臆測和實際的學生反應。鼓勵學習者挑戰彼此的反應，並提出建立在文本訊息和先備知識基礎上的辯論的理由。

討論網（discussion webs） 討論網（Alvermann, 1991）是一種圖像組

織的形式，所用的就是「思考、配對、分享」的過程。表 9-3 就是一個討論網的例子，是從小學程度的有關水和污染的科學單元所產生的。在閱讀了《艾克森油船漏油事件》（*Spill: The Story of the Exxon Valdez*）（Carr, 1991）的書之後，老師寫了一個促進思考的問題，置於討論網中間的位置。

表 9-3　討論網

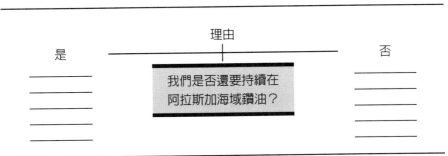

　　學生必須成對的討論，並寫下為什麼要持續鑽油的原因，然後再在網的另一邊寫下相反的理由。然後一對同伴可與另外一對寫出比較和對照的原因。學生必須對老師提出的問題達到一個團體的共識，並列出或檢查支持他們想法的最好理由。每組由學生或老師選出的發言人報告這組的結論，以便刺激整個團體的討論。發言人要指出團體中不一樣的觀點，然後每個學生寫下對這問題的回應及支持的理由，他們可以用任何團體討論所提供的想法。有一些經驗之後，再鼓勵學生發展班級的問題。

字裡行間的閱讀（reading between the lines, RBL）　　這是採用 Krieger（1991）的方法，最早是包含一系列刺激，鼓勵學習者超越文字層面的閱讀，藉著尋找作者的意圖、隱藏的議題，以及失蹤的訊息，來批判性的評估文本。接下來的問題特別適合用在訊息性文本中，例如基本的資源文件、廣告、同一事件的不同觀點或教科書的片段等（請看表 9-4）。老師可提供學生一個或更多的問題，要看年齡程度和所選的文本而定。

同樣的，在他們讀過和討論過文本的主要想法之後，再讓學生參與討論的策略，而 RBL 的問題也會呈現在第二次的閱讀之前。

表 9-4　字裡行間的閱讀

文本分析的問題
- 誰寫了這個？他是否屬於任何特殊團體？
- 當作者寫這篇文章時，你想他腦中有什麼樣的讀者？你為何這樣想？
- 你認為作者為何寫這篇文章？他的目的為何？
- 這位作者試著想說服你什麼嗎？他怎麼做？
- 你讀這篇文章時感覺如何？作者用了什麼字、詞或句子試著讓你有這樣的感覺？
- 作者用了什麼意見而非事實的陳述？請陳列和標示出來，什麼線索幫你達成這個結論？
- 當你讀此篇文章時你是否有任何困惑？試加描述。
- 有無任何相關主題的訊息是你所知道而被作者遺漏的？你認為為何作者沒有包含在內？

　　開始時是討論你所選來討論的題目，為了幫學生的閱讀設定目標，要記得老師應在全班面前用文本摘錄的部分首先示範對這問題的回應。

　　然後教導學生安靜的或出聲的在小組中讀這個選擇的段落，讀過之後，小組用這些問題來刺激討論。其中一個記錄者做記錄，發言人則對全班報導他們小組的發現。

　　我們提供一個有斜體字和短句的文本例子，來說明這種可以發現和使用 RBL 問題做批判性評估的修辭的種類。在研究過哥倫布後，老師可以給學生下面一段從《世界圖書百科全書》（*The World Book Encyclopedia*）（Morison, 1959）中摘錄的訊息：

> 哥倫布‧克利斯多佛，美洲的*發現者*，他是世界上最偉大的航海家。他是個自我教育的人，只有*一個想法*——就是一直向西航行就會到達東方。早期和中世紀的智者一直相信這是可能的，但哥倫布卻證實了這可以做到。他打開了新世界，讓歐洲人可

鮮活的討論！——培養專注的閱讀

以進而*使用*和*了解*它。（p.691）

　　你或許想要用一段你所強調的段落來開始一個RBL的策略，就像我們所做的這樣。然後再要學生在未強調的文本中用RBL這種較困難的活動。RBL的策略也可用在「鋸齒拼圖」（jigsaw puzzle）的取向中，就是不同的小組給予其不同的問題來回答，在全班的討論中這拼圖的部分就被統整起來。

　　RBL策略也可用在多元文本中，其中同一事件的矛盾訊息都會呈現。上述哥倫布的例子可能會和下面文本有關哥倫布航行到新世界的另類觀點的部分相對立：例如Yolen（1992）的《相遇》（*Encounter*），就是強調了從一個Taino印地安小孩的眼中來看哥倫布的航行、到達和描寫。在《哥倫布：我的旅程》（*I Columbus: My Journey*）（1990）一書中，編輯呈現了原本的（翻譯的）哥倫布日誌記錄，來描寫他的航行、想法和行動，都是與社會先前的觀點相矛盾的（請看古斯瑞和麥坎，哈特曼和艾立森在本書第七、八兩章用多元文本討論的延伸論述）。

個人對團體的辯論（self-to-group debate）　　這是從Roby（1983）所設計的討論策略採納而來的，是用來鼓勵學生在與訊息性文本有關的議題上尋找最具說服力的辯論。在閱讀之後，老師提出一個議題導向的問題來問全班，例如：在一個三年級動物的科學單元上，在讀完《再見陰涼濕地》（*Farewell to Shady Glade*）（Peet, 1966）之後，老師可能會問：「誰應該得到這片土地？人或動物？」一旦老師示範了議題導向問題的例子之後，就可以鼓勵學生設計全班的問題。學生可以成對的從文本中寫下辯論和個人知識來支持一個觀點，例如為何人們應該獲得土地。然後再要學生採取反對立場的觀點，寫下反對第一個立場的辯論。然後個別學生選擇他們最有力的論點說明給同伴聽。這樣鼓勵學生評估彼此的論點，找出錯誤的推論。學生接著對此議題的想法進行反思，並考慮他們的立場是否被擴充、修正或放棄，並了解為何會如此。

　　然後可以要求學生寫一段說服的文章，以支持的議論陳述其立場，

或讓班級參與辯論，讓學生依個人立場來分組。進行班級辯論的時候，將學生安排在圓圈或半圓中，他們才能受到鼓勵向彼此說話。讓每一組學生從組內的個別辯論中發展自己的立場，然後每組透過一、兩位發言人呈現其案例。班級成員因為一位中立的學生仲裁人發問而受到刺激，團體必須在指定的時間內表達立場和回答問題，而學生仲裁人也有提醒時間的責任。老師也許會想隨機選擇一組陪審團，他們可以問團員問題，並決定哪一組的爭論最有說服力和其原因為何。陪審團學生須了解他們所達成結論的推論將會被同儕所評估，因此私人友誼不應影響他們的決定。

✿ 促進訊息性文本討論的指導大綱

我們列出了幾個訊息性文本討論策略的建議，可以統整或採用到教室教學中。這些策略包括了：

- 教師少問問題，多用學生提出的問題。
- 以「非問題」，而不是「問題」來回應學生，以刺激學生的發言和思考。
- 統整和應用文本到說話當中，鼓勵學生用文本支持其想法。
- 提出一個較高層次的問題、議題或困難。
- 增加學生理解文本的責任，鼓勵學生將其知識運用到討論中。
- 強調較高層次的閱讀和思考技巧，以及文本知識、批判思考和問題解決的應用。
- 提供每個孩子機會，說出和分享他們對訊息性文本的觀點。
- 提供機會給小組、同儕引導的討論，這能導致大團體的討論，讓學生表達和澄清想法。
- 保持一個引導學生思考的角色。

雖然理論和研究都支持討論能促進對訊息性文本理解的觀點，我們也必須認清文本討論是很花時間的。但是如果我們支持知識的深度是真

正的讀寫學習核心的觀點，我們就會認爲討論訊息性文本所花的時間是
值得的。

參考書目

Almasi, J.F. & Gambrell, L.B. (1994). *Sociocognitive conflict in peer-led and teacher-led discussion of literature.* (Reading Research Report No. 12). Athens, GA: Universities of Maryland and Georgia, National Reading Research Center.

Alvermann, D.E. (1991). The Discussion Web: A graphic aid for learning across the curriculum. *The Reading Teacher, 45*(2), 92-99.

Alvermann, D.E., Dillon, D.R., & O'Brien, D.G. (1987). *Using discussion to promote reading comprehension.* Newark, DE: International Reading Association.

Alvermann, D.E., Dillon, D.R., O'Brien, D.G., & Smiith, L.C. (1985). The role of the textbook in discussion. *Journal of Reading, 29*(1), 50-57.

Beach, R. (1994). Adopting multiple stances in conducting literacy research. In R.B. Ruddell, M.R. Ruddell, & H. Singer (Eds.), *Theoretical models and processes of reading* (2nd ed., pp. 1203-1219). Newark, DE: International Reading Association.

Commeyras, M., Sherrill, K.A., & Wuenker, K. (1996). Trusting students' questions about literature: Stories across contexts. In L.B. Gambrell & J.F. Almasi (Eds.), *Lively discussions! Fostering engaged reading.* Newark, DE: International Reading Association.

Dillon, J.T (1985). Using questions to foil discussion. *Teacher and Teacher Education, 1*, 109-121.

Dillon, J.T. (1982). Cognitive correspondence between question/statement and response. *American Educational Research Journal, 19*, 540-551.

Dillon, J.T. (1990). Conducting discussions by alternatives to questioning. In W. Wilen (Ed.), *Teaching and learning through discussion* (pp. 79-96). Springfield, IL: Charles C. Thomas.

Gall, J.P, & Gall, M.D. (1990). Outcomes of the discussion method. In W. Wilen (Ed.), *Teaching and learning through discussion* (pp. 25-44). Springfield, IL: Charles C. Thomas.

Gall, M. (1984). Synthesis of research on teachers' questioning. *Educational Leadership, 40*, 40~7.

Gall, M.D. (1970). The use of questions in teaching. *Review of Educational Research, 40*, 707-721.

Gavelek, J.R. (1986). The social context of literacy and schooling: A developmental perspective. In T.E. Raphael (Ed.), *The contexts of school-based literacy* (pp. 3-26). New York: Random House.

Gillet, J.W., & Temple, C. (1994). *Understanding reading problems*, (4th ed.). New York: Harper Collins.

Guthrie, J.T, & McCann, A.D. (1996). Idea circles: Peer collaborations for conceptual learning. In L.B. Gambrell & J. F. Almasi (Eds.), *Lively discussions! Fostering engaged reading*. Newark, DE: International Reading Association.

Halliday, M.A.K. (1978). *Language as a social semiotic*. London: University Park Press.

Hartman, D.K., & Allison, J. (1996). Promoting inquiry-oriented discussions using multiple texts. In L.B. Gambrell & J.F. Almasi (Eds.), *Lively discussions! Fostering engaged reading*. Newark, DE: International Reading Association.

Herber, H. (1978). *Teaching reading in content areas*. Englewood Cliffs, NJ: Prentice Hall.

Hoffman, J.V. (1979). The intra-act procedure for critical reading. *Journal of Reading, 22* (7), 605-608.

Hyman, R.T., & Whitford, E.V. (1990). Strategic discussion for content area reading. In W. Wilen (Ed.), *Teaching and learning through discussion* (pp. 127-146). Springfield, IL: Charles C. Thomas.

Krieger, E. (1991). Effective questioning for critical reading. *Reading Today, 8*(2), 25.

Martin, R.J., Vancleaf, D.W., & Hodges, C.A. (1988). Cooperative learning: Linking reading and social studies. *Reading Psychology, 9,* 59-72.

McMahon, S.I. (1992, April). *Classroom discourse during social studies: Students' purposes and topics of interest in peer-led discussion groups*. Paper presented at the annual meeting of the American Educational Research Association, San Francisco, CA.

Mishler, E.G. (1978). Studies in dialogue and discourse: III. Utterance structure and utterance function in interrogative sequences. *Journal of Psycholinguistic Research, 7,* 279-305.

Mullis, V.S., Owen, E.H., & Phillips, G.W. (1991). *Accelerating academic achievement: A summary of findings from 20 years of NAEP* (National Assessment of Educational Progress). Princeton, NJ: Educational Testing Service.

Orsolini, M., & Pontecorvo, C. (1992). Children's talk in classroom discussions. *Cognition and Instruction, 9*(2), 113-136.

Pressley, M., & Afflerbach, P. (1995). *Verbal protocols of reading: The nature of constructively responsive reading*. Hillsdale, NJ: Erlbaum.

Redeield, D.L., & Rousseau, E.W. (1981). Meta-analysis of experimental research on teacher questioning behavior. *Review of Educational Research, 51,* 237-245.

Roby, T. (1983, April). *The other side of the question: Controversial turns, the devil's advocate, and reflective responses*. Paper presented at the annual meeting of the American Educational Research Association, Montreal, Canada.

Ruddell, M.R. (1994). Vocabulary knowledge and comprehension: A comprehension-process view of complex literacy relationships. In R.B. Ruddell, M.R. Ruddell, & H. Singer (Eds.) *Theoretical models and processes of reading* (2nd ed., pp. 414-447). Newark, DE: International Reading Association.

Ryder, R.J., & Graves, M.F. (1994). *Reading and learning in content areas.* New York: Merrill.

Short, K.G., & Pierce, K.M. (1990). *Talking about books creating literate communities.* Portsmouth, NH: Heinemann.

Vacca, J.A., Vacca, R.T., & Gove, M.K. (1991). *Reading and learning to read.* New York: Harper Collins.

Vygotsky, L.S. (1962). *Thought and language.* Cambridge, MA: M.I.T. Press.

Vygotsky, L.S. (1978). *Mind in society: The development of higher psychological processes.* (M. Cole, V. John-Steiner, S. Scribner, & E. Souberman, Eds. and Trans.). Cambridge, MA: Harvard University Press.

兒童文學參考書目

Carr, T. (1991). *Spill: The Story of the Exxon Valdez.* New York: Franklin Watts.

Coerr, E. (1977). "The Golden Crane" *from Sadako and the thousand paper cranes.* In M. McCloskey & L. Stack, *Voices in literature* (pp. 149-153). Boston, MA: Heinle & Heinle.

Morison. S.E. (1959). Columbus. In *The world book encyclopedia* (Vol. 3, p. 691). Chicago, IL: Field Enterprises.

Peet, B. (1966). *Farewell to shady glade.* Boston, MA: Houghton Mifflin.

Pringle, L. (1991). *Batman: Exploring the world of bats.* New York: Scholastic.

Roop, P., & Roop, C. (1990). *I Columbus: My journal,* 1492-1493. New York: Aron.

Sheldon, D. (1990). *The whales' song.* New York: Scholastic.

Waters, K. (1989). *Sarah Morton's day.* New York: Scholastic.

Waters, K. (1993). *Samuel Eaton's day.* New York: Scholastic.

Yolen, J. (1992). *Encounter.* New York: Harcourt, Brace.

鮮活的討論！——培養專注的閱讀

第十章

將重要的對話轉換為重要的創造：
用不同型態的文本影響學生的討論

朵西・李歐

好老師總在找尋方法創造培養喜愛學習和幫助學生連結好書和創造性學習活動的環境。本章將說明特定的文本型態如何影響學科的成長和學習，也討論老師能用文本創造促進對文本鮮活的討論、迷人的解讀，以及深入理解的教室文化的方法。

文本結構扮演著一個學生如何看一本書，以及將如何在一個合作的情境中建立意義的重要角色（Armbruster, Anderson, & Ostertag, 1989）。例如：敘述性和說明性的文本結構就有不同的目的，會啓發讀者不同的參與型態。具有敘述性文本結構的故事書，就是假設讀者不會懷疑故事的真相（Coleridge, 1907），而意義對讀者而言，則是來自事件和角色的互動（Rosenblatt, 1985）。相反的，訊息書所具備的說明性的文本結構，就是希望讀者完全相信材料所呈現的真實性，相信意義來自訊息本身（Rosenblatt, 1985）。這種基本的差異

☞ 敘述性和說明性的文本結構有不同的目的，會啟發讀者不同的參與型態。✍

可以影響孩子的圖書選擇和對閱讀的熱情。

　　第三種型態的文本提供了兩方面的最好選擇，當敘述性和說明性的文本特性混合在一個訊息性的故事書中，讀者不但不懷疑故事的真相，同時也會接受呈現訊息的正確性（Leal, 1989, 1991; Pappas, Kiefer, & Levstik, 1990）。對文本意義的意識是從與故事書角色和事件互動，以及說明性訊息本身所獲得的。換句話說，第三類型的文本，由很受歡迎的「魔法校車」（Magic School Bus）（遠流）一系列書所代表（Cole, 1986, 1987, 1989, 1990, 1992, 1994），它們都兼具敘述性和說明性文本結構的目的和好處。這些文本型態的不同可在表 10-1 中發現：

表 10-1　三種文本型態的特性對照

特　　性	文本型態		
	故事書 Storybook	訊息故事書 Info story	訊息書 Info book
意義是從事件和角色中取得	+	+	−
意義是從訊息中取得	−	+	+
假設不會懷疑	+	+	
假設相信訊息的正確性	−	+	+
特定的主題，可從書名證實	−	±	+
主題一開始就呈現		±	+
使用過去式	+	±	−
使用現在式	−	±	+
散文式的段落風格	+	±	
說明性的語言結構／提供訊息的文字	−	±	+
插畫擴充了文本的意義	+	±	−
插畫提供正確性、澄清和解釋	−	±	+
特定的場地	+	±	
時間的順序／時間的變遷	+	±	−
特定的角色	+	±	−
情節結構有衝突和解決	+	±	
使用對話	+	±	
使用情緒／聲調	+	±	−
文本訊息具描述性的特質	−	±	+
報告典型的行動、事件和行為		±	+

❧ 重要的完成：文本力量影響文本的討論、解讀和理解

　　語言是很有力量的，技巧精練的圖書用語言來邀請讀者連結已知和未知。Paterson（1981）曾說故事書是「為我們將四散分裂的世界放在一起。這是能統整我們、審判我們、安慰並治療我們的世界。這是……從混亂中建立起秩序的世界」（pp.17-18）。

　　到底什麼型態的文本在今日教室中有這樣的力量？敘述性圖書最常出現在教室中，孩子很自然的喜歡聽、閱讀和討論故事。教室圖書館所呈現的，大部分也是敘述性故事的組合。此外，出聲閱讀敘述性故事書也是常見的、所有老師都喜歡的實作（Trelease, 1989）。

　　相反的，訊息書大多是用來寫報告或從學校和圖書館中借出來的，很少是教室討論的重心。此外，出聲閱讀訊息書也不常見（Kobrin, 1988）。事實上，最近的一個研究發現，當要求孩子去討論所讀過最有趣的故事或書的時候，很多孩子無法想到任何訊息書是有趣的（Gambrell, Codling, & Kennedy, 1994）。

　　這種訊息故事書或「訊息性」的類別（Leal, 1993a），是因為最近「魔法校車」系列故事書的介紹和電視演出的關係才比較受歡迎。有趣的是，學生在喜歡出聲閱讀敘述性和說明性文本時，也變得愈來愈熟悉這類文本。

　　最近的研究顯示，讓學生使用相反類別的文本會產生三種重要的不同。首先，不同型態的文本會誘發討論和解讀對照性的特色，而在一些領域中用「訊息性故事書」會顯示較高層次的學生參與（Leal, 1992）。其次，不同型態的文本可以誘發寫作反應上有趣的差異，顯示「訊息故事書」比起「訊息書」，更能促進積極的反應和深度思考（Leal, Moss, & Kearney, 1994; Moss & Leal, 1994）。第三，訊息故事書可刺激對文本所呈現訊息的較高度理解（Leal, 1994; Maria & Junge, 1994）。

　　到底什麼是「訊息故事書」如此受兒童歡迎的原因呢？雖然敘述性

☞ 訊息故事書的同儕討論團體，較能讓學生參與和挑戰較高程度的參與。☜

故事的首席地位曾被挑戰（Pappas, 1993），但只要給學生機會討論，他們是否可能有意義的參與在任何形式的文本中呢？如果是這樣，敘述性仍然是第一，那麼這樣的文本就可能有力量影響學生的學習，當訊息包含在敘述性的結構之內時，就能強化說明性訊息的記憶。趨近觀察最近有關不同文本型態在教室中運用的研究，將會對此有所幫助。

教室討論

雖然敘述性故事的討論對所有年齡的孩子都有好處（Beach & Wendler, 1987; Morrow, 1989; Samway, et al., 1991），而且即使很小的孩子也顯示有能力去重述訊息書（Pappas, 1993; Pappas & Brown, 1988），但訊息故事書卻以教學上的重要方式顯示能誘發更豐富的討論。在一個有關一、三、五年級學生用這三種文本型態的同儕團體討論的研究中，發現訊息故事書有四個特別的益處（Leal, 1991, 1992）：第一、學生更可能用他們先前的知識，以及從同儕蒐集來的訊息，建構對故事和訊息兩方面的了解。第二、討論這種文本型態時，他們會用更長的時間繼續討論。第三、他們表達了懷疑和預測，比起討論故事書或訊息書，會用兩倍的時間思考訊息類故事書。第四、比起故事書或訊息書，他們更可能會做一些文本之外的連結來解讀這個文本。這樣的發現說明了訊息故事書的同儕討論團體，較能讓學生參與和挑戰較高程度的參與。

書寫的回應

有兩個關於對訊息書和訊息故事書書寫回應的研究，第一個研究是比較二、四、六年級學生的回應，第二個研究是檢驗資優學生的回應（Leal, Moss, & Kearney, 1994; Moss & Leal, 1994），都顯示對於學生參與

不同型態文本的有趣觀察。這個研究是對學生讀三本訊息書和三本訊息故事書，在讀過每本書後，要求學生對這四個問題做回應，這能幫助老師評估學生的了解和學習。這些問題也有益於促進文本的討論：

1. 你認為這本書中最重要的訊息是什麼？（重要訊息）
2. 你從這本書中學到什麼是讓你驚訝的？（新的有趣的訊息）
3. 其他還有什麼是這本書沒有告訴你而你想要知道的？（遺漏的訊息）
4. 你將如何和你的好朋友聊這本書？（情感上的評估標準）

結果顯示所有年級的孩子，對兩種型態的文本都採取審美的立場，但是當他們寫作有關訊息故事書時，卻表達較強的正向態度和較深入的參與程度。這個發現說明了訊息故事書是有力的工具，可以引起動機、寫作、學習和融入科學概念，也可用來幫助建立通往不如此可能很無聊的說明性主題的橋樑。

文本理解

另一個研究（Leal, 1994）也說明了訊息故事書可以促進較大程度的理解和記住所呈現的訊息。在這個研究中，九十六個三年級學生被分成兩個小組。一組是為他們讀訊息書，另一組則讀訊息故事書——都是同樣的主題。評估學生對這主題的先備知識，同樣用十個問題在閱讀之前、閱讀之後立即、和閱讀六星期之後進行測驗。這結果顯示，學生聽的如果是訊息故事書，在讀後立即及六週後，都較少有記住科學訊息的困難。

雖然仍有需要進一步複製研究來支持這項結論，但這些初步的結果已說明了訊息性故事書對教室動機和學習是非常重要的工具，也是今日教室中有益於學生學習的一種方法。

 重要的創造（grand creations）**工具**

這個學習的結果有一些令人振奮的東西可應用在教室中。為了要創

造性的去思考教室的執行，就要探討三個可以增加學生學習和參與不同文本型態討論的潛在有力的方法：出聲閱讀不同類別的圖書、教室同儕團體的文本討論，和包含不同文學類別的過程寫作方案，包括訊息性故事書。

出聲閱讀不同類別的書

　　出聲閱讀不同類別的書是提供培養喜歡學習的環境的第一步，雖然出聲閱讀在目前老師的每日教學中是很普遍的，但大部分還是閱讀敘述性故事。前述的研究報告顯示，學生能享受、討論和探討不同類別的故事書。在出聲閱讀中讓學生有機會聽、享受和學習不同型態的文本，對師生雙方都有益處。

出聲閱讀敘述性故事書　出聲閱讀好的故事書對所有的孩子都是非常愉快的經驗，這個分享想像人物的生命和冒險的機會，是在邀請我們去思考自己生命中的事件。不論是否如同《記憶受領員》（*The Giver*）（Lowry, 1993）（智茂）中的角色那樣承受缺乏快樂、痛苦、色彩、記憶和愛的經驗，或是我們隨《幽靈收費站》（*The Phantom Tollbooth*）（Juster, 1961）中的 Milo 一起對好奇和語言的奇幻來探索和歡笑，事實上團體的記憶與分享的生命就是藉著敘述的力量來創造的。

　　團體的記憶可以如此強大，通常會維持一生。每學期當我要求那些大學主修教育的學生分享他們最喜歡的童書的時候，他們幾乎總是提到一本由一位特別的老師所讀的書或是與他們家人一起閱讀的書。這樣的經驗將參與者結合在一起，而不只是花時間讀此書。為了向我的大學學生顯示這種分享的經驗，我總是出聲閱讀一本好的童書。這種實質上的安靜，具有故事的語言、事件和角色的味道，以及我們一起分享的事實，一個人怎麼可能不記得這樣的分享經驗？

　　還有很多好的資源圖書可供出聲閱讀參考，我推薦給父母、老師和學生一本《新朗讀手冊》（*The New Read Aloud Handbook*）（Trelease,

1989）（小魯）。但是，最好的資源圖書還是學生自己所創造的故事。特別的圖書可供全班、小組或個別的孩子享受，這些圖書也可蒐集成為一個好的推薦書單。每年我都要學生決定要寫有關每本書的什麼資料，通常它們會包括作者、書名、版權日、短的摘要，以及為什麼這是一本好書的理由。但是，每次我讀故事給新班級聽時，總會對學生與以前學生不同的創造性想法印象深刻。有一年的學生可能決定要用一個評量表去評估圖書，以表達他們的滿意度，像是傑出、很好、好等，其他人也許想要在每個段落加上圖畫，這種選擇是擁有權的重要面向。

　　老師也可將每班的貢獻放進一本最喜歡圖書選集的章節中，每一年就會有新學生寫好一個新的章節，書單會愈變愈大，他們會投入一些分享的圖書經驗給未來的學生。

出聲閱讀訊息書　如果一個人讀了故事之外，又讀訊息書會如何？好處是多層面的。出聲閱讀訊息書有好幾個重要的結果是大部分老師所不願忽略的，首先，出聲閱讀這種文類能讓學生熟習傳統上很困難、有時可怕的文本結構。在任何年齡層閱讀訊息文本和提供討論圖書的機會，都是在一種沒有威脅的情境下提供有關文本結構和學科的教學背景。第二、在教室出聲閱讀好的訊息書能拋開一些對科學、社會研究或數學方面的恐懼，取而代之的是對書中所提特定主題領域的健康的好奇心。第三、在一個分享圖書的場地中閱讀訊息書，提供個人對有關圖書和主題意見交換的社會經驗。第四、老師永遠不會知道什麼時候一本特別的書將如何觸動一個反應者的心弦，然後展開終身對一個主題的興趣。老師需要在此資訊年代，為學生準備好及發現其自然天才的領域，出聲閱讀訊息書提供一個美好的途徑，來緊扣未發現的興趣，並讓學生沉浸在課程領域的學習主題中。

　　我發現最好的非小說類的出聲閱讀的

☞ 老師永遠不會知道什麼時候一本特別的書將如何觸動一個反應者的心弦，然後展開終身對一個主題的興趣。☜

資源圖書，應該是《大開眼界》（*Eyeopeners*）（Kobrin,1988）。Kobrin的書是針對非小說類，而 Trelease 則是針對小說類，它們是非常好的一組圖書，可和學生與家長共同分享。此外，兩本書都有一些妙方可以幫助那些和孩子分享圖書的人。

出聲閱讀訊息故事書 也許你已相信出聲閱讀故事和訊息書是今日教室中應該做的事情，那老師還可以做什麼來更豐富學生的生命呢？

出聲閱讀訊息故事書，就是在除了閱讀上述傳統文類的圖書之外，還能提供的好處。因為訊息故事書挑戰學生述說事件和有趣的、通常也是幽默的訊息，學生非常喜歡這種書。此外，這種訊息可能更有趣且容易記得（Leal, 1994; Lucas, 1991; Maria & Johnson, 1990; Maria & Junge, 1994）。

當學生正掙扎於某個特別的主題或概念，訊息故事書的風格也許能提供一個結構讓他們將遺漏的連結。幽默、書的「如果怎樣」的前提，以及不尋常的圖畫，此時都能點燃孩子的了解。此外，出聲閱讀訊息故事書，提供了獨特的創造培養學習環境的機會。

首先，在其他缺乏與學生的世界連結的情況下，這種活動可創新的介紹一個研究的單元。例如使用《魔法校車迷失在太陽系中》（*The Magic School Bus Lost in the Solar System*）（Cole, 1989）來介紹一個太陽系的主題，就有可能讓學生參與鮮活的討論，導致更大的興趣和投身科學的文本和學習上。此外，這種討論通常會引導學生去尋找同樣主題的好的說明性圖書。因此，這種圖書像一個橋樑，連接起其他可能被認為不受歡迎的圖書。即使是百科全書，有了正確的啟發也會成為非常有趣的資源。

第二，出聲閱讀訊息故事書可提供機會同時檢驗兩個主要文本結構的特性。敘述和說明的特性可以被發現和做比較，出聲閱讀同樣主題的訊息書和訊息故事書，讓學生發現其中的不同也很有用。老師列出一系

列同主題的訊息書和訊息故事書：如地球科學、太空科學和人類身體等。有一些可以幫助引導比較討論訊息書和訊息故事書的問題如下：

- 你會將這本書分類為小說或非小說類？為什麼？
- 你認為作者寫這本書的主要目的是什麼？
- 這本書是怎樣和同一主題的第二本或第三本書有所不同？
- 在同一主題內的一組圖書中，你比較喜歡哪一本？為什麼？

最後，訊息故事書是很好的資源，可以挑戰學生的方案創造的討論，包括作者的創作和組合不同文本結構的圖書。出聲閱讀訊息性故事書可形成很好的教室討論、驚人的概念學習、創造性的方案與活動，以及學生對閱讀與焦點主題的積極態度（Leal, 1993b）。

出聲閱讀其他類別的文學　故事書、訊息書和訊息故事書都會在任何教室提供大量的多樣性，但還有其他類型的文學也能進一步豐富和擴充學生的了解和興趣。出聲閱讀詩、幽默故事、報紙、公告、信件——任何能連結起每日生活的東西——都能刺激學生的思考，提供對語言功能的回顧，並幫助刺激學生享受和學習新領域的興趣。無論你班上學生喜愛的文字類別為何，都可以包括在出聲閱讀的範圍內。

一種列出為班上孩子出聲閱讀的好書單的方法，就是在學期開始時給每個孩子一個閱讀調查和興趣清單，你會發現讓他們投票選出團體或個人為樂趣而讀的書，以及其他顯示需要和興趣的問題都是很有用的。當老師熟悉學生的興趣和需要後，選擇故事的「適合性」就很容易做到。

學生愈能熟悉不同的圖書和文本結構，就愈能有信心不遲疑的去使用這些類型的書。藉

☞ 出聲閱讀詩、幽默故事、報紙、公告、信件——任何能連結起每日生活的東西——都能刺激學生的思考，提供對語言功能的回顧，並幫助刺激學生享受和學習新領域的興趣。☜

第十章　將重要的對話轉換為重要的創造

著出聲閱讀這些刺激有趣的文類，並提供參與討論的豐富機會，老師很可能會擴充學生的水平。

同儕團體討論

出聲閱讀是重要的創作基礎而非最後的產品，包含討論的出聲閱讀活動對師生都有進一步的益處（Eeds & Wells, 1989）。討論本身並不是一個結束，而是彈性的工具，能提供「很容易改變方向，檢驗我們第一次的想法，以不同方式重新組織想法，並做新的連結」的機會（Barnes, 1995, p.3）。讓學生參與不同型態文本的協同合作式的討論，特別是訊息故事書，會導致很有趣的發現。除了顯示學生對主題焦點的先備知識和經驗之外，從學生顯示的興趣中也有著無數教學的可能性，能鼓勵學生成為有意識的語言使用者、協同合作的問題解決者和獨立思考者。

發生在討論之後的什麼能培養這類品質呢？當你閱讀過下面學生所討論的一本訊息故事書後，想一想可以做的後續教學，和學生的研究與學習。同時，注意這些三年級生如何不只是享受討論《如何挖個洞到世界的另一端》（How to Dig a Hole to the Other Side of the World）（McNulty, 1979），還進行了與主題有關的、沒有老師的問題來建構和引導互動方向的討論。他們彼此幫助並修正和延伸個人的解讀，這種新的商議式的了解是無法從獨立閱讀中獲得的（Leal, 1991）。

詹姆斯：我認為這故事是假的，因為那需要很多時間去挖，如果你必須用一個鏟子去挖，就沒辦法帶其他的東西。

珍妮佛：而這個太空船……

托　比：這個人，寫這個故事書的人也許曾經是個太空人什麼的。

大　衛：他可能是研究地球、昆蟲或其他事情的人，所以他知道那裡有些什麼蟲子。

蘇　珊：我覺得這是一半小說、一半非小說，因為它告訴你所有有關地球下面和中間的事情，但你卻不能真正走過去，或從

世界中間挖一個洞。

大　衛：你無法挖八百萬、千萬、億萬里的路，但是你還是可以知
　　　　道地球下面有什麼東西。就像你知道那些都是岩石，但是
　　　　種類不同。

　　接下來會發生什麼呢？不是去寫焦點放在所學的基本概念上的學習
單、報告或文本口述的方案。有一個我曾成功運用在教室中，鼓勵學生
通過選擇、真實和挑戰性的目的以及豐富的合作機會，而擁有學習過程
的策略，就是「你自己看」（C-4-yourself）。這個策略是建立在四個因
素上：挑戰（challenge）、選擇（choice）、合作（collaboration）和創造
（creation）。

挑戰

- 挑戰學生去聽好書，並願意與同學分享他們的想法，然後出聲閱
讀一本有趣的故事書、訊息書、訊息故事書或其他類別的書。解
釋你對他們的想法感興趣，在閱讀過程中會停下一、兩次，讓學
生說明他們的想法。在做過這些活動一段時間之後，甚至可選擇
你認爲他們不喜歡的書——希望他們能表達他們的不喜歡，並提
出相關理由說明這本書爲何不好。
- 在適當時間停下來讓學生討論他們對目前所讀部分的想法、問題
與疑惑，你也許想將班級分成四到六個人的小組去討論，或要他
們在大團體中彼此分享。你可將他們的討論聚焦在一個特別的問
題上，或讓他們討論有興趣的部分。
- 你的工作是聽和記錄他們所討論的內容，如果學生在小組中討論
的話，你就巡視各組，簡短記錄下他們所討論的內容。

選擇

- 討論之後，在黑板寫下你聽到和所記錄的他們感興趣的主題，例

如：前述有關在地球上挖洞的討論摘錄，學生表達出特別的與書、學習和地球科學有關的興趣領域。學生所建議的幾個主題包括了：地球科學方面的事業、用來做地球探討的工具、地球所包含的內容、小說和非小說的差異，以及書的出處等顯示如表 10-2。

- 全班一起將每個有趣的主題轉換成「我們真的想知道什麼」的問題，將這些問題寫在黑板主題的旁邊，如表 10-3 所示。
- 然後給學生一個選擇，讓每個學生選擇並寫下最感興趣的主題問題。將學生的名字加在表上或黑板上問題的旁邊，如表 10-4 所示。

表 10-2　「你自己看」興趣主題的樣本

主　　題	挑戰問題	學生選擇	創造性證據
地球科學方面的事業			
用來探索地球的工具			
地球的內容			
小說和非小說的差異			
如何著作一本書			

表 10-3　「你自己看」挑戰問題的樣本

主　　題	挑戰問題	學生選擇	創造性證據
地球科學方面的事業	如果想在地球上挖個洞，這可能是什麼樣的事業？		
用來探索地球的工具	真的可以發展出什麼樣的工具在地球上挖洞？		
地球的內容	地球的地層有何不同，哪一層最容易挖過去？		
小說和非小說的差異	我們如何知道這是一本小說或非小說？		
如何著作一本書	作者要寫一本像這樣的書，他需要做什麼工作？		

表 10-4　學生選擇的樣本

主　　題	挑戰問題	學生選擇	創造性證據
地球科學方面的事業	如果想在地球上挖個洞，這可能是什麼樣的事業？	蘇西、山姆、傑米傑邁耳、若年納	
用來探索地球的工具	真的可以發展出什麼樣的工具在地球上挖洞？	路易斯、傑尼塞斯、傑瑞米	
地球的內容	地球的地層有何不同，哪一層最容易挖過去？	羅白卡、威利、查許提摩西、史帝芬、林達	
小說和非小說的差異	我們如何知道這是一本小說或非小說？	卡爾、裴多、凱蒂諾瓦、梅根	
如何著作一本書	作者要寫一本像這樣的書，他需要做什麼工作？	米契爾、丹尼爾安娜、莎拉、史瑞莎	

合作

- 接下來，基於學生們特別的興趣領域，把班級分成幾個協同合作的學習團體。提供時間讓團體聚會和討論問題，並產生出一些對這個課題真正的「疑惑」。指導他們列出一個他們想發掘的事項的單子。
- 下一個星期，給學生與團體一起工作的時間，去圖書館、閱讀、找與主題有關的所有資料。用另一張分開的活頁紙寫出他們想要發現的每一個點。年齡較大的學生可為他們的閱讀和發現做記錄，並寫下他們的名字。如果用有插圖的訊息書，即使一、二年級的孩子也能做這個活動，也可以畫出他們的發現。

表 10-5 和表 10-6 顯示有關學生想要探索不同圖書文類的可能記錄。這兩個表是學生到圖書館檢驗每種圖書類型後回答「我們如何分辨這是一本小說或非小說？」的問題的結果。

表 10-5　問題一：什麼是小說類圖書的特性？

日期與書名	書的類型	筆　　記	學生名字
1-14 驢子王子	故事	這個故事有主角、情節、場地，讓我覺得讀起來很舒服	凱蒂
1-15 很多書	故事	我看了一堆圖畫書，它們都有很好的圖畫，也很容易閱讀	諾瓦

表 10-6　問題二：什麼是非小說類圖書的特性？

日期與書名	書的類型	筆　　記	學生名字
1-14 野生和多毛的長毛象	訊息類	這本書提供許多有關長毛象的事實，圖畫說明了這些訊息	卡爾
1-16 字母 M 的百科全書	訊息類	我讀了這本書中的許多段落，其中有許多事情的事實及為什麼很重要。但這比較不容易閱讀和了解，因為它用了許多我不認識的難字	梅根

創造

- 跟古斯瑞和麥坎的想法圈章節，以及哈特曼和艾立森的探詢導向的討論章節相似的，這個過程的最後就是讓學生用另外一週的時間以他們的發現來創造一個方案。如果學生不知道要如何做一個自己的創造性方案，就給他們一個方案的選擇來和全班分享他們的發現。圖書主題的可能方案包括了：(1)合作建構一個美術的方案，描繪出一些想像的工具，必須看起來像並且解釋如何做才能真的在地球上挖洞；(2)寫下三段不同的有關通過地球的旅程日誌，觀點來自從事不同事業的三個人——例如植物學家、生態學家、動物學家等；(3)呈現一個有關學習訊息的最好方法的辯論：訊息書或訊息故事書。

- 和全班分享他們的創造，從他們的發現中做一個產品並加以呈現，也許可以照相然後再做一個展示板，同時描寫或將所創造的相片放在「你自己看」圖表的第四個欄位內。

- 一旦呈現給全班分享之後，就討論他們所學到及還想知道的事情，另外還可計畫一些在教室之外能繼續分享學到的和還想知道的方法。例如：用上面這些書，學生可以寫信給《國家地理雜誌》，或聯繫一個區域大學，解釋他們的方案並問一些還沒有解答的問題。找到對他們的主題有興趣的社區組織也可以打開未來研究的通路，並認同他們所完成的事情。

☞ 團體的合作關係能促進相關的連結，能鼓勵團隊精神和建設性。☜

為孩子讀好書可以在很多不同的主題上挑戰他們的思考，提供一個討論的講台，也可以讓你蒐集學生如何從文本塑造意義的訊息。給學生方案的選擇也幫助提供學習的自主權。團體的合作關係能促進相關的連結，能鼓勵團隊精神和建設性，示範創造性的學習對班級同儕、這個領域的領導人和社區機構，都能幫助真實和難忘的學習。

過程寫作方案

第三個能增進學生的學習、討論及參與不同型態文本的方法就是過程寫作取向。一旦學生或老師出聲閱讀不同類別的文學並產生了創造性方案的豐富討論，接下來藉著教導學生用各種風格和類別來寫作的過程，就會自然繼續下去。

過程寫作，就像出聲閱讀和同儕團體討論一樣，可以提供了解不同類型文本的燃料。過程寫作提供深度探討文本型態特性的方法，最好的則是能提供很好的機會，讓孩子對先前所讀的文學及新作品進行額外的討論。針對學生作品的討論，可對今日學生寫作的發展與修正和對文學

的理解有所貢獻。

　　不同文類的過程寫作是對書的豐富討論的自然外射，也是能產生動機的活動，這是基於學生的自主權與選擇、學習的真正目的，以及從學生合作的互動中發展同儕關係的機會。從一開始這就是策略性和有目的的活動。

　　過程寫作和著作真實的圖書，被認為是激發學生參與真實目的非常有力的工具。目前有很多學生寫作的比賽，有些是國際的，如 Landmark 每年的「作者和插圖者是……」以及州或地區所主辦的比賽。學生都被鼓勵寫作並交出他們的創作，希望能得到認可和獎賞。但是大部分比賽的目標都是朝向故事和敘述性寫作，訊息書並不常受到競賽層面的鼓勵。

　　相反的，Halliday（1975）曾經說過文字至少有七種功能，每一種在溝通的書寫型態上都很重要。表 10-7 列出文字的七種功能，過程寫作能從這些不同文字功能的例子中出聲閱讀，和接下來的同儕團體討論，都提供了一個有用的講台。「你自己看」的策略可被用在任何這些文本的類型上。

表 10-7　真實的過程寫作方案

文字功能	真實的過程寫作方案
想像的：創造新事物	小說的故事：圖畫書、幻想、神祕、喜劇、動物故事、戲劇、歷史小說、詩、兼具娛樂和教育功能的書
代表的：溝通內容	報紙（學校或班級）、雜誌、給編輯的信、商業的
工具的：滿足個人需求	日誌：個人的、對話、課程領域和感謝日誌
互動的：關係的，焦點在別人	傳記、歷史筆友、記憶圖書
個人的：刻劃獨特性	自傳、個人成就記錄、班級文選
啟發的：找出、發現	非小說類或兼具娛樂和教育功能的書
規範的：用來控制	規則、教學、活動指導和班級公約

　　這些包含所有文字功能的長程寫作方案的過程寫作步驟基本上是一樣的：就是預寫活動、計畫、草稿、分享、創新、編輯、印刷、裝訂、

鮮活的討論！——培養專注的閱讀

評估和分發。這一路上都有無數機會鼓勵重要的對話。在下面的討論中，會檢驗過程寫作的階段，也會說明如何在每個寫作經驗的階段中都鼓勵學生討論。

在預寫階段，你將出聲閱讀焦點的文學類別，並有豐富的討論，包括對文本結構的討論。幾天或幾星期過後，你會想要出聲閱讀焦點的文字功能的不同例子，幫助學生進入這個類別的基本元素。例如：針對敘述性寫作，會有豐富的故事結構討論，包含了情節、場地、角色、情緒及其他的點。至於說明性寫作，就會去閱讀和討論說明性文本如何組織和強調訊息。至於兼具娛樂和教育功能的圖書寫作，就會討論到敘述和說明的特性如何組合在這種類別中。然後給學生機會在協同合作的團體中練習特定類別的寫作。

當你準備好要開始一個寫作方案，第一步就是腦力激盪和討論有關要寫的想法，這是讓學生討論他們對此類別喜歡的地方或還不了解的地方的機會。鼓勵學生嘗試他們對這個類別喜歡和了解的部分，然後發展下去。討論可以發生在全班、小組、成對或師生之間等不同的方式。當學生能貢獻出豐富的討論時，老師也要能寫作故事；這樣才能示範過程，他們的工作和掙扎才能被學生看到。

最難的步驟是寫出第一句，但如果有寫作同伴可以諮詢的話，事情會容易些。寫敘述性故事時，學生可以和寫作同伴分享一個大概的故事情節、角色、場地和心情。對幼稚園或國小低年級的孩子而言，這個步驟可以是簡單到分享故事的開始、中間和結束的一張圖畫，以及主角的圖畫。

利用一本訊息書或訊息故事書，學生可以與寫作同伴分享一些有趣的訊息，如果有一個朋友能幫助思考這個類別，以及建構這個訊息的方法的話，將會很有幫助。對訊息故事書的討論將包括故事情節及訊息結構。

在草稿、分享和創新的寫作循環中，同儕可以提供很大的支持。當手上有了第一個草稿，通常最好是讓學生分享一些句子或段落就好，如此許多學生將有機會得到團體的回饋。這可用很多方式來做，但許多學生最喜歡的是「作者椅」這個活動。以有趣而無威脅性的方式來進行作

者椅這個活動，就是要求自願的學生坐在教室中一個特別的椅子上，閱讀他們所寫的東西給全班聽。

在閱讀之前，老師要教導學生聽三件事情和每個作者分享：(1)他們記得什麼，(2)他們喜歡什麼，和(3)他們不了解或還有問題的是什麼。重點並不是要分享他們不喜歡的東西，而是建立正向的觀點，並鼓勵這些新作者提出他們記得和印象深刻的部分。這可以是很有力的討論時間，在這段期間，老師須記錄下學生意見，或爲作者寫在卡上，讓他們用在創新的編輯上。學生將同儕的建議放入重寫的段落中的做法應受到鼓勵和獎賞。學生可學到一篇文章在第二、三次的修改中可以變得更有創意，這是個很棒的發現。

在編輯、印刷、裝訂、評估和分發的出版循環中，學生會參與很多類的討論。同儕和老師的編輯座談是一個開始，印刷和裝訂的計畫會提供另外的機會，讓有經驗者來到課堂引導主題討論。在對創作的作品做反省性的討論時，從同儕、老師和團體得到的評估才最有幫助。

對家人、年輕學生、地區圖書館員等分發和分享所著的圖書是很鼓舞人心的事。這可讓學生與其他人討論對文學和寫作的新了解。邀請學生扮演年輕學生寫作同伴的角色，能爲寫作和討論帶出一個完整的過程。

 結論

將不同類型文本的重要對話轉換到重要創作的循環也有了一個完整的過程。出聲閱讀許多不同類別的好書是豐富討論的第一步，豐富的討論會帶來很多很棒的創意，從像是「你自己看」的策略活動，到在不同文學類別中進行長期的寫作方案，選擇是無窮盡的。很清楚的是，有許多機會可以聽到出聲閱讀不同類型的文學、討論文學的想法和寫作不同類別的文本，不能忽略的是都能嘉惠今日學生。將重要的對話轉換爲重要的創作的機會只是一個開始，今後仍將能看到我們鼓勵學生熱愛學習的結果。

參考書目

Aarbruster, B.B., Anderson, T.H., & Ostertac, J. (1989). Teaching text structure to improve reading and writing. *The Reading Teacher, 43*(2), 130-137.

Barnes, D. (1995). Talking and learning in classrooms: An introduction. *Primary Voices K-6, 3*(1), 2-7.

Beach, R., & Wendler, L. (1987). Developmental differences in response to a story. Research in the Teaching of English, *21*, 286-298.

Coleridge, S.T. (1907). *Biographia literaria.* London: Oxford University Press.

Eeds, M., & Wells, D. (1989). Grand conversations: An exploration of meaning construction in literature study groups. *Research in the Teaching of English, 23*, 4-29.

Gambrell, L.B., Codling, R.M., & Kennedy, A. (1994, November). *What motivates elementary students to read and write? Insights from interview studies.* Paper presented at the National Reading Conference, San Diego, CA.

Guthrie, J.T., & McCann, A.D. (1996). Idea circles: Peer collaborations for conceptual learning. In L.B. Gambrell & J.F. Almasi (Eds.), *Lively discussions! Fostering engaged reading.* Newark, DE: International Reading Association.

Hartman, D.K., & Allison, J. (1996). Promoting inquiry-oriented discussions using multiple texts. In L.B. Cambrell & J.F. Almasi (Eds.), *Lively discussions! Fostering engaged reading.* Newark, DE: International Reading Association.

Halliday, M.A.K. (1975). *Learning how to mean: Explorations in the development of language.* London: Elsevier.

Leal, D. (1989). *Possibilities unlimited: An initial look into the grey genre.* Unpublished manuscript.

Leal, D. (1991). *Children's responses to three types of text during peer group discussions.* Unpublished doctoral dissertation. University of Kentucky.

Leal, D. (1992). The nature of talk about three types of text during peer group discussions. *Journal of Reading Behavior, 24*(3), 313-338.

Leal, D. (1993a). Storybooks, information books and informational storybooks: An explication of the ambiguous grey genre. *The New Advocate, 6*(1), 61-70.

Leal, D. (1993b). The power of literary peer group discussions: How children collaboratively negotiate meaning. *The Reading Teacher, 47*(2), 114-120.

Leal, D.J. (1994). A comparison of third-grade children's listening comprehension of scientific information using an information book and an information storybook. In Kinzer, C.K. & Leu, D.J. (Eds.), *Multidimensional aspects of literacy research, theory, and practice,* (pp. 137-145). Chicago, IL: The National Reading Conference.

Leal, D.J., Moss, B., & Kearney, M. (1994, November). *An examination of four gifted chil-*

dren's responses to nonfiction. Paper presented at the National Reading Conference, San Diego, CA.

Lucas, A.M. (1991). 'Info-tainment' and informal sources for learning science. *International Journal of Science Education, 13*(5), 495-504

Maria, K., & Johnson, J.M. (1990). Correcting misconceptions: Effect of type on text. In J. Zutell & S. McCormick (Eds.), *Literacy theory and research: Analyses from multiple paradigms* (pp. 329-338). Chicago, IL: National Reading Conference.

Maria, K., & Junge, K. (1994). A comparison of fifth graders' comprehension and retention of scientific information using a science textbook and an informational storybook. In C.K. Kinzer & D.J. Leu (Eds.), *Multidimensional aspects of literacy research, theory, and practice* (pp. 146-152). Chicago, IL: The National Reading Conference.

Morrow, L.M. (1989). The effect of small group story reading on children's questions and comments. In S. McCormick & J. Zutell (Eds.), *Cognitive and social perspectives for literacy research and instruction* (pp. 77-86). Chicago, IL: National Reading Conference.

Moss, B., & Leal, D.J. (1994, November). *A comparison of children's written responses to science-related information tradebooks and informational storybooks.* Paper presented at the National Reading Conference, San Diego, CA.

Pappas, C.C. (1993). Is narrative "primary"? Some insights from kindergartners' pretend readings of stories and information books. *Journal of Reading Behavior, 25*(1), 97-129.

Pappas, C.C., & Brown, E. (1988). Development of children's sense of the written story register: An analysis of the texture of kindergartners' "pretend reading" texts. *Linguistics and Education, 1,* 45-79.

Pappas, C.C., Kiefer, B.Z., & Levstik, L.S. (1990). *An integrated language perspective in the elementary school.* White Plains, NY: Longman.

Paterson, K. (1981). *Gates of excellence: On reading and writing books for children.* New York: Dutton.

Rosenblatt, L. (1985). The transaction theory of the literary work: Implications for research. In C.R. Cooper (Ed.), *Researching response to literature and the teaching of literature: Points of departure.* Norwood, NJ: Ablex.

Samway, K.D., Whang, C., Cade, C., Camil, M., Lubandina, M.A., & Phommachanh, K. (1991). Reading the skeleton, the heart, and the brain of a book: Students' perspectives on literature study circles. *The Reading Teacher, 45,* 196-205.

Trelease, J. (1989). *The new read aloud handbook* (2nd ed.). New York: Penguin.

兒童文學參考書目

Cole, J. (1986). *The magic school bus at the waterworks.* New York: Scholastic.

Cole, J. (1987). *The magic school bus inside the earth.* New York: Scholastic.

Cole, J. (1989). *The magic school bus inside the buman body.* New York: Scholastic.

Cole, J. (1990). *The magic school bus lost in the solar system.* New York: Scholastic.

Cole, J. (1992). *The magic school bus on the ocean floor.* New York: Scholastic.

Cole, J. (1994). *The magic school bus in the land of the dinosaurs.* New York: Scholastic.

Craig, J.M. (1977). *The donkey prince. New York:* Doubleday.

Juster, N. (1961). *The phantom tollbooth.* New York: Bullseye Books.

Kobrin, B. (1988). *Eyeopeners.* New York: Penguin Books.

Lowry, L. (1993). *The giver.* Boston, MA: Houghton Mifflin.

McLaughlin, P. (1985). *Sarah, plain and tall. New York: Harper & Row.*

McNulty, F. (1979). *How to dig a hole to the other side of the world.* New York: Harper & Row.

鮮活的討論！——培養專注的閱讀

第三篇

創造氛圍：
教師的角色

鮮活的討論！──培養專注的閱讀

第十一章

邁向塑造意義之路：
在教室培養文本相互性

崔佛・卡爾尼

當我問布洛克寫這段文章的想法是從哪裡來的時候，他回答：「這全是克羅沙的錯。」布洛克是澳洲鄉下一個幼稚園的小孩，我第一天到他班上的時候（我連續一整年每週去他的班上做研究），我觀察到他非常熱切的在寫「魔術的洞穴」做爲一個隱居的地區。當我停下來問他寫作靈感的來源是什麼的時候，他回答我：「《魔法森林》（*The Enchanted Wood*）（Blyton,1939）這本書中有個小孩搬到鄉下，我就把他稍微改一改……就像克羅沙，就像她寫了一個很遠地方的故事一樣……我也決定要寫一個。」

我很困惑，到底是克羅沙或印塔（布洛克的老師）讀了《魔法森林》這本書呢？是克羅沙寫的一段故事引發讓布洛克寫作，但卻是印塔讀了Blyton 的書影響了他們兩個都開始寫作。這本書的閱讀是兩個孩子文本互動性歷史的一部分，克羅沙所寫的片段也是。像這樣的讀寫事件，往往會低估了人和多元文本以及與文本對話的經驗的重要性，這個例子就是文本相互性的現象。

☞ 文本是由很
多不同的塑造意
義的象徵系統所
組成，包括讀、
寫、看、聽、
畫、戲劇和第一
手的經驗等。 ☜

「文本相互性」（intertextuality）是藉著先前組合的文本來解讀和建構一個文本的過程（Barthes, 1979; deBeaugrande, 1980; Kristeva, 1980）。文本是由很多不同的塑造意義的象徵系統所組成，包括讀、寫、看、聽、畫、戲劇和第一手的經驗等。每一個文本都可以與我們所建構過的其他文本相連結（請看本書中哈特曼和艾立森所寫的第八章的延伸討論）。很多作家、畫家、音樂家和演員很早就知道先前的文本經驗對一個人作文的影響。例如兒童作家 Margaret Mahy（1987）在回顧她童年的讀寫經驗時就曾說到：

> 我寫是因為我是一個讀者，我想藉著將他們帶出我自己，更直接地來釋放一些閱讀的經驗……圖書讓我接近持續而相互的討論，而覺知到很多事是同時發生的，同時存在對我似乎是很重要的真實面貌……我認為我已溶入我需要的書中，而且無疑的在內心深處我始終還帶著他們（pp.151-157）。

大部分的人如果被問到，會說他們在閱讀時經常想到其他的書，同樣的，很多作者也承認他們寫作的萌芽可追溯到先前對文本的讀寫經驗上（Cairney, 1990b, 1990c）。Hartman（1990, p.2）曾說明文本相互性的概念是一種隱喻，用來描寫持續的社會建構和意義重建，當讀者和作者「調換文本入其他的文本當中，吸收一個文本到另一個文本中，並建立一個交叉文本的拼嵌圖。」

☞ 教室是一個
學生會遇到複雜
的文本範圍，並
與其他人在讀、
寫、看、聽和討
論時有所互動的
地方。 ☜

教室是一個學生會遇到複雜的文本範圍，並與其他人在讀、寫、看、聽和討論時有所互動的地方。在一個「文本交互性」的世界中，

創造出持續互動的意義。先前的研究和著作曾描寫學生對他們的文本相互性的歷史的覺知，對他們成爲讀者和作者有所影響，這在教室也是很明顯的（Cairney, 1988, 1990a, 1990b, 1990c, 1992）。從這些作品的結論可知文本相互性是很特殊的，要看很多因素而定，像是文本特色、閱讀目的和情境影響等；對大部分讀者和作者都很熟悉，但無關年齡和能力；也與很多文本的類別、情節、角色及內容相連結；而且經常由一些特別的內容和情節的因素來預先指示。還有，當人們將讀寫當做是人類關係的延伸時，就會加以社會化的建構（Bloome & Egan-Robertson, 1993; Cairney, 1985, 1988, 1990c, 1992）。

但本章焦點不在文本相互性的特性，而是文本相互性的意義如何發展，以及說話在這複雜的塑義過程中扮演什麼角色。所有的讀寫事件事實上都是社會事件（Cairney & Langbien, 1989），克羅沙和布洛克使用先前的文本，是受到參與者在讀寫環境中複雜關係的塑造和影響。身爲讀寫的學習者，我們讀寫的偏好和興趣的選擇，全都無可避免的與這刻畫我們世界的關係相連結。

從說話的核心到讀寫

教室是一個充滿著不同的說話功能、觀眾和類別的地方，有些說話是被准許的，被師生接受爲教學與學習過程的一部分。其他的說話則被看成有「人際之間」的特性——有必要去建立關係，卻不一定會成爲學習的中心。還有一些說話被指爲「地下的說話」，是不被老師所允許的，但卻是學生人際世界的一部分。但是不管如何分割教室說話的世界，所有的說話都是學習的核心。很多教室說話都環繞著文本，而且是教室成員在讀、寫和討論有關讀寫時所建構意義的主要部分。

老師在大部分的教室中是一個時常在說話的人，雖然如 Gutierrez（1993）所指出的，老師所用的說話形式有很大的不同，但是，老師的說話和他所培養或阻礙學生說話發展的方式，卻對建立學生文本之間的

☞ 我們所讀、寫、畫、看的文本是牽連在社會關係中的。☜

意義有重要的影響。本章要探討老師做為一個在教室「經常說話的人」，也是一個「文本說話」的促進者，去討論文本在教室中的寫作、閱讀、回顧、經驗和聽的活動中所扮演的複雜角色（Cairney, 1992）。老師的說話與發生在教室內大部分的意義塑造有關，而且也影響到學生接觸書寫語言時建立豐富的文本意義。

口說語言與讀寫和學習的親密關係是長久以來就被認同的（Barnes, Britton, & Rosen, 1971; Bernstein, 1971, 1973; Britton, 1970; Edwards & Furlong, 1978; Green, 1979; Green & Dixon, 1993; Halliday, 1978）。口說與書寫語言，有語音學上的不同，但彼此交融在教室生活當中，在教室中的讀寫其實是不可能不包括談話的。相反的，說話通常導致閱讀和寫作，所以口說和書寫語言是與教室言談密切相關的（Cairney, 1995）。

進一步而言，一個人在社會情境內學習讀寫，是一種與其他人關係的延伸。我們所讀、寫、畫、看的文本是牽連在社會關係中的；我們是藉著「向一個社會團體見習」來學習讀寫（Gee, 1990, p.45）。因此，我們在讀寫時所建構的意義正反應了我們是誰、我們經驗了什麼、我們所知道的語言和世界，以及一開始我們所創造意義的目的是什麼（Cairney, 1990a, 1990b, 1995）。

教室是參與者之間用特定的互動建構知識，是教與學過程的一部分，也是老師與學生活出他們日常生活的地方。因為學校和班級可能共享許多相同的特性，他們都能反應出師生特別的背景，而文本也是在教室中被認同和看重的。

很明顯的一點，商議是這獨特的教室生活中的重要部分。Fernie、Davies、Kantor 和 McMurray（1993）認為教室生活包含了參與者之間的持續商議，參與者要從不同角度來商量角色、權利、義務、形式及期望。Heap（1991）曾經指出老師與學生會一起定義他們學習的內容，所處的角色、關係以及被認為是知識的定義。

Gutierrez（1993）曾研究寫作過程指導，在小學和中學年齡的拉丁族

群學生身上的效果，描繪這種跨教室的不同是受特別的參與結構所決定。她發現不同模式的社會行動、對話和教室活動形成三個主要型態的「劇本」。第一種是陳述（recitation），特性是很大程度的老師指導，以及有限的學生與同儕互動和獲得協助的機會。第二種是反應性（responsive），雖然仍有很多的「老師管理」，但允許較放鬆的活動限制和參與結構；鼓勵學生反應，也讓學生有機會將想法建立在他人的反應之上。第三種是反應／合作的（responsive/collaborative），特徵是高度動態互動的學習情境，其中對話和知識經常會合在一起建構。在這種教室型態中，老師更認同學生的貢獻，而寫作被看成「……不是一種方法或一系列活動，而是一個建構口語和書寫文本、或與他人進行文本互動和產生文本的社會性商議的過程。」（Gutierrez, 1993, p.345）。

老師在建構教室對話上扮演非常重要的角色，老師通過行動指出他們認為什麼是適當的行動、什麼角色是可能的（或被看重的）、學生如何承擔角色，以及什麼才算是教室中合適的讀寫活動（Heap, 1980）。

什麼是教室談話，特別是老師在這種談話中的角色。本章中，有兩個教室實作的重要議題需要加以強調：一、教室語言被老師控制和指導的方式，最後會影響學生與文本的互動、討論文本和建構意義。二、老師認可的不同型態的社會互動和教室活動，對教室中的知識型態和讀寫建構會產生不可避免的限制。

🌱 老師的角色

我們不可能在討論教室說話的角色時不去考慮它在學習中的角色，就像本章先前所指出的，語言和學習之間有很密切的關係。Rogoff（1990）和維高斯基（1978）的研究，在解釋這樣的關係和考慮老師的角色時都很有幫助。Rogoff（1990, p.7）用了一個「徒弟見習」（apprenticeship）的隱喻來形容學生如何學習。她認為孩子是思考的見習生：

……積極努力的從觀察和參與同儕及更有技巧的社會成員的活動中學習，發展技巧加上可用的工具來解決文化上所定義的問題，並從這當中，建構在社會文化活動的脈絡之內新的解決。

　　Rogoff（1990）的研究事實上是建立在好幾位以社會化理論為基礎的心理學家，特別是維高斯基（1978）的研究上。維高斯基的核心主張是學習由一開始的引導學習轉變到後來的獨立學習上。他提出兩個發展的層次：第一個他稱做「實際的發展」並定義為「一個孩子心智功能的發展程度……是由孩子獨立的解決問題來決定」（p.86），就是說一個孩子在某個特別的時間點上能獨自做的事情。第二個稱做「潛在的發展」，是描述活動中一個人在獲得支持下所能達到的境地，這就是「在成人的引導或與更能幹同儕的協同合作之下」解決問題的能力（p.86）。

　　維高斯基（1978）認為介於兩種型態的發展之間總有一些不同，這個鴻溝就是「最近發展區」（Zone of Proximal Development, ZPD），顯示這功能「……雖然不夠成熟，但正在成熟的過程中……」（p.86），這就是ZPD對學習和指導很重要的地方。他強調學習創造了最近發展區，那是「喚醒只有當孩子在他的環境中與人互動，和與同儕合作的情況下才能運作的不同之內在發展過程。一旦這個過程內化，他們就成為孩子獨立發展成就的一部分。」（p.90）。

　　但這樣的學習如何培養，其中老師的角色又如何？在此用 Bruner（1983, 1986）「鷹架」的概念來解釋這個過程就很有幫助。Bruner 曾說明鷹架是成人幫著學生做他無法獨自做的事情的過程，當學生能獨力完成時，再逐漸鼓勵他負起部分文本建構過程的責任。我曾藉著超越成人的延伸使用更廣泛的描述鷹架，我認為鷹架是任何人設計來幫助別人參與超越他們事實發展程度的學習面向的一種行為（Cairney,1995）。

　　一個對鷹架的補充概念就是Rogoff所提議的「引導的參與」（guided participation）的理論，這有助於解釋老師在學生塑造意義的過程中的角色。Rogoff 曾說（1990）：

⋯⋯引導和參與文化上被重視的活動對孩子的見習思考都很重要。引導可以是靜態或明顯的，而孩子或照顧者要負責安排不同程度的參與。（p.8）

在 Rogoff 的意見中，引導的參與是讓學生和其他人在合作中，從孩子現有的了解和技巧去「建立橋樑」，以便達到新的了解和技巧。這同樣也要「安排和建構學生的活動參與。」（1990, p.8）。顯然，說話是引導參與的核心。

Rogoff「引導的參與」的概念和維高斯基研究的關係應是很明顯的，引導的參與的核心重點是維高斯基相互主觀性的概念。這是人們在協同合作時參與的過程，包括了孩子和其他更能幹或更有知識的人之間的焦點和目標的分享。重要的是，這過程包含了介於學習的參與者之間的認知、社會和情意的交換，通常是通過說話來達成。

這些概念應用在教室中的方式是很重要的。很明顯的有些教學型態不鼓勵相互主觀性的發展，它們更不可能顯示 Rogoff 引導的參與的觀點。例如：先前本章討論的 Gutierrez（1993）所發現的不同的教學腳本，似乎提供了可在教室中產生引導式參與，並發展相互主觀性的各種潛能。這些腳本也與老師使用說話的不同有關，例如：如果老師是用陳述式，只提供有限的機會讓學生與別人互動和獲得同儕協助的話，就會很明顯降低引導式參與的發生機會（Cairney, 1995）。

維高斯基和 Rogoff 的研究可以明顯應用在教室實作中，雖然還未證明有任何單一的方法最好，但這些理論的研究的確提供教學決定的基礎。與先前對語文的觀點合併來看，我提供出一些引導的原則（Cairney, 1995）：

- 應該在剛好超越學生目前的發展水準指導教學和課程。
- 老師應建構能讓學生獲得老師和其他學習者的協助與支持而工作的學習環境。
- 老師的重要責任是觀察學生學習，決定他們實際和潛在的發展程

度，並辨明其最近發展區。

- 老師須創造能提供積極的讀寫示範的環境，學生可觀察其他的讀者和作者使用超越學生實際發展程度的讀寫方式。
- 老師必須創造能讓師生建立目前了解和新技巧與了解之間的橋樑的教室情境。
- 教室環境應允許相互主觀性的發展，並被當成是一個學習者的團體。

說話的角色：設計教室活動

　　在這個討論中很明顯的一件事，就是在說話和讀寫之間有密切的關係。更有甚者，老師在學生的成長和發展上扮演一個重要的角色。這明顯的發生在他們的教學，以及提供訊息、問學生或只是討論文本與學習的方式上；也間接從老師重視的建構教室學習環境的方式中所示範的讀寫與學習上產生出來。

　　鷹架和引導式參與的概念已在本章中介紹過了，對任何有關老師在學生學習上的角色的討論都很重要。成人藉著接近和修正活動的困難，以及共同參與建構學生所融入學習的情境來影響他們的學習。這個教學的本質就是創造一個「支持的情境」，讓孩子在其中擴充目前的技巧和知識（Rogoff,1991）。鷹架是這個支持的情境中很重要的部分，但鷹架在教室裡看起來是什麼樣子？老師如何提供鷹架的支持做為教室每日活動的指導性參與的一部分？

　　一個有效的讀寫方案應該是提供給讀寫學習者鷹架的藍圖。Wood、Bruner 和 Ross（1976）曾為老師描寫六種與鷹架有關的功能：在老師界定的活動中重新組合孩子的興趣、藉簡化活動來減少解決問題的步驟、藉引發孩子的動機和活動指導來維持目標的追求、注意孩

☞ 成人藉著接近和修正活動的困難，以及共同參與建構學生所融入學習的情境來影響他們的學習。☜

子所產生的與理想的解決或結果之間的不一致性、在問題解決中控制挫折及冒險，以及示範理想的行動說法或要表現的技巧。上述六個功能可在下面將討論做為讀寫課程一部分的方式中實行：

- 提高讀寫的興趣是藉著分享文學及其他文本型態的閱讀來達成，使用結構式和非結構式的機會來對讀寫做反應，及提供個別和團體的會談（conference）來做為討論一般興趣的工具。
- 簡化讀寫的工作可用很多方式來做，包括老師藉著個別和小組會談的支持、在特別技巧的領域中使用迷你課程（mini lessons）、文本的合作建構、超越個人閱讀水準的分享閱讀，和文本討論等。
- 維持目標的追求靠許多正式和非正式的策略，包括藉著個人會談的鼓勵、師生所保存的記錄，及作者椅和強調作者權的活動中對個人的鼓勵。
- 注意學生讀寫中的不一致性是老師的責任，但學生也可藉著會談和對他人作品的反應來做到。老師的角色是在個人會談時，藉著觀察學生作品和鼓勵學生保持個人的讀寫記錄來表現。
- 控制問題解決過程中的挫折和冒險是一個持續的考慮，要靠創造一個積極和放鬆的氣氛，而不是基於學生之間的競爭。這個獨立的讀寫活動給學生追求個人在讀寫上的興趣和目標的機會。參與讀寫活動時，老師提供不同型態的支持給學生，包括運用會談、迷你課程和發問等。
- 示範讀寫的行動會在教室中發生的時候是：當學生彼此分享他們的讀寫、老師在閱讀和寫作文本時、老師示範對別人的讀寫做回應、還有當教室環境充滿活力，常討論讀寫和它在學習中的角色時。

這些活動都反應了一個讀寫教學的特別取向，就是認為討論書寫的文本是讀寫學習的重要因素。不像教導性的老師引導的教室對話，Gutierrez（1993）所形容的「陳述式」的特性那樣，這種課程型態是以「回應／合作式」為主的期望。老師建立一個強調高度動態互動的學習情境，使對話和知識更能經常合作建構。在這種教室中，老師會更認同學生的貢

獻，不會把讀寫看成只是方法或一系列活動，而是「……建構口語和書寫文本，或與他人進行文本互動，和產生文本的社會性商議的過程」（Gutierrez, 1993, p.345）。

上面陳列的取向的起點，就是考慮建構對學生本身相關而重要的意義。這樣的教室，鼓勵學生在塑造意義時要冒險，不要將自己限制在老師界定的狹窄變數之內。因此，讀寫活動從來不只是為了完成讀寫工作的目的而已，而是被看成一個學習的工具，社會互動和說話同時也是教室實作的核心。老師應鼓勵教室成員之間的互動，提供經常與其他學生協同合作和團體學習的機會，多讓學生分享他們的洞察力和發現語言。

本章中所討論的讀寫教學取向的目的是希望創造讀者和寫者的團體，在其中讀寫和進行有關讀寫的討論，都被看成是教室社會組織的一部分（Cairney & Langbien,1989）。在這樣的教室中，給予學生互動的機會，就像本章開始克羅沙和布洛克那樣。他們見習意義塑造的過程，不只從他人獲得支持，同時也對引導參與的複雜過程有所貢獻。學生參與在彼此的文本相互性的世界中，他們在分享對文本的了解和洞察時、在延伸與他人的關係時，和成為他們每日學習的一部分時建立意義。當學生在探究與個人相關的議題，用語言探索世界塑造意義時，這些教室提供他們通往讀寫的多元路徑。

參考書目

Barnes, D., Britton, J., & Rosen, H. (1971). *Language, the learner and the school.* Middlesex, *UK: Penguin.*

Barthes, R. (1979). From work to text. In J.V. Harari (Ed.), *Textual strategies: Perspectives in post-strtuctural criticism.* Ithaca, NY: Cornell University Press.

Berstein, B. (1971). *Class, codes and control: Theoretical studies towards a sociology of language* (Vol. 1). London: Routledge 6e Kegan Paul.

Bernstein, B. (1973). *Class, codes and control: Applied studies towards a sociology of language* (Vol. 2). London: Routledge & Kegan Paul.

Bloome, D., & Egan-Robertson, A. (1993). The social construction of intertextuality in classroom reading and writing lessons. *Reading Research Quarterly, 28*(4), 305-333.

Britton, J. (1970). *Language and learning.* London: Allan Lane.

Bruner, J. (1985). *Child's talk: learning to use language.* New York: Oxford University Press.

Bruner, J. (1986). *Actual minds, possible worlds.* Cambridge, MA: Harvard University Press.

Cairney, T.H. (1985). Linking reading and writing. In D. Burnes, H. French & F. Moore (Eds), *Literacy: Strategies and perspectives,* (pp. 11-18). Adelaide, Australia: Australian Reading Association.

Cairney, T.H. (1988). *The influence of intertextuality upon the reading and writing of children aged 6-12 years.* Paper presented to the World Reading Congress, Gold Coast, Australia.

Cairney, T.H. (1990a). *Other Worlds: The endless possibilities of literature.* Portsmouth, NH: Heinemann.

Cairney, T.H. (1990b). *Teaching reading comprehension: Meaning makers at work,* Milton Keynes, UK: Open University Press.

Cairney, T.H. (1990c). Intertextuality: Infectious echoes from the past. *The Reading Teacher, 43*(7), 478-485.

Cairney, T.H. (1992). Stirring the cauldron: Fostering the development of students' intertextual histories, *Language Arts, 69*(6), 502-507.

Cairney, T.H. (1995). *Pathways to literacy.* London: Cassell.

Cairney, T.H., & Langbien, S. (1989). Building communities of readers and writers. *The Reading Teacher, 42*(8), 560-567.

De Beaugrande, R. (1980). *Text, discourse and process.* Norwood, NJ: Ablex.

Edwards, V., & Furlong, A. (1978). *The language of teaching: Meaning in classroom interaction.* London: Heinemann.

Fernie, D., Davies, B., Kantor, R., & McMurray, P. (1993). Becoming a person in the preschool: Creating integrated gender, school culture, and peer culture positionings. *Qualitative Studies in Education, 6,* 95-110.

Gee, J.P (1990). *Social linguistics and literacies: Ideology in discourses.* New York: Palmer.

Green, J.L. (1979). Communicating with young children. *Theory into Practice. 18,* 4.

Green, J.L., & Dixon, C.N. (1993). Talking knowledge into being: Discursive and social practices in classrooms. *Linguistics and Education, 5,* 231-239.

Gutierrez, K.D. (1993). How talk, context, and script shape context for learning: A cross-case comparison of journal sharing. *Linguistics and Education, 5,* 335-365.

Halliday, M.A.K. (1978). *Language as social semiotic.* London: Edward Amold.

Hartman, D.K. (1990, December). *The intertextual links of eight able readers using multiple passages: a postmodern/semiotic/cognitive view of meaning.* Paper presented at the annual meeting of the National Reading Conference, Miami, FL.

Hartman, D.K., & Allison, J. (1996). Promoting inquiry-oriented discussions using mul-
tiple texts. In L.B. Gambrell & J.F. Almasi (Eds.), *Lively discussions! Fostering en-
gaged reading.* Newark, DE: International Reading Association.

Heap, J. (1980). What counts as reading? Limits to certainty in assessment. *Curriculum In-
quiry, 10,* 265-292.

Heap, J. (1991). A situated perspective on what counts as reading. In C. Baker & A. Luke
(Eds), *Towards a critical sociology of reading pedagogy* (pp. 103-139). Philadelphia:
John Benjamins.

Kristeva, J. (1980). *Desire in language: A semiotic approach to literature and art.* (T.
Gora, A. Jardine, & L.S. Roudiez, trans.). New York: Columbia University Press.

Mahy, M. (1987, September). Joining the network. *Signal,* 151-160.

Rogoff, B. (1991). *Apprenticeship in thinking: Cognitive development in social context.*
New York: Oxford University Press.

Rogoff, B. (1994, April). *Developing understanding of the idea of communities of
learners.* Scribner Award address, American Educational Research Association, New
Orleans.

Vygotsky, L. (1978). *Mind in society: The development of higher psychological processes*
(M. Cole, S. Scribner, V. John-Steiner & E. Souderman Eds. and Trans.). Cambridge,
MA: Harvard University Press.

Wood, D., Bruner, J.S., & Ross, G. (1976). The role of tutoring in problem-solving. *Journal
of Child Psychology and Psychiatry, 17,* 89-100.

兒童文學參考書目

Blyton, E. (1939) *The enchanted wood.* London: Darrel Waters Ltd.

第十二章

用文學討論團體創造以回應為中心的課程

瑪莉艾倫・沃特

我們的老師來到教室，

他們不停的說不停的說，

他們的臉看起來像桃子一樣的紅，

我們卻不，

我們坐在那裡像玉米梗子一樣。

（Cazden, 1976, p.74）

　　這是美國西部一個印地安小孩描述她所看到的教室的一段辛辣文字。老師不停說話，孩子就坐在那裡，最常做的事就是回答問題。反觀維高斯基理論的核心，是社會互動能鼓勵並促進思考的主張（Vygotsky, 1978）。經過社會互動，學生發展語言，創造了一個可供未來互動和參與的結構。這些語言技巧，進一步被相信學生必須說的話就是值得聽的理念所擴充。在一個鼓勵學生說話的有效教室中，仔細的聆聽被當成是支持、引導和重視學生的想法（Wells, 1986）。本章將詳細描述老師如何

計畫並組織這樣的互動，鼓勵和期望孩子藉著有意義的討論對所讀所寫做回應。

背景

在傳統教室裡，互動是被規則所控制的，教室的文化、情況和參與者幫助決定了互動的型態。通常這種互動的規則由老師考慮說話者的義務和權利之後設定，參考架構則透過整年對學生參與的評估而發展出來（Cazden, 1986）。一開始的說話者是老師，談話的特性是發問，很多的互動是環繞著學生工作的正確性上面，因為學校通常被看成是一個工作的地方，而不是社會化的場地。這個教室氣氛「創造出來的是質問而非教學，是評估而非協助的老師」（Duffy, 1982, p.6）。老師每學年可能會問學生八萬個問題，但他們的學生每個人大約只會提平均十個問題（Watson & Young, 1986）。教室的互動如果被預先設定，通常就像是戲劇的腳本那樣，老師和學生只是輪流說話而已。

一個以回應為中心的教室

今天很多的小學和中學教室裡，都有一個朝向更互動、更合作和更多參與的轉變（Cooper, 1993; Short & Pierce, 1990; Villaume, Worden, Williams, Hopkins, & Rosenblatt, 1994）。學生以所讀到的連結寫作或討論的回應來建構意義，在讀者和文本之間的轉換結果就造成了意義的塑造（Rosenblatt, 1991）。這些回應雖然是個別和個人的，但在與別人分享後就會得到澄清、改變、強化和擴充，不同和近似性才是所要的結果而不是正確性（請看艾瑪西所寫的本書第一章；Macon, Buell, & Vogt, 1991; Routman, 1991; Vogt, 1991）。正如 Purves、Rogers 和 Soter（1990）所提到的，成為以回應為中心（response-centered）的教室，是因為下面的原因：

- 學生對回應所讀的東西感到很安全，而不用依賴他人的解讀。
- 當學生針對一個文本時，他們知道為何回應、帶什麼到文本中，以及作者對文本的貢獻是什麼。
- 學生會尊重其他人不同的回應。
- 學生會了解他們自己的回應與其他人回應的相似性。

當老師釋放對話的控制權給學生時，教室的互動會改變，就像下面這段轉錄文字的例子一樣：

> 莎　拉：在《克斯多伯爵》（*The Count of Monte Cristo*）的故事中，是什麼造成尤金要逃走呢？
>
> 喬　安：她將要嫁給班尼……這錯了嗎？我懷疑……
>
> 傑　夫：這不對的……我猜她想離開她的父母，我認為。
>
> 老　師：看一下突西亞，因為顯然她有這個問題的答案。突西亞似乎覺得不只這樣而已。
>
> 突西亞：是啊！
>
> 艾力克斯：等一等，我知道！班尼是個罪犯，所以你知道警察將要逮捕他，所以他覺得可恥。換句話說，尤金的家庭覺得可恥因為他們應該覺得這樣。嗯，嫁給伯爵嘛……這就是為什麼她逃走的原因……
>
> 老　師：你對這滿意嗎？
>
> 莎　拉：是，好吧，但我還是懷疑為何丹格拉夫人和都培在旅館秘密約會……
>
> 老　師：很有趣的想法，他們常在秘密的地方約會呢……
>
> 艾力克斯：好吧，他們是在約會，她帶給都培一封丹格拉先生留給她的信，他告訴她將離開城市……
>
> 卡　拉：不，我認為……
>
> （Vogt, 1988, p.88）

將對話的控制權交給學生的時候，老師會需要冒一些險，學生也需

要相當的練習才行，只叫學生去討論是不太可能會成功的。因為一個學生可能會獨白，另一個人則什麼都不說；有些人會讀這些材料，有人則不讀；有幾個人會疑惑這個主題，有些則會小心回應、預測意見或無動於衷的說「我不知道」。如何計畫、組織和修正文學討論團體，在以回應為中心的教室的成功上是非常重要的。

討論團體的計畫

雖然先前關於教室互動的描述是屬於年齡較大的學生，但討論團體幾乎可以用在所有的年級，關鍵是如何組織和修正（Cooper, 1993; Villaume et al., 1994）。開始之前，有三個問題必須考慮：(1)學生應發展出哪些社會技巧才能有效參與？(2)文本如何選擇？(3)團體應如何安排？

學生應發展出哪些社會技巧才能有效參與？

這要看學生的年齡而定，這問題可能需要也可能不需要大量思考。幼兒如果不曾花時間在討論中的話就需要示範、角色扮演和協助。年齡較大的學生可能從腦力激盪、學習怎樣才能有好的討論及參與者如何做好討論當中獲益。最可能的是，學生將會對人們必須彼此傾聽、輪流說話不干擾別人、充分準備，還有學習適當的反對等方面做回應。接在這種腦力激盪之後，這團體將完成一個「看起來像／聽起來像／感覺起來像」的圖表。從一個社會技巧開始，像是「聽」，學生腦力激盪一個討論團體運作良好的時候看起來像什麼樣子、聽起來像什麼樣子（請看表12-1）。另外的社會技巧，如先前所提到的，也同樣加以討論。有時候有必要讓幼兒角色扮演每一個適當的社會技巧，日後如果團體遇到困難時，貼在教室的圖表可做為一個提醒的標示。所有的老師都知道，合作的技巧並不是一夜之間就發展起來的，因此先前指導如何成為好的討論者是非常重要的。

表 12-1　「看起來像／聽起來像／感覺起來像」的表

社會技巧：聽

看起來像	聽起來像	感覺起來像
點頭	一個人在說話	我很重要
人們感興趣	一些忙碌的討論	我必須說的就是重要的
人們身體向前傾	問題和答案	我所想的有關係
有目光的接觸	適當的反對	我能幫別人了解事情
人們在輪流	人們在閱讀和學習	很好

文本如何選擇？

　　為討論團體選擇文本必須要有彈性，選擇可以包括各組同時使用不同的文學作品，或所有團體都使用同一個文本。事實上，也可能在一個團體內用好幾個文本做討論中心（請看古斯瑞和麥坎所寫的本書第七章；哈特曼和艾立森所寫的本書第八章）。文學的選擇必須要看團體討論的目的，學生身為討論者的興趣和能力，以及問題、陳述和將要討論的概念之特性而定。

全班都用一本書　如果全班是在討論一本由老師（出聲讀）或學生來讀（出聲或安靜的讀）的特定的書，應嘗試討論一些能促進團體預測，特別是相關的故事主題和事件。團體可能會合作、自己選擇，或依能力、領導、行為及參與等異質性的分組。討論的問題可以由老師或由全班腦力激盪來預先決定，團體成員的組合也許依故事的章節來輪流，或整個團體維持到讀完故事為止。要小心的是：太常輪流也許會影響團體的和諧，在一起太久又會造成團體疲乏。

自己選擇書　如果你想要將小團體討論融入主

☞ 團體成員的組合也許依故事的章節來輪流，或整個團體維持到讀完故事為止。☜

題教學的話，就可選擇一些與主題相關的圖書（請看古斯瑞和麥坎所寫的本書第七章，和哈特曼和艾立森所寫的本書第八章）。首先，你可以在一週開始時（或在主題開始時），將每一本書做一個圖書討論介紹給學生，然後讓學生簽下他們所選的書，先來的先選。如果只用一本書，閱讀和討論就可在團體內進行，做為團體成員出聲閱讀的時段，接下來再討論。如果是選擇多本書或故事時，閱讀活動就可在家進行、在班上做默讀活動或教室討論之前的同伴活動。對這種討論所提出的問題通常是一般性的，和主題概念有關。優點是團體之間輪流讀這些書的次數。

　　如果學生自己選擇書來默讀的話，討論也可能會很有幫助，一般性的問題，包含不同的類別、主題和概念，能讓學生比較和對照不同圖書的各方面。

團體應如何安排？

　　團體可能因大小和結構而不同，可依師生所要的結果而定，一般而言，三到五個成員的異質性團體效果良好。在較早的階段安排三個學生一起工作，也許是最容易的方式，再逐漸達成五人一組的目標。四人一組常會自行成對比較不理想。很多因素將會決定最好的團體安排的方式，像是學生的年齡和能力、文本材料的困難度或當天討論團體的特定目標等。

 管理討論團體

　　一旦你考慮過了這三個上述的問題，接著就必須決定你在討論活動中的角色（Villaume et al., 1994）。如果目的是減少老師說話、增加學生參與的話，你就可以更像一個促進者而非詢問者（請看威內克在本書第十四章的延伸討論）。逐漸的，當只要一些修正就能使團體運作時，你可能想像一個參與者加入團體。在這個角色中，試著去擴充學生的反應

而不是評估他們。一些意見像是「你如何得到這個想法？」或「我甚至不曾考慮過這種想法，你們有嗎？」比起一般的「很好的想法」能促進更批判性的思考。同時，把你自己放在所有意見都不是由你引導的團體中，當學生轉向尋求確認的意見時，你就可以促進他們之間的互動。某些情況下學生甚至有必要避開你的目光，才能跟其他人而不是跟你互相討論。

示範

同樣重要的一點是示範有效的討論技巧，像是聽、發問、回應、在文本中找例子和澄清。當學生開始相信你的參與更像一個參與者而不像一個評估者時，這種對話的流動就可能有極大的改變。

團體管理

另外一種能幫助增加學生參與的技巧就是指定團體成員的責任，適合於團體討論的角色包括了：記錄者、時間維持者、促進者、摘要者和評估者。每個學生都有一個特別的工作要做，而這些工作也要在團體之間輪流，學生會開始了解一個有效的團體要如何運作。但是在有些團體中，指定責任會惡化成像是「坎卓拉是個太霸道的促進者」或「丹尼爾並沒有摘要我們說的話」，因此老師必須小心練習角色的指定是否合適。

教練

當團體在專注活動、一起工作或分享想法上有困難時，你的角色就要回到「當老師」，但這還是要在討論的形式範圍內做才行。例如：在對話中只有一個人獨白時，你可讓團體回去看「看起來像／聽起來像」的圖表，以決定是否所有團體成員都有機會參與。如果團體愈來愈喧嘩

吵鬧，你可以讓他們去看「聽的圖表」以考慮這個團體是否「聽起來像」一個能有效討論事情的團體。很明顯的，這都要看團體成員的年齡和團體的特性而定。當學生變得更善於促進和參與時，他們的興趣會轉向防衛他們的立場和陳述他們的理念，其附帶好處就是會減少分心的行為。

Villaume 等人（1994）曾指出他們教導討論技巧，是首先讓學生認識一起讀的書中想要討論的主題想法或「種子」。當老師要促進每個種子的討論，在進入下一個活動之前，她會探索學生的想法。這個結構提供了必要的鷹架，逐漸的，學生產生的種子會取代很多老師產生的討論問題。

藉老師提出的問題來產生討論

這時很重要的是要注意，雖然討論對師生都是有趣的事情，也能促進塑造意義和信心，但是仍應引導學生進行更策略性的閱讀。因此，討論主題和問題的特性必須要能促進批判性和策略性的思考。Dole、Duffy、Roehler 和 Pearson（1991）認為策略性的讀者是要能夠對他們所讀的東西決定重要性、摘要、推論／預測和產生問題，並修正自己的理解。但想要將特別的問題或活動加到每一個讀者策略中其實是不太真實的，因為身為讀者，我們每次讀時就會把它們全部統整進去。但當你開始決定討論的問題和想法時，要記住這個特別的問題要能引導你的學生更策略性的思考。例如：要幼兒形容他們最喜歡的故事部分或角色的時候，你是在幫助他們決定重要性。同樣的，如果你要較大的孩子來討論假如時間地點改變了，這個故事可以如何變更，你就是在鼓勵一個有關場地的重要性的討論。如果要學生做有關一本章節書的下一步會發生什麼的團體預測，就能幫助進行推論和修正自己的理解。所有這些策略都可以藉著對討論問題的小心書寫來增強。因此，雖然應該讓學生有時間非正式的討論感興趣的主題，但大部分的討論，還是應有一個特別的目的才對（請看坎麥瑞斯、沙瑞爾和溫克爾在本書第六章有關學生發問的延伸討論）。

例如，下面問題（Baker, 1992）的焦點就在故事或書的結構和型態上，讓人特別注意故事的因素。對較小的孩子而言，這些問題是可以修正的（例如：你是否在故事最後感到驚訝？如果是，爲什麼？）。

- 這個故事的結束是你預期的嗎？作者是否爲你的預期準備好這樣的結束？如何做到？
- 如果我們爲這個故事想一個不同的結局，故事的其他部分應爲這個新結局做什麼改變？
- 假如故事的開始改變或刪除，作者應做什麼來開始這個故事？故事剩下來的部分會如何改變？
- 主角是什麼樣的人？他在故事過程中是否有改變？如何改變？什麼造成這種改變？
- 如果某些角色從故事中移開，故事會變成什麼樣子？
- 假設事件順序改變了呢？故事會怎麼發生？這會是個新故事或沒有故事了呢？
- 這故事發生在哪裡？如果發生在其他地方或不一樣的時間，故事會如何改變？
- 作者如何創造一個懸疑，讓你想要讀下去發現到底怎樣？
- 每個故事的作家創造一個想像的世界，並在其中放入一些角色，即使這個世界和你的世界非常不一樣（就像在幻覺當中），作者如何將他的故事創造得好像很有可能性和大概性呢？
- 什麼訊號或標誌顯示這故事是想像的而非真實？有趣的而不嚴肅呢？
- 這故事與其中的角色，和你讀過、聽過、看過的其他故事角色如何一樣？

📖 呈現討論的問題

　　有一種可以為當天的討論提出問題的方法就是寫在反應表上（response chart）（Copper, 1993）。問題寫在句子紙板上，然後放在口袋圖表裡，或附加在一個為此特別目的而用的海報版上。一般性的問題可留下再度使用，日後給學生做額外的練習。如果是故事特定的相關問題也可散布在一般問題中，要看你的目的和故事特性而定。重要的是一定要包含讓學生討論最喜歡部分的建議，或是與他們自己的生活連結（例如「這個故事跟你的生活有什麼關係？」）（Cooper, 1993, p.372）。用反應表給學生一個訊息，就是如果要做一個好的讀者和寫者，討論是一個重要的面向，因為那是一個很規律的語文課程的部分。反應表將這個過程正式化了。

　　另一個促進積極討論的方法，就是使用文學日誌（literature logs），在閱讀之中和討論之前來產生想法並組織學生的思考。將學生的寫作日誌帶到團體討論中，做為記憶細節和產生故事想法的媒介。在日誌中，學生會摘錄所讀故事或書的部分，注意到重要項目、要考慮的議題，或他們有的問題。先前提到的種子也可從文學日誌中產生（Villaume et al,. 1994）。當學生能進行更流暢的討論，並開始從老師產生的討論轉換到他們自己希望能思考和分享的觀點時，這個日誌就特別有價值。

　　有一個能提供大量討論刺激的活動是討論網（discussion web）（Whisler & Williams, 1990），創造一個討論網的步驟包括下列幾點：

1. 學生讀過一本選擇的書之後，就會和同伴討論「是或不是」的問題，這可由部分閱讀文本、部分通過個人經驗來回答。
2. 同伴必須提出證據支持「是」或「不是」的立場（請看表 12-2）。只要是由文本的訊息或個人經驗所支持的意見都是好的。
3. 同伴加入討論團體的其他成員並分享他們的回應，他們一起達到對優缺點的一致性共識，然後再和全班分享，接著可寫下爭議或

辯論。

　　討論網可用在各種年齡層的學生身上，幼兒可以討論Shaw書中的綿羊是否可以成為一個好寵物（《羊開吉普車》（*Sheep in a Jeep*, 1986）、《羊在船上》（*Sheep on a Ship*, 1989）、《羊在店裡》（*Sheep in a Shop*, 1991）、《羊出去吃東西》（*Sheep Out to Eat*, 1992），或者不同的孩子是否能成為好朋友（請看 Fleming 的《要對艾迪客氣》（*Be good to Eddie Lee*, 1993）））。較大的孩子則可以辯論目前一些事件議題的優點、政治問題或過去所做的決定（例如「給他所需要的訊息，科斯特將軍會準備好攻擊嗎？」）。這種討論網用在敘述性或說明性的文本中一樣好。

表 12-2　討論網

是		不是
牠們很柔軟可以靠	羊是很好的寵物嗎？	牠們太大了
牠們很有趣		牠們吃太多
牠們很可愛		牠們很髒
牠們大小跟我一樣		牠們太吵了
牠們很容易抱		牠們很臭

討論的結論

　　當學生完成他們的討論，一般在十到二十分鐘後，他們會從摘要所討論的最重要觀點中的一、兩個句子裡獲得益處，然後拿來與全班分享，這樣並不會增加更多討論的後續活動。如果討論已是很成功又有建設性的話，也無此必要，否則反而會壓制學生喜歡的經驗。如果對特定的故事或圖書很感興趣的話，學生可能想進一步去回應，但這應保留到最低

的程度。

　　讓學生評估他們的團體參與和合作也許是一個有助益的事情，有些老師讓學生完成一個文學團體評估，在其中他們可以決定自己在輪流、聽和分享上做得怎麼樣。這可以是非正式的討論，也可以更正式，像是用檢核表或評量表讓學生完成和簽名（見表 12-3）。

表 12-3　文學討論團體的評量

團體成員名字：＿＿＿＿＿＿＿＿＿＿＿＿＿＿＿＿＿＿＿＿
日期：＿＿＿＿討論的故事／書名：＿＿＿＿＿＿＿＿＿＿＿＿＿
1. 每個團體成員的參與：＿＿＿＿大約適當＿＿＿＿太多＿＿＿＿太少
2. 我們的團體所討論的最好的主題是：＿＿＿＿＿＿＿＿＿＿＿＿＿
3. 我們對我們的書／故事的一個問題是：＿＿＿＿＿＿＿＿＿＿＿＿
4. 我們的團體所用的特別好的討論和合作技巧包括了：＿＿＿＿＿＿
5. 我們的團體所用的討論和合作技巧需要改進的地方包括了：＿＿＿
6. 整體而言，我們評估今天的團體討論是：
　　非常好＿＿＿＿很好＿＿＿＿尚可＿＿＿＿不太好＿＿＿＿

（改編自 Linda Hoyt, 1993）

結論

　　文學討論團體應被統整到以文學為基礎的語文課程中，不論老師是認同全語言取向或傾向技巧為主的課程。對那些逐漸融入全語言觀點想對教學做改變的老師而言，文學討論團體能提供一個除了讀本故事之外使用故事書的焦點。但需要提到的一個重點是，並非每個討論都是有建設性的，也不是所有學生都會立刻擁抱討論當做他們喜歡的過程型態。因此，重要的是用討論團體做為回應活動的一種型態，其他當

☞ 文學討論團體能提供一個除了讀本故事之外使用故事書的焦點。☚

然還包括了日誌寫作、方案、藝術音樂的延伸，和其他跨課程的連結。

　　不管回應如何，我們必須記得少質問、多分享。把團體討論當做是一個彈性工具，你可以選擇一個鬆散的組織型態，或有特別指導的結構性的型態。不管是哪種方法，在討論中記住下面幾點：(1)問愈少已知答案的問題愈好；(2)活化並運用學生的先前經驗；(3)對學生的陳述做開放的回應；(4)建立在先前的意見上來連結學生的對話；(5)提供一個沒有威脅的氛圍，有助於思考與想法的自由交換（Goldenberg, 1993）。

　　文學討論團體應該是有樂趣、建設性、令人滿意、策略導向和激發思考的活動；討論的內容帶來洞察力，這是無法從作業簿或練習本中產生的。當我們聽學生有關世界如何運作的想法時，我們必須對他們誠實、思考周密和小心的回應。因此我們歸還學生回答、批判、調查和疑惑的權力。與其坐著像根「安靜的玉米梗子」，不如讓學生學會表達自己、支持觀點、倡導立場和護衛理念。當這些發生時，我們就是建立了一個師生共同控制對話、以回應為中心的課程。

參考書目

Almasi, J.F. (1996). A new view of discussion. In L.B. Gambrell & J.F. Almasi (Eds.), *Lively discussions! Fostering engaged reading.* Newark, DE: International Reading Association.

Baker, C. (1992). *Literature discussion groups: Exploring meanings within a supportive social context.* Paper presented at the Houghton Mifflin Language Arts Conference, University of Notre Dame, South Bend, IN.

Cazden, C. (1976). How knowledge about language helps the classroom teacher-or does it? A personal account. *The Urban Review, 9,* 74-91.

Cazden, C. (1986). Classroom discourse. In M.C. Wittrock (Ed.), *Handbook of research on teaching* (3rd edition, pp. 432-463). New York: Macmillan.

Commeyras, M., Sherrill, K., & Wuenker, K. (1996). Trusting students' questions about literature: Stories across contexts. In L.B. Gambrell & J.F. Almasi (Eds.), *Lively discussions! Fostering engaged reading.* Newark, DE: International Reading Association.

Cooper, J.D. (1993). *Literacy: Helping children construct meaning.* Boston, MA: Houghton Mifflin.

Duffy, G. (1982). *Turn-taking to sense-making: Classroom factors and improved reading achievement.* Paper presented at the Meeting of the Reading Symposium on Factors

Related to Reading Performance, Milwaukee, WI.

Dole, J., Duffy, G., Roehler, L., & Pearson, P.D. (1991). Moving from the old to the new: Research on reading comprehension instruction. *Review of Educational Research, 61* (2), 239-264.

Goldenberg, C. (1993). Instructional conversations: Promoting comprehension through discussion. *The Reading Teacher, 46*(4), 316-326.

Guthrie, J.T, & McCann, A.D. (1996). Idea circles: Peer collaborations for conceptual learning. In L.B. Gambrell & J.F. Almasi (Eds.), *Lively discussions! Fostering engaged reading.* Newark, DE: International Reading Association.

Hartman, D.K., & Allison, J. (1996). Promoting inquiry-oriented discussions using multiple texts. In L.B. Gambrell & J.F. Almasi (Eds.), *Lively discussions! Fostering engaged reading.* Newark, DE: International Reading Association.

Hoyt, L. (1993). Literature group assessment self-evaluation. *Northwest Reading Journal.* Oregon Reading Association and Washington Organization for Reading Development.

Macon, J., Buell, D., & Vogt, M.E. (1991). *Responses to literature: Grades K-8.* Newark, DE: International Reading Association.

Purves, A., Rogers, T., & Soter, A. (1990). *How porcupines make love II: Teaching a response-centered literature curriculum.* White Plains, NY: Longman.

Rosenblatt, L. (1991). Literary theory. In J. Flood, J. Jensen, D. Lapp, & J. Squire (Eds.), *Handbook of research on teaching the English language arts.* New York: Macmillan.

Routman, R. (1991). *Invitations: Changing as teachers and learners, K-12.* Portsmouth, NH: Heinemann.

Short, K.G., & Pierce, M.P. (1990). *Talking about books: Creating literate communities.* Portsmouth, NH:Heinemann.

Villaume, S., Worden, T., Williams, S., Hopkins, L., & Rosenblatt, C. (1994). Five teachers in search of a discussion. *The Reading Teacher, 47*(6), 480-487.

Vogt, M.E. (1988). *Student-to-teacher interaction: A look at two classrooms.* Unpublished prequalifying paper, School of Education, University of California, Berkeley.

Vogt, M.E. (1991). An observation guide for supervisors and administrators: Moving toward integrated reading/language arts instruction. *The Reading Teacher, 45*(3), 206-211.

Vygotsky, L. (1978). *Mind in society.* Cambridge, MA: Harvard University Press.

Watson, K., & Young, B. (1986). Discourse for learning in the classroom. *Language Arts, 63*(2), 126-133.

Wells, G. (1986). *The meaning makers: Children learning language and using language to learn.* Portsmouth, NH: Heinemann.

Whisler, N., & Williams, J. (1990). *Literature and cooperative learning: Pathway to liter-*

acy. Sacramento, CA: Literature Co-Op.

Wiencek, B.J. (1996). Planning, initiating, and sustaining literature discussion groups: The teacher's role. In L.B. Gambrell & J.F. Almasi (Eds.), *Lively Discussions! Fostering Engaged Reading.* Newark, DE: International Reading Association.

兒童文學參考書目

Dumas, A. (1988). *Count of Monte Cristo.* New York: Dutton.

Fleming, V. (1993). *Be good to Eddie Lee.* New York: Philomel.

Shaw, N. (1986). *Sheep in a jeep.* Boston, MA: Houghton Mifflin.

Shaw, N (1989). *Sheep on a ship.* Boston, MA: Houghton Mifflin.

Shaw, N. (1991). *Sheep in a shop.* Boston, MA: Houghton Mifflin.

Shaw, N. (1992). *Sheep out to eat.* Boston, MA: Houghton Mifflin.

鮮活的討論！——培養專注的閱讀

第十三章

以回應為中心的說話：
學生思考的窗口

李耶・麥基

在波士頓的一個小學教室中，安老師讀了《母雞蘿絲去散步》（*Rosie's Walk*）（Hutchins, 1968）（上誼）的故事給一年級的小朋友聽，然後她在教室的圖書討論中心（由地毯和懸掛的螢幕隔開的一個小空間）集合了一群小朋友，其他學生則在教室其他的角落中忙著完成他們的活動。安老師用問下面的問題開始了與孩子的對話：「誰對母雞蘿絲去散步有話要說呢？」

卡羅斯：我喜歡當牠被叮的時候，牠跑開了，所有的蜜蜂都跑出來。我也喜歡另外在麥草堆上的部分，很有趣，會有一堆麥草掉到你身上。

以色瑞：我喜歡狐狸一直追，可是都追不到母雞的部分。

老　師：我奇怪牠為什麼永遠追不到母雞？

以色瑞：因為她，她可以通過而狐狸卻不能。

卡羅斯：狐狸會跌倒。

老　　師：所以母雞可以做狐狸不能做的事，而且狐狸一直在跌倒。

馬瑞提斯：嗯……我喜歡牠掉在草堆上。這隻牛的表情很有趣。

莎麥爾：我喜歡……嗯，當麵粉都倒在牠身上的時候。

塔基亞：我喜歡牠一直跌倒，還有她及時離開回家吃飯，牠永遠
　　　　　沒辦法抓到她，因為她很小，可以鑽過很多東西。

老　　師：我也喜歡這隻母雞一直逃離危險。

塔基亞：因為她，嗯，因為她，[他]不需要去吃動物。

班傑明：我喜歡她剛好跑過蜂窩的部分。

老　　師：保羅，你呢？

保　　羅：我喜歡狐狸被耙子打到的時候。

老　　師：吉米，你呢？

吉　　米：我喜歡牠沒辦法抓到，嗯，母雞。

　　老師長久以來都認同說話在學習閱讀中的價值，孩子在閱讀之前會
說他們所知道的事情，並且在閱讀之後回答問題。他們討論角色、事件、
故事主題、主要想法，以及在訊息性圖書中支持的細節。說話提供學生
表達想法的機會，也讓老師評估學生的理解力。但是，好的談話不只是
提供論壇讓學生表達所知而已，還能留出空間讓孩子學習——一個去發
展和使用分析與問題解決能力的機會。藉著說話，孩子可將思考和解讀
文學做得更好。

　　但是，並不是所有的教室說話都有助於發展思考和解讀，事實上，
就如艾瑪西在本書第一章所描述的那樣，很多教室討論的目的只是陳述
而已，在陳述的課程中，老師期望學生記住他們被教導的訊息和事實，
以顯示他們對材料或程序的熟悉。這樣的討論對很多教育的目的是有效
的，像是示範如何在地圖上找到城市和區分城市之間的距離（Cazden,
1988）。這個工作的完成和訊息的學習是很技巧的透過老師發問和對學
生表現的反應來進行的。

　　但是，了解了艾瑪西所形容的討論的觀點，本章所討論的說話類型
卻不同於陳述型說話。目的不是去記住已知的訊息，而是在發現或建

構對於文學的新了解。我稱這種說話是「以回應爲中心的說話」（response-centered talk），我會在本章說明使用以回應爲中心的說話的原理、討論這種說話的特性，最後提出支持在教室使用這種回應性說話的建議。

爲什麼需要以回應爲中心的說話？

這幾年來，從讀者反應批判領域的理論已經開始影響閱讀的實作。根據 Rosenblatt（1978）的說法，讀者用文本建構文學的意義只是一個藍圖而已。文學作品充滿了作者所留下，讓讀者提供批判性訊息的許多鴻溝或區域（Iser, 1978）。當爲了審美的目的閱讀時，讀者會用他們在閱讀時腦中所有獨特的想像、印象、感覺和反應來填補這個空間。這種短暫而流逝的想像、感覺、印象和思考，連同他們的觀點反應，形成了讀者對文學作品獨特和個人的了解。這也成爲解讀文學作品的基礎。解讀包含了對特別的想像、思考、感覺、印象或反應所做的顯著的假設，以便超越文字層面去了解完整的文學作品。

在前面安老師和學生的對話當中，提供了解釋「填溝」（gap-filling）和解讀的特性的一個例子。在《母雞蘿絲去散步》的故事中，文本只是描述了這個母雞蘿絲的活動，就是她繞著穀倉走，最後及時回到家吃晚餐。插圖則描寫了狐狸的行動，牠跟蹤蘿絲並且持續遇到麻煩。在老師和學生有關這個故事的對話中、他們是用插圖做爲建構故事了解的引導。但是他們也討論一些既不在插畫中、文本也未提供的訊息。以色瑞就認爲狐狸是想抓到母雞（很明顯的在插圖中顯示出來），而卡羅斯則提出一個狐狸爲什麼如此倒楣的理由（牠一直跌倒）。馬瑞迪斯延伸了他的分析，認爲爲什麼母雞總可以逃開危險（因爲她很小而且可以鑽過東西）。塔基亞做了一個有關狐狸的動機的判斷（她不需要去吃動物）。這些有關狐狸意圖的暗示，和狐狸爲什麼永遠捉不到母雞的原因假設，都是填溝的活動。這種填溝的推論對孩子以後對故事的解讀是非常重要的，就如同下一部分的對話所顯示的那樣。老師由插入一個問題來開始

這個部分的對話：

老　師：你認為蘿絲知道狐狸在她身後嗎？

一些孩子：不，不知道。

老　師：理查，你認為呢？

理　查：我認為她不知道。

老　師：為什麼？

理　查：因為她不曾轉頭啊！

老　師：你覺得呢，班傑明？

班傑明：她從來沒有向後面看。

老　師：她只是向前看。

吉　米：因為她可能聽到了，聽到牠了。這對她來說似乎太快了。

老　師：很好的想法，塔基亞呢？

塔基亞：我認為她沒有，因為她並沒有四面在看，但是，嗯，她，我認為她不知道因為她沒有向後看。但是她雖然不知道有東西跟在後面，狐狸至少也沒有捉到她。她能及時回到家裡。

理　查：她的眼睛一直都是這個樣子（用手指）。

在這個對話的點上，孩子是在探究一個解讀，就是母雞蘿絲是個無辜、天真、可能受害的、一直在一個可能被狐狸捉到的持續危險當中，卻從來沒有知覺到這個危險。這個狐狸似乎非常笨拙（牠一直跌倒），因為牠沒有辦法捉到這隻看起來很天真的母雞。孩子用插圖中的訊息來支持他們的解讀，認為母雞從來不知道這隻狐狸和牠的意圖（像「她的眼睛一直都是這個樣子」）。重要的是，他們似乎全體一致都同意這樣的解讀。

Fish（1980）認為對文學作品的團體討論是建立解讀非常重要的一點，依據 Fish 的說法，解讀是一個團體的讀者一起諮商和共同同意的顯著了解。換句話說，雖然個別的讀者也能建構他們自己對文學作品的解

讀，但在團體內解讀作品卻是更有力的。在一個團體當中，讀者分享他們自己的了解和顯著的洞見，且必須去說服別人他們洞見的價值。這種諮商的型態包含了想法的交換，其中讀者表現出對他們立場的支持，並考慮其他人所持相對立場的爭議。這樣的活動反應了問題解決和分析，並產生了不是一個讀者可以單獨建構的文學發現。

☞ 在一個團體當中，讀者分享他們自己的了解和顯著的洞見，且必須去說服別人他們洞見的價值。☜

　　安老師和她學生之間接下來的對話，顯示了對文學作品一般的、分享的解讀的商議過程。在這個對話的部分，莎麥爾卻說出了一個不同於這個團體剛接受的另外的解讀：

莎麥爾：我認為她知道。

老　師：你為什麼認為她知道？

莎麥爾：因為，因為如果她不知道的話，她根本就不會四處看，找東西。我認為當她開始準備好出來走路時，就知道了。

老　師：哦。

卡羅斯：也許她有個偵探，也許頭上的毛就是（指指頭上）。

老　師：這是一種想法。

以色瑞：我喜歡牠生病，因為牠是狐狸。我想我知道為什麼母雞，母雞認為狐狸不在她的後面。

老　師：為什麼？

以色瑞：因為狐狸想要捉到母雞，而她走不同的路。

老　師：所以你認為她是故意這樣的？

以色瑞：是啊。

老　師：班傑明，你有什麼要說的嗎？

班傑明：牠可能很快看了她的後面一下，她做所有那些事情都是巧合，我是說故意的。

老　師：蒂芬妮，繼續說。

蒂芬妮：她可能，可能聽到蜜蜂在叮狐狸時的聲音。

在這個對話的部分，孩子們探索一個另類的解讀——母雞知道狐狸一直在跟蹤她，而故意引導牠到會遇到麻煩的地方。他們記得的是插畫中母雞似乎從來沒有四處看，但是莎麥爾卻推論母雞可能故意找一些路來走，甚至在開始走之前就知道狐狸會跟著她。卡羅斯同意這樣的解讀，並提供文本的證據，說明母雞看到狐狸，即使在插畫中她的眼睛是向前看的——他認為她的冠可能是個偵探的工具。蒂芬妮提供另外的想法，認為母雞並未回頭看——但卻會聽到蜜蜂叮狐狸時的騷動不安。這是依據她的一般知識，蜜蜂會製造噪音，特別是在成群飛的時候，就如插畫中那樣。雖然對話在這一點上倉卒地結束了，這個團體也沒有機會將這兩個解讀一起對照，他們卻清楚探索了這故事兩個另類的解讀。從對話中似乎也明顯的看到，孩子在此書的對話之前，並沒有清楚的考慮這些解讀。

🌿 什麼是以回應為中心的說話？

介於安老師和她的一年級學生的討論是一個以回應為中心的說話的例子，首先這種討論看來似乎並沒有什麼建設性，孩子記得大部分故事插圖所呈現的文學事實（請看本章開始的對話）。他們形容這個狐狸被叮了、跌倒在麥草堆上、麵粉也全部倒在牠頭上。但是這樣的對話卻不同於傳統的陳述。老師並沒有去問為了引起討論的主題的問題（雖然她的確是介紹了一個主題來討論，就是狐狸為什麼總是無法追到母雞），她也沒有評估孩子的回應正確與否。相反的，老師是以一種開放性的邀請開始，提出意見和貢獻她自己的想法，顯示她的意見（「我也喜歡這隻母雞一直能夠逃開」）。她同時要求幾個安靜的孩子加入討論，在這個例子中討論的聲調，比較像是一個很好的晚餐對話，而不是老師執行一個「溫和的詢問」的討論（Atwell, 1987; Eeds & Wells, 1989）。

一個以回應爲中心的說話的重要里程碑就是由孩子決定討論的議程；他們的意見啓動討論的主題。孩子的意見從他們對書的獨特個人回應中產生——因此稱爲「以回應爲中心的說話」。與其一開始讓孩子記住主角和故事事件的順序（就如許多傳統有關故事的陳述課程那樣），以回應爲中心的說話是漫遊於故事中，受學生對個人相關事件和回應的注意所引導。

本章一開始所呈現的對話中，孩子記得一些故事中的事件（「我喜歡牠被叮的時候，牠跑走了，所有的蜜蜂都跑出來」）。但是老師卻不想讓每個孩子記得故事中每個事件的準確順序，對話的聲調也說明了師生雙方假設每個人都了解事件的順序。他們似乎分享了他們共同認爲這個古怪滑稽的狐狸造成的樂趣，這也描繪了第二個以回應爲中心說話的里程碑——建立對一本書分享的、一般的了解。

老師如何讓學生參與以回應爲中心的說話？

當老師想要進行以回應爲中心的說話的討論時，有四個重要面向需要考慮：

- 以回應爲中心的說話始於老師小心的計畫。
- 以回應爲中心的說話是在與孩子思考周密的互動中進行；因此引導說話的禮貌也是很重要的。
- 以回應爲中心的說話是由學生對個人回應活動的選擇所延伸。
- 以回應爲中心的說話包含了評估學生對文學的反應。

計畫以回應爲中心的說話

有關圖書的好的對話是從值得深度思考的故事開始，它們具有多層次的意義，有許多「溝」讓讀者去填滿，也讓師生都喜歡。《母雞蘿絲

去散步》就是具有這些特色的好例子。表面上這是一隻母雞和想要捉到她的一隻狐狸的故事，但是在表面之下，讀者必須自己決定，母雞到底是否只因為狐狸的愚昧而幸運逃脫，或她的確是狡猾的，能在實際享受每日的散步之餘還嘲弄狐狸呢？因為這個議題在書中尚未解決，師生就能平等的討論哪一種解讀較具優點。

我發現充滿討論潛能的另一本書是《老包，你好》（Hey, Al）（Yo-rinks, 1986）（遠流）。這個故事中的老包是個工友，和他的狗艾迪有一天被一隻突然出現的鳥邀請去一個豪華的熱帶島嶼上。在這個島上，老包和艾迪過著無憂無慮的生活，直到他們快要變成鳥。他們用新長出來的翅膀逃離這個島，但在飛行時艾迪似乎掉到海裡淹死了，後來他很安全的回到家。我和一起分享故事的一年級小朋友開始思索，為什麼這個土地會在天空？為何鳥要帶老包和艾迪到島上？以及老包和艾迪變成鳥、又變回人的過程，還有在島上的這些鳥是誰？學生在較深的層次上探索一些可能的主題，像是人生最好的事情都是在家裡發現的，和最好不要期望超過你所能擁有的東西等。

選擇一本好書和小心閱讀同樣重要，這說明了可能的解讀。換句話說，一本好書為以回應為中心的說話提供解讀作品的機會。當老師以這種潛能來讀書時，他們開始做自己暫時性的解讀。這個工作的目的不是辨認文學作品的正確解讀，而是讓老師知道在談論書時可能提供的一些解讀方向。

老師小心讀一本書，思考他們自己的反應，及這些回應可能的重要性，這會形成對這本書暫時性的解讀。例如：當我第一次讀到《痛苦與偉大》（The Pain and the Great One）（Blume, 1974）時，我很驚訝這兩個主角非常孩子氣的自我中心觀點，作者藉著讓角色參與同一活動、說同樣的話卻表示兩件不同的事，來強調觀點的重要性。我了解到我採取的是一個和班上不同的觀點，這個觀點讓我被孩子喜歡，所以我開始去形成暫時性的解讀，其中沒有一個孩子的觀點能說明完全的面貌。當然，孩子可能有、也可能沒有發現我的解讀，但它提供我一個工作的空間，如果這個班級沒有產生能導致他們進入解讀活動的回應的話。

有一種鼓勵解讀作品特別有用的方法，就是準備一個解讀性的問題（interpretive question），可以用，也可以不用在以回應為中心的說話中。解讀性的問題是將注意力集中在我的一個或更多的解讀上的問題。安老師的有關《母雞蘿絲去散步》的問題（你認為蘿絲知道狐狸在她的後面嗎？）是個解讀性問題的好例子，它將孩子的注意力轉移到對這些知識和兩個角色的意圖進行推論。當我討論《老包，你好》這本書時，我常用的一個解讀性問題就是「老包在這個島上學到了什麼？」，這個問題是將注意力集中在老包停留在島上的重要結果上。我發現對《痛苦與偉大》這本書而言，「父母最喜歡誰？」會是一個豐富的解讀性的問題，因為它可以導致觀點的討論。

　　最後，老師也需要建立一些規則和例行公事來進行以回應為中心的說話。在低年級最有建設性的說話，通常是針對一本書的出聲閱讀的反應（有討論潛能的圖畫書，對很多一、二年級的讀者而言通常太難了），而且是發生在小團體中。但是，大部分的老師為全班出聲閱讀故事，會發現很難將小團體對話再放入每天已經很緊湊的作息當中。有一個解決的方法就是出聲閱讀給全班聽，然後每天只和一個小組進行對這本書的以回應為中心的說話；如此經過一星期之後，所有孩子就有機會參與活動。這個團體的組合可以每週改變，這樣一年以後，孩子就有無數個和班上每個人對話的機會。我發現將不同語言和認知能力的孩子混合時，能夠支持豐富的對話。安老師班上有幾個英語是他們第二語的孩子，但他們能夠也願意加入對話，他們知道安老師會注意的是他們貢獻的內容，而不是他們英語的型態。

　　簡單的規則會讓對話進行得更順暢，像是期望每個孩子至少做一個貢獻，而且沒有一個孩子可以主宰對話。很多老師會在開始小組回應活動之前，和全班一起討論規則（請看本書威內克所著第十四章的延伸討論）。

☞ 在低年級最有建設性的說話，通常是針對一本書的出聲閱讀的反應，而且是發生在小團體中。☚

引導以回應為中心的說話

　　一個好的以回應為中心的說話，來自學生的願意參與，和老師技巧的將學生中心與老師引導的組合。學生必須願意說出他們對聽到（或讀到）的故事內容的思考，他們需要知道自己的回應會被接受，不會被嘲笑或責備。

　　老師必須願意接受這種開放對話中的典型反應型態。安老師願意讓所有學生分享有關他們最喜歡的故事書的部分，即使有些反應似乎是支離破碎、有點含糊或常重複的。

　　這種退後並保持安靜的角色，在學習引導以回應為中心的說話中有時是最難的部分；老師常說他們必須咬住舌頭，不要在每個孩子說話之後都回應，即使連說「是的，嗯」或重複孩子的回答（通常表現在標準的措辭中）都不要。但是，老師需要退後讓孩子彼此說話，並讓他們自己學習管理輪流的工作。安老師的學生開始在學習管理他們自己兒童中心的對話。他們很成功的討論有興趣的主題，有時會輪流發言，不需要老師的干預。

　　但是，老師有時候也必須進入對話中提供引導，像幫助害羞的孩子做反應就是一例，鼓勵孩子解釋或擴充他們的反應是另一例。當安老師感到有一些孩子被遺忘時，就要確定他們在對話中有輪到的機會。當她感覺孩子有更多話要說，或可以讓他們的想法更明確呈現時，她就只是問「為什麼？」

☞ 老師需要退後讓孩子彼此說話，並讓他們自己學習管理輪流的工作。☜

　　有兩個讓老師參與對話的更實質的理由，就是讓孩子能明確表達思考和提高說話的層次。以回應為中心的說話的真正目的，是用孩子的反應或想法做一個分析和問題解決的藍圖，以導致新的發現和了解。當他們有爭論時，孩子常會掩蓋了這些對支持他們立場很重要的事實；或者，學生可能掙扎著將思考組成文句，這讓

其他孩子很難追隨他們分析的路線。這樣的情形下，老師會介入說明重要的想法或更一致的重述立場，來重述學生的辯論。當以色瑞說出「她走不同的散步路線」時，安老師用更明確的說法重述這母雞是故意引導狐狸走到可能會遇到麻煩的路上，她說：「所以你認為她是故意這樣做的嗎？」

另外一個老師參與對話來提供引導的時間，是當對話似乎窄化到「我最喜歡的部分是什麼」的層面時。這個情況下，老師可能會以一個解讀性的問題介入。安老師等到每個孩子至少都有一個機會說明個人感興趣的事件和想法之後，才提出解讀性的問題。其他老師則聲稱他們有時也不需要用問題，學生常會提出他們自己的問題或做陳述，這能導致探索另類的解讀。

延伸以回應爲中心的說話

好的圖書談話的標誌，是事後孩子們還會渴望自己去讀故事，或在參與其他活動時會自動討論書的內容。老師也許想藉著提供進一步探討圖書的機會，來強化這種興趣；有時學生也會想參與額外的故事討論，第二和第三次再討論同一本書，常會產生特別豐富的圖書討論（Short, 1993）。在第一次討論之後，孩子會腦力激盪一些想法，在第二次對話中再討論。較大的孩子可將想法寫成一系列，或由老師準備一個單子（老師也應對未來的討論貢獻想法）。可以鼓勵孩子選擇有興趣的回應性活動，像是他們可能想要演出故事、重述故事給班上同學聽，或聽這故事的錄音帶等。圖 13-1 列出一頁一年級小朋友的回應日誌。在他們小組有關《母雞蘿絲去散步》的討論中，他和同班同學討論狐狸是否有陰謀而害到自己，或者是蘿絲的陰謀害了狐狸。他的回應日誌反應了他對討論的解讀。

我喜歡當牠被自己的陷阱破壞的時候，在牠自己的陷阱中的就是這隻狐狸

圖 13-1　母雞蘿絲去散步

評估以回應為中心的說話

以回應為中心的說話提供了有關學生的文學思考和老師支持和延伸這些思考的技巧的一扇窗口，錄音帶記錄和轉錄故事對話提供兩個活動

所需的資料。在老師忙碌的時間表下，偶爾的說話錄音是有益的，轉錄謄寫所花的時間也因為個別孩子對文學的反應，以及老師成功的出入對話所提供資料的洞見而變得值得。

安老師和學生的對話是一個圖書討論的例子，其中有著師生雙方的豐富訊息。十個學生參與對話，共輪流四十五次，其中一個例子是以色瑞的對話。他的貢獻在於做了一個對故事事件的摘要，顯示他不只記得故事中的單獨事件，同時也會加以綜合概化：

「我喜歡狐狸一直追，可是都追不到母雞的部分。」
「因為她，她可以通過，而狐狸卻不能。」

後來以色瑞也推論出一個造成故事事件順序的成因（母雞可以通過這些障礙，狐狸卻沒有辦法）。他藉著分析母雞故意引導狐狸去碰上這些障礙，而她也知道狐狸是在她身後的觀點來解讀這個故事。接下來引句中以色瑞做了一個不正確的陳述（或至少用了一個不正確的形容），就是狐狸是生病的（插圖顯示狐狸是受傷而不是生病），但清楚顯示狐狸是一個自食其果的惡棍：

「我喜歡牠生病，因為牠是隻狐狸，我想我知道為什麼母雞、
母雞認為狐狸不在她的後面。」
「因為狐狸想要捉到母雞，而她走不同的路徑。」
「是啊（她這樣做是故意的）」

以色瑞的回應顯示一個高程度的故事參與，超越字面的了解，並擷取一般知識做為分析證據的能力。他同時也跟上對話的線，回答老師暗示的問題（「我奇怪為什麼牠永遠追不到這隻母雞」），並認同和延伸其他學生回答的反應。

我們也可以檢驗安老師對這個對話的貢獻，她是個實習老師，正在練習以回應為中心的說話做為實習經驗的一部分。她評估自己的技巧如

下：

> 能看到這個對話的轉錄抄本和我的記憶對照是件有趣的事，當時看起來學生並沒有說太多重要的事，我也非常擔心他們的常規。當我非常想要強調一個重點時，有些孩子卻不願意回答，也有些在那邊跳來跳去，我覺得這個對話像一個大球滾下山坡，我所能做的就是跟著滾下去。

安老師聽到錄音帶中自己的表現的初期反應，很像其他老師第一次嘗試一個新策略一樣。他們發現很難集中精神在孩子說些什麼上面，同時又要進行對話。但是，安老師在轉錄的抄本中發現很多很喜歡的部分：

> 我以為我比事實上說得更多，很高興看到我說的話比對話中一半的輪流次數還要少。我真的沒有去啟動新的主題，除了一次我提供為何狐狸沒有捉到母雞的意見，和回答解讀性的問題。我的確讓一些孩子擴充了他們的答案。

可是，安老師也注意到有些問題是她希望能改進的：

> 我需要努力減慢速度，並且真的注意到孩子的意思是什麼，有幾個地方孩子真的有一些很好的想法，但在當時我沒有捉住這些想法。例如當莎麥爾第一次提到一個想法，認為蘿絲事實上是在引導狐狸到處走的時候，我並不知道她在說什麼。我當時應該請她澄清一下答案，但是以色瑞接著話題談論。最糟的是在對話的最後，當班傑明說蘿絲是很快偷看後面一下，蒂芬妮也認為蘿絲應該會聽到發生在狐狸身上的事情。這些都是很好的想法，卻因為我要匆忙趕著結束對話去寫反省日誌而失去了。我應該摘要這些論點，再回到那些認為蘿絲不知道的孩子的想法上去。

就像大部分的實習老師一樣，安老師需要時間去發展聽學生談論文學的技巧。當她變得對文學有更多知識和更多經驗去引導回應性為中心的說話時，將會自然停下來強調由孩子提出的有洞見的觀點，並介入更多她自己的聲音。在這樣的對話中，安老師急切的想讓所有的孩子都有機會說話，而她也不去指導這樣的對話。她很成功的達到這個目的，但是，有些時候老師也應該能夠提出他們自己對以回應為中心的說話的反應。例如：沒有一個孩子提到他們的生活經驗，或其他故事與《母雞蘿絲去散步》有關的地方。安老師也許可以提到「跑路人」（*Roadrunner*）卡通，或一個自己被跟蹤的可怕的相關經驗。她也許會在閱讀時分享個人的想法，例如：她會說她知道狐狸永遠不會捉到母雞，即使到故事結束，或她期望母雞會把狐狸引到一個陷阱中，讓農夫捉到牠。

結論

以回應為中心的說話包含的是孩子的反應和思考，以及老師的反應和引導的總合。這是從對故事明顯事件的隨機而試驗性的分享，轉移到探討故事的深層意義，這使讀寫的解讀從孩子的推論和問題解決中產生。通過以回應為中心的說話，孩子建立了對文學作品分享的、豐富的解讀，也練習了文學思考的新策略。

參考書目

Almasi, J.F. (1996). A new view of discussion. In L.B. Gambrell & J.F. Almasi (Eds.), *Lively discussions! Fostering engaged reading.* Newark, DE: International Reading Association.

Atwell, N. (1987). *In the middle: Writing, reading, and learning with adolescents.* Portsmouth, NH: Heinemann.

Cazden, C. (1988). *Classroom discourse: The language of teaching and learning.* Portsmouth, NH: Heinemann.

Eeds, M., & Wells, D. (1989). Grand conversations: An exploration of meaning construction in literature study groups. *Research in the Teaching of English, 23*(10), 4-29.

Fish, S. (1980). *Is there a text is this class? The authority of interpretive communities.* Cambridge, MA: Harvard University Press.

Iser, W (1978). *The act of reading.* Baltimore, MD: Johns Hopkins University Press.

Rosenblatt, L. (1978). *The reader, the text, the poem: The transactional theory of the literary work.* Carbondale, IL: Southern Illinois University Press.

Short, K. (May, 1993). *Literature circles: Talking with young children about books.* Presentation at the International Reading Association's 40th Annual Convention, San Antonio, TX.

Wiencek, B.J. (1996) Planning, initiating, and sustaining literature discussion groups: The teacher's role. In L.B. Gambrell & J.F. Almasi (Eds.), *Lively Discussions! Fostering Engaged Reading.* Newark, DE: International Reading Association.

兒童文學參考書目

Blume, J. (1974). *The pain and the great one.* New York: Dell.

Hutchins, P. (1968). *Rosie's walk.* New York: Aladdin.

Yorinks, A. (1986). *Hey, Al.* New York: Farrar, Straus & Giroux.

第十四章

計畫、啓動和維持文學討論團體：
老師的角色

裘西·威內克

　　教育在迅速改變，教育家經常受到鼓勵要讓學生參與新的讀寫活動。
老師選擇增加每週的文學討論團體做為新元素，來擴充他們的閱讀課程，
並發現自己在為如何進行新活動尋找協助時，這樣的時代已經來臨。老
師在研討會或期刊雜誌上聽、看了許多有關文學討論團體的事情，但在
覺得可以自在的開始使用討論團體之前，還有很多問題有待回答。老師
疑惑的是如何去計畫這樣的團體，如何和學生開始第一個討論團體，如
何維持討論團體進行一段時間，如何確定學生的持續成長，和他們在這
過程中所扮演的角色。

　　本章將提供老師一個文學討論團體的模式就是「對話的討論團體」
（Conversational Discussion Group, CDG）（O'Flahavan, 1989; O'Flahavan,
Stein, Wiencek & Marks, 1992），以及在教室中發展文學討論團體的過程。
在探討這個模式和過程之前，很重要的是，必須要思考說話在教室中的
動力和討論的特性為何？就如第一章艾瑪西所描述的，在過去二十年來，
研究者曾經檢驗教室中的說話方式，發現老師經常使用 I-R-E 的陳述型

☞ 去中心化的互動模式能促進參與者之間更自由流暢的交換想法，並且也不需要領導者來運作這個互動。☜

態（Cazden, 1988; Dillon, 1984; Mehan, 1979）。老師的說話主宰了陳述的模式，在這模式中，老師負起一個領導者和互動執行者的中心角色，決定誰可以對誰說話，什麼時候說，以及說什麼主題（Cazden, 1988）。最近，有些老師對在教室團體中發展去中心化的互動模式很感興趣。所謂「去中心化的互動模式」（decentralized patterns of interaction）（Gall & Gall, 1976）能促進參與者之間更自由流暢的交換想法，並且也不需要領導者（例如一個老師）來運作這個互動。

想一下躲避球的遊戲，這個球從一個參與者手中自由的丟到另一個參與者的手上，很難預期下一次會丟到誰手上。去中心化的對話中，說話自由流暢的進行，參與者可以隨時進出對話，可以是建立在其他人想法的基礎上或介紹新的想法。

討論是「讓人們參與公眾說話」（Bridges, 1979. p.27），討論的目的是讓一群人探索一個主題，希望能讓這個團體更有知識、更了解主題和更能評估。規則掌管了討論中的團體互動（Bridges, 1979），文學討論團體提供學生機會去檢驗他們感興趣的主題。結果，這些學生就更有可能會在所讀的故事中發問、澄清和考慮取代的觀點。文學討論團體用去中心化的討論模式，最近已在專業期刊上分享。這包括了重要的對話（grand conversation）（Eeds & Wells, 1989）、圖書俱樂部（book clubs）（Raphael, et al., 1992）和對話的討論團體（O'Flahavan, 1989; O'Flahavan, Stein, Wiencek, & Marks, 1992）等。這些架構對老師都很有用，但通常都未提供他們所需的訊息，以協助他們如何在教室實施文學討論團體。我們將要探討其中這個「對話的團體討論」的架構。

對話的討論團體的架構

　　對話的討論團體（CDG）的架構是能讓老師在討論中同時促進學生的社會和解讀能力的發展。這個模式能讓老師在面對教學與學習時負起一個社會文化的立場（Rogoff, 1990; Vygotsky, 1978），讓學生在和老師及同儕工作的討論情境中積極建構他們的互動和解讀能力。互動能力是由團體發展出來，以掌握像一次只能有一個人說話的流程那樣的策略或規則（O'Flahavan, 1989; O'Flahavan et al., 1992）。解讀能力則是參與者用來討論一段文學，像是說一個角色的行動和場景的那種策略。在參加對話的討論團體之前，學生先讀一段故事，並在文學日誌上寫一段回應。老師經常在討論的前一天選擇讓學生去讀故事和做回應，這給他們對閱讀做反應的時間。

　　對話的討論團體有三個階段：介紹／回顧、討論和報告（O'Flahavan, 1989; O'Flahavan et al., 1992; Wiencek & O'Flahavan, 1994）。在介紹／回顧的階段，老師和一組學生聚會大約五分鐘，幫助他們發展一個互動和解讀的策略，這會記錄在團體的圖表上（在後面的「啟動文學討論團體」中會有完整的解釋）。然後老師就離開團體讓學生進行自己的同儕討論團體，或參與在團體當中。做為團體的一份子，老師會試著在討論中限制自己的說話，並且擔任討論中的觀察者和鷹架者的角色。當學生在探索一個主題需要協助和支持時，老師可以對團體有所貢獻。例如：在一個討論中，學生正探討這個作者的寫作風格，一個學生提出一個新主題，但這團體仍持續探討作者的寫作風格。當學生完

☞ 做為團體的一份子，老師會試著在討論中限制自己的說話，並且擔任討論中的觀察者和鷹架者的角色。當學生在探索一個主題需要協助和支持時，老師可以對團體有所貢獻。☜

成對作者寫作風格的探索後，老師就提醒他們那個被介紹過但還未討論的主題。老師是在促進學生探索一個有趣但尚未被討論的主題的機會。

老師也可能選擇在這模式中擔任一個合作參與者的角色，就像團體中平等的一份子一樣。討論是自由流暢、去中心和沒有領導者的。在二十分鐘的討論之後，老師再度擔任領導者的角色，邀請學生回顧圖表，並簡單解釋那些他們在討論中所用的解讀和互動的策略，以及他們如何使用那些策略。在報告階段，團體也許會增加新的策略到這個圖表上，老師可能會介紹適合這個團體的新的互動策略，或能促進學生對文本了解的新的解讀策略。報告通常持續五到七分鐘。

一個對話的團體討論活動通常持續大約三十分鐘，許多教室也設定同樣的時間做閱讀團體。對話的討論團體能同時發展學生的互動能力和解讀能力，另外一個特性則是能讓老師在討論之前和之後去教導一組學生，讓他們在沒有老師在場的情況下也能繼續討論。老師可以在其中扮演不同的角色。

計畫進行文學討論團體

在啓動文學討論團體之前，老師必須考慮很多議題，這些議題可以在過程中隨時修正。要考慮的議題包括：討論目標、文學選擇、團體組織、時間表、物理情境和老師的角色等。在啓動團體之前考慮這些議題，老師可以更充分的集中注意力在以後的啓動和維持團體討論上。

目標

目標是有關學生如何在參與文學討論團體中得到益處的廣泛陳述，藉著寫出一系列目標的單子，老師可以界定他們相信什麼才是對特定的年齡和年級學生的適性發展，並考慮學生在討論上的先備知識和經驗。在表 14-1 中，目標的例子就陳列出一年級和五年級學生的適性發展。藉

著首先辨認目標，老師才能將為什麼文學討論團體是讀寫課程中重要而統整的一部分的訊息傳達給他們的同事、校長、家長和學生。

到了老師和學生參與文學討論團體的能力逐漸增加時，目標也會跟著改變；逐漸的，學生會開始和老師一起商量文學討論團體的目標。例如：學生可能會建議老師他們想要閱讀和討論誇大故事或章節圖書，而不是短篇故事或最近探討的類型故事。他們甚至會在老師不在場時，商量如何進行文學討論團體的活動。

表 14-1　文學討論的適性發展的目標

一年級的目標

我希望我的學生能：

- 藉著畫圖和寫一句有關此圖的句子來對故事做回應
- 在團體中分享其回應
- 討論他們對故事中喜歡和不喜歡的事情
- 學習文學的名稱，像是角色、場地和問題等

五年級的目標

我希望我的學生能：

- 以平等的身分積極參與自由流暢的討論
- 擴充他們解讀文學的策略內容，並於適當時間用在討論中
- 尊重同儕和老師的想法和解讀
- 發展能使他們充分參與的社會能力
- 成為對所讀的書有周密思考和反省性的積極讀者

文學資源

文學是否方便取得通常是決定學生閱讀文學型態的因素，但類別和品質也應是計畫過程中的重要角色，應該花一點時間去評估現有的文學。很多老師會列出一個現有文學資源的表，包括學校所採用的讀本文本、文選系列、故事書的一套文本，以及視聽中心的圖書等。這個書單的產

生是依類別來分，學生首先可能會讀到的文本型態也要考慮。現有的類別可能包括了圖畫書、短篇故事、章節書、童話故事、寓言、非小說、歷史小說和傳記等（Bromley, 1991）。

　　一開始的考慮通常是選擇師生所熟悉的類別，有一個建議是從短篇故事開始，因為師生都有很多這種先前的經驗，也因為其方便可得。大部分的情況是，師生都會有機會在他們的生活中閱讀、經驗、說出和與這些短篇故事連結。這些過去的經驗代表豐富的先備知識，當參與者在文學討論中閱讀和解讀文本時，可以從中擷取和累積。這些經驗也可能增加參與者初期對文學討論的正面經驗。此外，老師也會熟悉很多小說文本的文學規則，像是場地、角色和情節等。

　　當學生的成熟度增加時，他們就可能會選擇做更有挑戰性的活動。非小說可能是學生所發現的更難討論的類別，但是到某種時刻他們也可能閱讀和討論有關同一個主題兩個或更多的文學作品──像是一個小說和一個非小說。他們的討論可能是與這兩種類別的彼此輔助或對立有關（請看本書古斯瑞和麥坎所寫的第七章；哈特曼和艾立森的第八章；和李歐的第十章，有關非小說文本和多元文本的討論）。

　　當學生變得更有信心和自在的用短篇小說來進行文學討論團體的時候，就可以介紹他們去閱讀和討論新的類別，像是童話故事、非小說類或傳記類（Bromley, 1991）。文學的類別會影響學生用在討論中的解讀策略。例如：學生可能會考慮傳記《後來發生了什麼，保羅瑞佛？》（*And Then What Happened, Paul Revere*？）的歷史情境或時間架構，就可以增進這種討論（Fritz, 1973）。

　　選擇高水準的文學可讓學生參與在討論中，在第一年以後，請學生評估你所選的文學，讓他們用一個有三個等級的評量表來評估：其中 3 代表很好的選擇，學生會強力推薦給同儕；2 代表可以接受的選擇，他們有時候會考慮；1 則是代表他們不會推薦。要求學生建議他們認為適合討論的故事。

　　很多老師發現他們學校的資源是有限的，所以必須使用讀本中的故事。要選擇最好的故事來討論，這些故事是你和學生都認為能讓人參與

或感到十分有趣的。文學的品質將會影響所產生的討論，那些贏得美國「紐伯瑞」（Newbery）和「卡德考特」（Caldecott）獎的書，在很多學校是很容易取得的，媒體專家也會有一系列的推薦書單。老師若有興趣將高品質的文學和課程內容做統整的話，常使用的資源圖書像是《兒童文學與社會研究：選擇和使用著名的圖書》（*Children's Literature and Social Studies: Selecting and Using Notable Books*），以及像是《閱讀教師》（*The Reading Teacher*）期刊的童書部分，和《語文》期刊（*Language Arts*）的Bookalogues部分，以及期刊《新主張》（*The New Advocate*）、《圖書聯線》（*Booklinks*），和《號角書》（*Hornbook*）等，都包括許多很有價值的文獻和文章。

分組

一個文學討論團體的重要計畫階段就是組織討論團體的過程，每個團體應包含四到八個參與者，每組五到六個人最理想（O'Flahavan et al,. 1992）。在少於四個學生的團體中，可能會因為想法和觀點太少而無法確保一個豐富的討論。但在多於八個學生的團體中，每個人也只有有限的機會分享想法和觀點。

在組織團體前，先考慮學生的社會、解讀和閱讀能力（Wiencek & O'Flahavan, 1994）。可創造一個用 1 到 3 為等級的量表，來評估每個學生的社會、解讀和閱讀能力。在表 14-2 中分組的標準說明很清楚，每個學生會在這個標準中得到一個分數。

老師就用這分數，將學生安置在反映出每個人的社會、解讀和閱讀能力的團體中（請看表 14-3）。最好是從社會能力開始，因為學生一起工作的能力將增加成功的可能性。同時，也要再確定學生的解讀和閱讀能力的分數，以確定在所有團體中每種能力的差異性。然後，看過每個團體的成員，再做最後的調整。

表 14-2　分組的標準

社　　會

1 ＝學生在團體討論中非常安靜

2 ＝學生在大部分的團體討論時間都願意與人分享

3 ＝學生願意參與在團體討論中並常擔任領導者的角色

解　　讀

1 ＝學生在獨立理解文本上有很大的困難，也無法與同儕分享基本的故事想法

2 ＝學生通常能獨立理解大部分的文本，並能與同儕分享了解

3 ＝學生能獨立理解文本，用先備知識與文本線索來創造意義，也能辨明他們所創造的意義

閱讀能力

1 ＝學生無法獨立閱讀／解碼文本

2 ＝學生能閱讀／解碼大部分的文本

3 ＝學生能夠獨立閱讀／解碼許多不同的文本

取自 J. Wiencek & J. F. O'Flahavan, " From Teacher-Led to Peer Discussions about Literature: Suggestions for Making the Shift" in *Language Arts, 71*(7), 488-498. Copyright 1994 by the National Council of Teachers of English. 獲得准許重印。

表 14-3　學生分組的樣本

一組學生代表的社會、解讀和閱讀能力的範圍：

	社　　會	解　　讀	閱讀能力
勞瑞	3	3	3
艾方索	2	1	1
李	3	1	2
喬安	1	2	3
羅西塔	2	2	2

團體應開始一起工作一段時間，大約是六到八週後（Wiencek & O'Flahavan, 1994），他們更有機會熟悉和有信心，能在討論的情境中凝聚一個團體。一個團體需要時間發展社會的規則來規範其互動，參與的人也需要時間來發展覺知和分享的責任。

時間表和物理情境

　　文學討論團體的時間表和物理情境也要考慮，一個典型的教室有二十五到三十個學生，意思是指將會有四到五個小組，每組有六到七個學生。學生和老師需要時間調適他們的新角色和責任，也需要時間發展能讓他們充分參與文學討論團體的新策略。為了促進這樣的轉換，我發現在剛開始文學討論時，老師每天只和一組聚會是很有幫助的（Wiencek & O'Flahavan, 1994）。這讓老師能每天專注在一組學生的社會和解讀能力上，並有時間對一組的功能做回應，然後再面對下一組。這個反應的時間是很重要的，因為能讓老師思考「今天這一組什麼部分進行得很好？」「什麼部分做得不太好？」和「我下次要怎樣做得不一樣？」老師要能夠每天積極的建立他們的基模，並用今天發展的知識幫助明天的團體。

　　對很多老師而言，開始的團體聚會是最耗費精力的，因為這對師生都是一個新的經驗。當老師很快建立新基模時，他們必須從經驗中學習。我經常提醒老師他們有很多第一次的經驗，像是第一次閱讀團體，或第一天的寫作工作坊，而每個人包括老師和學生，都能從經驗中生存和學習。開始每天只和一組活動，老師就有時間發展基模，有時間對此經驗反省，也有時間逐漸增加能力和信心。在開始的幾週之後，老師開始每天面對兩組的學生，有些老師甚至能訂下時間表，每天參與三到四組的活動，這要看老師在團體中所扮演的角色而定。

　　老師常會考慮到當她和一組學生聚會或觀察文學討論團體時，其他的學生要做什麼，這些活動應該和老師與閱讀小組聚會時要做的活動相似（Wiencek & O'Flahavan, 1994）。學生也可以和一、兩個同伴做他們想做的獨立活動，例如：學生可以閱讀或在日誌上寫作回應，或寫一點東西和同儕討論。

　　除了訂定時間表之外，老師也應考慮文學討論團體聚會地點的物理環境。團體參與者應坐在同樣的位置，這樣才能給他們平等的身分（Cazden, 1988）。有些團體喜歡坐在地上圍成圓圈，有些喜歡坐在桌前，參與者

彼此應有目光的接觸，藉著看說話者來顯示注意力（Cazden, 1988; Gall & Gall, 1976）。

老師的角色

在啟動文學討論團體之前，老師必須要決定的一個最重要議題就是考慮他在團體中所擔任的角色；老師可能在團體中扮演不同的角色，這些角色與他們學生的需要相符合。有些老師選擇一個能讓他們充分參與團體的角色，像一個合作參與者一樣貫穿整個討論；也有的只擔任討論之前和之後的教練學生的角色（O'Flahavan & Stein, 1992）。當做此決定時，老師須考慮學生的年齡和年級程度、他們個人放棄控制的能力，以及老師說話的數量。對較年幼的一、二年級學生，老師常選擇完全參與整個的討論過程，這種方法能使他們鷹架和支持年幼兒童維持討論的能力發展，也讓老師示範學生可能採用的行為和策略（請看卡爾尼在本書第十一章有關鷹架的延伸討論）。對較年長的學生，選擇變得更複雜，因為他們通常沒有老師在場也能維持討論。有些老師選擇在一開始參與團體，進行幾節後就離開一陣子，逐漸讓團體自己去運作。當老師選擇參與整個討論過程時，我會建議他們將這個討論錄音或錄影，並在當天回顧這個帶子（Wiencek & O'Flahavan, 1994）。在回顧帶子時，老師常會發現他們說太多話，並主導他們認為對故事重要的主題，而不是由學生探討他們啟動的主題。老師必須記得，文學討論團體是一個讓參與者自由交換意見的時間，也是讓學生討論他們感興趣主題的一個機會。

不管老師選擇擔任什麼角色——合作參與者，場邊教練，或逐漸釋放增加的責任給學生、再逐漸離開團體的合作參與者——都必須持續規律地教導每個團體的學生，才能確保學生持續學習和發展新的策略。當學生信心漸增並能

☞ 老師必須記得，文學討論團體是一個讓參與者自由交換意見的時間，也是讓學生討論他們感興趣主題的一個機會。☜

更自在的參與活動時，老師就可選擇改變他們在討論中的角色。在介紹新的文學討論的類別時，老師可在一開始的討論就擔任更積極的角色，當學生更有信心和能力時，再逐漸釋放責任給學生。對於年紀較長的ESL學生，老師可以擔任合作參與者、示範和討論澄清者的角色。每個老師都是他們學生所需要的專家，必須選擇能讓學生成長和獲得討論益處的角色。

啟動文學討論團體

　　教室裡的學生團體通常很迫切及興奮的想要參與文學討論團體，所以老師在第一週時藉著讓每個人參與文學討論，來掌握住他們的興趣和動機。第一週時為每組選一個不同的故事，在討論前一天，讓所有學生個別閱讀和回應每個故事。

　　當學生讀故事時提供他們不同的方式去選擇，他們可以獨立閱讀、跟一個朋友或更能幹的讀者一起讀，或者聽和跟錄音帶一起讀。重點在於讓每個讀者都能接近文學，這樣才能全部都參與討論。

　　每個學生在他的日誌中寫出對故事的回應，提供學生思考和寫出有關所讀內容的機會。我建議老師讓學生用任何他們認為有意義的方式去回應；幼兒會用畫的，或畫寫合併；較大的兒童會畫、刻畫、重述、發問、列表或探討重要的想法。當學生在日誌上回應之後，他們可能會與同儕分享他們所選擇回應的許多方式。

　　一個文學討論團體應該每天聚會，並使用「魚缸技巧」（fishbowl technique）（Arends, 1994）做其他團體的模範。這個技巧是團體聚在一起討論這個故事，其他學生則坐在外圍環繞這個討論的團體。在第一次討論時，老師選擇一個他相信可以做為其他組的良好模範的小組。參與文學討論的學生帶著他們的故事和反應日誌，坐在魚缸外圈的學生就代表觀察者而非參與者。討論之後，學生觀察者將有機會分享他們的觀察。

　　使用對話的討論團體的型態，老師藉由要學生簡短分享他們對討論

的定義，來開始「介紹／回顧」的討論階段。然後老師介紹每組記錄下互動和解讀策略的圖表（請看表 14-4）。一個有關「互動」意義的簡短討論就產生了，而團體發展和使用的策略能有效的一起運作。

表 14-4　記錄互動和解讀發展圖表的例子

團體_____

互動　　　　　　　　　　　　　　　　　*解讀*
注意　　　　　　　　　　　　　　　　　　角色
看著在說話的人　　　　　　　　　　　　　場地
不要干擾　　　　　　　　　　　　　　　　插圖
給每人一個說話的機會　　　　　　　　　　與個人經驗有關
　　　　　　　　　　　　　　　　　　　　觀點
　　　　　　　　　　　　　　　　　　　　作者的技巧
　　　　　　　　　　　　　　　　　　　　和電影及不同版本比較

*有些老師每週用不同的色筆記錄互動和解讀策略來確定每週都有新策略加入。

　　接下來，老師請學生提出一些可在討論期間幫助這個團體的互動策略，並記錄在圖表上，然後請學生分享他們討論故事或文本解讀的策略。老師將學生整理出來的解讀策略記錄在圖表適當的欄位內。這個圖表在他們討論時做為團體的資源，暗示他們可以討論或解讀故事的方法，或團體參與討論所需要的互動方式。然後老師就可以邀請學生開始他們的討論。

　　老師或者參與團體做為合作參與者，或者離開團體坐在附近觀察和聽他們的討論。當聽或參與討論時，老師會在一個小本的互動和解讀圖表上做筆記（請看表 14-5）。老師用這個圖表做為記錄學生所用的階段、所用其他的解讀策略或在團體討論中遇到問題的工具。

表 14-5　老師在討論中做筆記的例子

團體 _____	日期 _____
互動	解讀
• 兩個學生同一時間在說話　學生彼此互看 艾方索沒有說話 • 蘿絲說：「你認為呢，艾方索？」	李分享與他的狗的經驗來與故事相連 • 勞瑞不喜歡故事結局，建議一個不同的結局 討論圖畫 • 喬安―角色的感覺

• 顯示在討論的情境中出現新的策略，在討論的報告階段學生和老師會重新去看。

　　在大約討論二十分鐘之後，老師重新回到團體，以一個老師的角色來問學生的討論。在這個對話的討論團體的階段，老師引導參與者做團體報告，說明討論所用的解讀和互動的策略（請看本書中麥基所寫的第十三章）。首先，這個團體會重新去看記錄在圖表上的解讀策略的單子，分享他們所用，以及如何用的策略。例如：一個學生可能會說「當我討論彼得和他如何在雪地中做天使時，我是在討論這個角色」。在重新看過圖表上所列的解讀策略後，老師要讓學生分享討論中可能產生的其他解讀策略。例如：一個學生記得將角色的行動和他個人的生活經驗相連結，所以新策略「分享與故事相關的個人經驗」就加入圖表中。在這時，老師也會分享一些他們所注意到的學生在故事當中所用的策略，幫他們給這些策略名稱，或介紹新策略幫他們了解這個故事。老師在報告中扮演教練的角色，讓學生了解他們如何討論這個故事。

　　老師會引導學生回顧他們用過的互動策略，再邀請他們分享可能需要加入表中的其他策略。例如：一個學生在觀察團體互動之後，發現有些學生並沒有在仔細聽，可能會建議「看著在說話的人」的策略；或觀察到有一個學生在討論中從不說話，而建議「鼓勵每個人都參與」。老師會鼓勵學生建構性的說出討論情境中所產生的問題，並建議解決的策略。互動策略能讓學生成為一個更具自我規範行為能力的團體份子（O'Fla-haven et al., 1992）。

然後老師會邀請其他的學生觀察者坐在魚缸外圍，分享他們積極的觀察和問題，在進行的第一週，每個團體都有機會示範給其他學生看，產生出他們自己的互動和解讀圖表，並參與他們的第一個討論。

一週之後，小組就會規律的在他們指定的日子見面，而這個介紹／回顧、討論和報告的循環階段就會在每一個文學討論團體的期間發生。

🌱 維持文學討論團體

老師在維持文學討論團體的最主要角色，就是確定學生能在每個討論中持續學習、發展和運用互動和解讀的策略。我們可借用 Calkins 的話：「不要害怕去教學」（1986, p.163）。在報告的時間，老師會介紹一些學生可能用來解讀故事的新策略，也會選擇可以從中發現特別的文學特性的故事。老師會讓學生討論這個故事，並聽他們是否有討論新的文學特性。學生常會討論這些特性，但缺乏文學的語言來說明，老師即可介紹文學的語言給學生，或分享新策略來幫助了解這個故事。角色、場地、倒敘、觀點、插畫、觀點和作者筆記，都是一些老師可以介紹給學生的文學語言的例子。

當每週每個團體聚會時，在介紹／回顧的階段，他們會去回顧圖表，做為提醒學生所發展和在討論時使用的互動和解讀策略的一種方法。老師強調每個團體成員在討論中可以修正同儕互動的行為。有些團體會在表上記錄提醒自己需要在討論中繼續做的互動策略，在五、六個星期之後，學生就更有能力修正彼此的互動。當學生較少注意如何運作一個團體時，他們就更能將注意力和精力放在建構、分享、澄清和挑戰同儕與老師的想法上。

為了幫助維持文學討論團體的興趣和動機，老師和學生應該要做一些事情來豐富和擴增這個討論。可以介紹一個新的文學類別像是傳記或歷史小說，並觀察學生的解讀策略如何擴充回應在這新文類上。有些解讀策略可能與討論的文學較少關聯，學生對用來解讀故事的策略就會較

有選擇性。老師可以和學生分享這些觀察，以及他們所做的其他觀察。

學生在讀了一個作者像是 Judy Blume 所寫的不同著作後，開始進行一個作者研究，討論中學生的焦點是放在書的相同和相異點上。讀作者的傳記可以進一步豐富他們的討論。

邀請學生以感興趣的主題組織他們自己的團體，他們可能會選擇探索一個像是移民、戰爭或偏見的主題（Samway et al., 1991），他們也可能會選擇探索像是寓言、傳奇或科學小說等類別。這些主題和類別可能和學生正在探索的社會研究或科學的課程主題相符合，能幫助他們建立對主題更好的了解。

支持性的教學團體

在你的學校或社區內建立一個支持的系統，找到一個（或一些）對文學討論團體有興趣的同事，一起進行這個新冒險。每週花幾分鐘分享所遇到的成功和問題是值得的。俗話說「三個臭皮匠，勝過一個諸葛亮」正可用在同事的幫助解決問題上，他們也會為你的成功而喝采。有些老師會邀請同儕到教室，觀察他們和一個文學討論團體的互動，然後再去拜訪同儕的教室加以觀察，做為相互交換意見的一部分。這樣的交換讓老師有機會去觀察一個示範者的行動，看到他們的同儕也是冒險者，並承擔同儕教練的角色，也培養了一種重視持續成長的氣氛。校長可請代課老師，讓這種型態的同儕教練成為可能，或他們自己有時候也可以做義工或擔任代課老師。鼓勵你的校長以供應基金購買資源來提供支持，像是期刊雜誌和圖書能讓老師應用到文學討論團體中。其他的支持包括籌募工作坊的基金，或讓老師請假去拜訪其他進行文學討論團體老師的教學。

☞ 有些老師會邀請同儕到教室來觀察他們和一個文學討論團體的互動，然後再去拜訪同儕的教室加以觀察，做為相互交換意見的一部分。☜

考慮在你的學校中開始一個老師的閱讀和文學討論團體，「老師是讀者」的方案是由「國際閱讀協會」（International Reading Association）（IRA）所支持的計畫，也許很有幫助，可透過州的閱讀審議會去接觸（Wiencek & O'Flahavan, 1994）。很多圖書館和書店也舉辦讓老師參加的文學討論團體。藉著與朋友、同事或其他興趣團體一起參加文學討論團體，你將會建立自己解讀知識的架構，並能豐富學生在教室團體中所有的經驗。

 結論

　　文學討論的可能是無限的，老師需要給自己和學生時間去發展互動和解決的能力。當能力產生時信心也會成長，老師必須溝通他們在文學討論團體中所重視的想法和行動。總有一天，學生將會感謝這種擴展他們思考和探索新想法的機會。

參考書目

Almasi, J.F. (1996). A new view of discussion. In L.B. Gambrell & J.F. Almasi (Eds.), *Lively discussions! Fostering engaged reading.* Newark, DE: International Reading Association.

Arends, R.I. (1994). *Learning to teach* (3rd ed.). New York: McGraw-Hill.

Bridges, D. (1979). *Education, democracy, and discussion.* Atlantic Highlands, NJ: Humanities Press.

Bromley, K.D. (1991). *Webbing with literature: Creating story maps with children's literature.* Boston, MA: Allyn & Bacon.

Cairney, T.H. (1996). Pathways to meaning making: Fostering intertextuality in the classroom. In L.B. Gambrell & J.F. Almasi (Eds.), *Lively discussions! Fostering engaged reading.* Newark, DE:International Reading Association.

Calkins, L. (1986). *The art of teaching writing.* Portsmouth, NH: Heinemann.

Cazden, C.B. (1988). *Classroom discourse: The language of teaching and learning.* Portsmouth, NH: Heinemann.

Dillon, J.T. (1984). Research on questioning and discussion. *Educational Leadership, 42,*

50-56.

Eeds, M., & Wells, D. (1989). Grand conversations: An exploration of meaning construction in literature study groups. *Research in the Teaching of English, 23,* 4-29.

Gall, M.D., & Gall, J.R. (1976). The discussion method. In N.L. Gage (Ed.), *Psychology of teaching methods.* (National Society for the Study of Education, 75th Yearbook, Part 1, pp. 166-216). Chicago, IL: University of Chicago Press.

Guthrie, J.T., & McCann, A.D. (1996). Idea circles: Peer collaborations for conceptual learning. In L.B. Gambrell & J.F. Almasi (Eds.), *Lively discussions! Fostering engaged reading.* Newark, DE: International Reading Association.

Hartman, D.K., & Allison, J. (1996). Promoting inquiry-oriented discussions using multiple texts. In L.B. Gambrell & J.F. Almasi (Eds.), *Lively discussions! Fostering engaged reading.* Newark, DE: International Reading Association.

Leal, D.J. (1996). Transforming grand conversations into grand creations: Using different types of text to influence student discussions. In L.B. Gambrell & J.F. Almasi (Eds.), *Lively discussions! Fostering engaged reading.* Newark, DE: International Reading Association.

McGee, L.M. (1996). Response-centered talk: Windows on children's thinking. In L.B. Gambrell & J.F. Almasi (Eds.), *Lively discussions! Fostering engaged reading.* Newark, DE: International Reading Association.

Mehan, H. (1979). *Learning lessons: Social organization in the classroom.* Cambridge, MA: Harvard University Press.

O'Flahavan, J.F. (1989). *Second graders' social, intellectual, and affective development in varied group discussions about literature: An exploration of participatoon structure.* Unpublished doctoral dissertation, University of Illinois, Urbana-Champaign.

O'Flahavan, J.F. & Stein, C. (1992). In search of the teacher's role in peer discussions about literature. *Reading in Virginia, 12,* 34-42.

O'Flahavan, J.F. Stein, C., WIiencek, J., & Marks, T. (1992). *Intellectual development in peer discussions about literature: An exploration of the teacher's role* (Final report). Urbana, IL: National Council of Teachers of English.

Raphael, T, McMahon, S., Goatley, V., Bentley, J., Boyd, E, Pardo, L., & Woodman, D. (1992). Literature and discussion in the reading program. *Language Arts, 69,* 54-61.

Rogoff, B. (1990). *Apprenticeships in thinking: Cognitive development in social context.* New York: Oxford University Press.

Samway, K.D., Whang, G., Cade, C., Gamil, M., Lubandma, M.A., & Phommachanh, K. (1991). Reading the skeleton, the heart, and the brain of a book: Students' perspectives on literature study circles. *The Reading Teacher, 45*(3), 196-205.

Wiencek, J., & O'Flahavan, J.F. (1994). From teacher-led to peer discussions about literature: Suggestions for making the shift. *Language Arts, 71*(7), 488-498.

Vygotsky, L. (1978). *Mind in society: The development of higher psychological processes.* Cambridge, MA: Harvard University Press.

兒童文學參考書目

Fritz, J. (1973). *And then what happend, Paul Revere?* New York: Coward, McCann, & Geoghegan.

第十五章

引導學生主導的討論團體

蘇珊・麥克麥罕

說話是很能激發人的，因我們不只是寫作而已，我們也必須說話。有一件我最喜歡的有關說話的事，就是我們有機會和我們的朋友說話，並從他們身上得到一些想法。有機會說話是非常重要的，我們可以告訴作者應該如何做得更好，也可以問有關這本書的問題。有時書的內容很難了解，而老師和其他學生能幫助我了解這個故事。所以，有關圖書俱樂部的優點就是和朋友討論。說話是重要的，因為你可以說你想說的，這幫助你學習表達你的想法和感受。

　　上述引句中，賈思丁說明了為什麼學生應該要有機會引導他們自己的文學討論團體。我們很難反對這樣的對話是激發人的，學生會盼望有和朋友說話的機會當然也不意外。但是，老師仍然會質疑讓學生主導他們自己的對話的好處在哪裡，如果老師引導這個討論並讓他們保持專心的話，學生應該會學到更多。雖然這個保守的概念是可以了解的，但本

章將討論爲什麼在老師支持下，學生主導他們自己的對話是有益的。本章一開始舉例說明老師的行動有時會妨礙學生的對話；然後再解釋老師如何提供支持給有品質的學生引導的、小團體的互動；最後是一些學生主導討論的實例轉錄，描寫這些互動中學生對文本的反應。所有的教室例子都是從一個郊外學區五年級教室所進行的學生主導討論的研究中所產生的（McMahon & Raphael, 1996; Raphael & McMahon, 1994）。

抑制學生的說話

做爲老師，要負責提供一個能促進最高學習的教學情境，有時我們會預設學生無法負起維持自己的教育的責任。我們也許不了解的一點是，我們所表現和學生的互動模式，可能影響對話的內容和方向極大，使學生無法顯示他們自己的思想、擴充想法和彼此學習。老師可能會以三種方式阻礙學生的互動：(1)決定何時及何處開始一個討論，(2)決定輪流，和(3)強調特定的課程目標。這些因素都會限制學生與所讀文本相關的語言使用和思考。本章將說明學生爲何需要另類對話形式的機會。

教室中的口語使用

維高斯基（1978）曾強調，學習者若有愈多的機會使用語言建構和溝通意義，就愈有可能發展較高層次的思考。接受這個想法後，我們了解到必須提供學習者多元的機會，兼用口語和書寫的語言來溝通他們所建構的意義。大部分的老師會提供兩種不同的情境：全班討論和小組互動，讓學生用口語討論他們所讀的文本和所寫的內容。全班的討論通常是老師主導和老師指示的活動，在其中學生有論壇可以討論與課程和文學有關的議題，而老師也可以修正學生的反應以辨明教學的主題。即使是最投入的討論，也只有一些學生能清楚說明他們的想法，因爲班級的大小，也因爲教室討論中已有優勢的互動模式——教師啓動（initiation）、

學生反應（response）和教師評估（evaluation），或稱 I-R-E （Cazden, 1988）。這種口語說話的架構並不是因為老師想要主宰才用，而是因為學校中的兩個要素：老師與學生如何學習在教室中互動，以及老師如何管理他們多元的責任。

教室中最普及的互動模式，發生在當師生都擔負起「這就是我們在學校的說話方式」的責任時。在參與任何團體時，個人都會將語言和行為統整到一個團體份子所認同的一套規範中（Gee, 1990）。所認同的規範包括了團員和執行的規則，通常是老師負起用特定的課程目標指導所有互動的內容和流程的責任。老師和學生都為這種互動建構角色，通常是在教學和學習中建構。老師在自己還是學生時就學到這一點，並持續運用這個模式在自己的教室中。學生學習到他們在討論中的角色，就是正確回答老師的問題。

老師需要同時管理一些課程的議題，需要給予學生顯示文本理解的機會，做文本之間、他們的生活，及與課程之間的連結，注意其他同學的意見，並參與對話。我們控制這些多元因素的方法，就是設定一個有效的公式從中評估學生的了解，同時也進行教學。一個老師承擔全部的討論方向和內容的責任的對話模式，會讓他們立刻監督到不同的目標。因此，這種對話模式也許對全班的討論是合理的。但是，將同樣的模式用到小團體互動中卻很有問題；因為那需要提供情境來達成很多目標，像是採納其他型態的口說語言、追求興趣的領域和參與較高層次的思考等。

對小團體的互動，老師可以採用給學生更多機會多方面使用語言的目標。在跟隨 I-R-E 模式的陳述中，參與限制在一種語言使用的簡單形式。當老師在聽、連結、延伸和鼓勵其他人說話時，學生只需要回答問題就好。在這個情境裡，老師不只負責對話的內容和流暢，同時也因活化較高層次的思考和綜合訊息而獲益。但學生的參與卻太過受限，因為大部分教室之外的

☞ 小團體互動需要提供情境來達成很多目標，像是採納其他型態的口說語言、追求興趣的領域和參與較高層次的思考等。☜

口語接觸中，個人的參與是更複雜的。參與者在對話中除了說話，也要聽、依據彼此的想法、擴充他們的思考以便澄清，並且鼓勵其他人表達他們的想法。如果老師總是負起討論的責任，學生將無法建立或促進他們參加對話的能力。

　　所以，如果全班的討論是老師指導對話以達成他的課程目標的情境，那麼小團體討論就會有更多學習者可以參與；那不只是回答問題，也可以澄清、發揮和延伸他們的想法。更進一步，小團體互動應提供學生鼓勵他人表達發展中的想法的機會；和一小群的參與者在一起，有更多的孩子可以說話。但是，即使小組討論的目標是提供不同的討論情境，老師仍經常把它們建構成和全班討論一樣的方式。

教師所做的決定

啟動討論

　　當兩個或更多人聚集一起討論時，他們會商量對話的主題，這通常是藉著敏銳的非口語線索，像是眼睛的接觸、手勢或身體語言來暗示。同時他們也會問團體中一、兩個人特別的問題。在教室中，小團體討論通常和老師在全班的互動中所啟動的方式是一樣的，因為老師會決定主題和說話的人。接下來這段轉錄文字，是從一個五年級團體討論短篇故事《他們拿走了劍》（*They That Take the Swords*）（Meltzer, 1990）中節錄出來。首先，老師用一個主題問學生來啟動對話，但是，為了她自己的課程目標，便從原本注重學生的個人反應，轉移到重視課程進度上（本章所有轉錄文字所用的標點符號，是代表了口語意見的模式和聲調：強調的文字用黑體字代表、停下來的部分用斜線記號，還有些陳述顯示不清楚的聲調或訊息的意見就放在括號裡）。

老　師：嗯，誰有**問題**（提高聲調）或**意見**（提高聲調）是你想從故事中討論的？／嗯，順便問一下，這是小說還是非小說？

喬　安：非小說。

來克西亞：小說

艾瑞卡：小說，哦不，是非小說。

塞迪亞：是小說。

艾瑞卡：是小說。

喬　安：非小說。這是有關美國內戰和亞伯拉罕林肯的事情。

老　師：所以這應該是……

（很多學生在說話，他們似乎都不太同意）

艾瑞卡：小說。

老　師：是的，非小說，我們都同意這點對不對，來克西亞？

來克西亞：（很小聲，無法聽到）

老　師：是非小說，這跟我們星期一讀的和星期二討論的不一樣。

艾瑞卡：我喜歡這個因為——

老　師：好的，多少人／喜歡／非小說呢？

喬　安：我比較喜歡這個（笑）。

老　師：你喜歡這個，哦，這是無異議的（學生舉手顯示他們所喜歡的）。我們都喜歡非小說，覺得這個最好。好的，誰要先開始？

　　老師立刻把團體的注意力引到類別上，並掌控了對話的開始，雖然她的問題顯示了考驗學生知識的課程目標，這個情境的目的是否有問題則要看老師的目標而定。如果老師決定是否要提供額外的指導，對學生知識的考驗也許較能在全班的情境中達成。但是，在閱讀文本之前幫助活化學生的先備知識和為閱讀採取一個立場，這樣的仔細討論也許更有效。如果老師的目的是要了解學生對類別的思考的話，她也許會選擇一個小團體的情境來提這個問題。沒有任何學生的意見顯示有關他們為何

達到此結論。學生做的選擇不是「小說」就是「非小說」，但卻從未確定他們是否知道其中的區別，老師也未去探究他們的答案。即使當喬安提供對自己選擇的支持「那是有關內戰和亞伯拉罕林肯」時，老師也沒有延伸這個意見，相反的，她似乎更注意一致性的建立。

用類別的焦點啓動對話，證明老師的課程目標決定了討論的內容，而不是學生想要討論的主題。在閱讀幫助活化他們的先備知識之前，知道文本的類別是很重要的，但在閱讀之後這樣做，除了控制對話之外似乎沒有什麼目的。這個課程目標對學生思考的影響，在下一段的轉錄文字中會再度出現，這強化了一個結論，就是老師的啓動對話巧妙地設定了談話的標準：就是與學校相關的主題。

輪流

除了老師啓動小團體討論的方式之外，如何鼓勵學生得到發言的方式也會影響對話的方向和內容。在同一個小組討論接下來的部分，老師藉著決定輪流的內容和順序，來維持參與的責任，就如她在全班互動中所做的那樣。密切檢驗互動顯示出兩個主要的特性：上面討論的I-R-E互動模式和輪流的例行方式「繞著圓圈走」。採納這樣的型態使學生很少有機會清楚說明個人的反應，而只產生與文本有關的一般性的意見。除了互動模式之外，從對學生意見的密切分析中也發現他們很少包含與故事有關的思考。

老　　師：現在我要你們繞一圈，嗯，從艾瑞卡開始，然後是來克西亞、塞迪亞、喬安，說明一個爲什麼會這樣的理由。

喬　　安：我喜歡這個故事因為……

老　　師：等一下，我們還是照順序來……艾瑞卡，你**為什麼**比較喜歡這故事？

艾瑞卡：因爲那是非小說，那是真的／嗯／有好的，很多好的部分在裡面，比誇大的故事好**很多**。

老　　師：好的。

來克西亞：嗯，

老　　師：來克西亞？嗯，你為什麼喜歡這個？

來克西亞：我喜歡它，嗯，因為那是我第一次讀它，那不是老舊的新聞或什麼的，而是真實的，它有很多好的詞句。

老　　師：好的，塞迪亞，你覺得如何？你為什麼比較喜歡它？

塞迪亞：嗯，它說呢，他不，他不喜歡奴隸，嗯，那是不對的，我，我不認為人可以擁有別人，因為沒有任何人可以擁有別人，因為就像，就像我們的媽媽告訴我們要做什麼是對的，我們就可以做那些工作。而擁有任何人，把他們當奴隸是不對的，除非他們想這樣做，就像有些人有僕人，這是他們的工作，他們願意做。還有，嗯，奴隸就像是「根」那個電視的故事一樣他們被抓很可怕——看起來很可怕。有鎖鏈繞著他們，他們叫他們黑色的猴子，他們這樣做像在賣、賣牛一樣，他們想要好看的／嗯／而這是不對的。這是不對的。（陳述不太清楚）

老　　師：好的，喬安？

喬　　安：我喜歡它，是因為那是非小說，講的是有關內戰，而且就像塞迪亞所說的那樣。

在這段討論中，老師建立了學生參與的順序和應該分享的內容：「我想讓你們繞一圈，從艾瑞卡開始、來克西亞、塞迪亞還有喬安，給一個為什麼的理由。」雖然這樣的程序性取向導致秩序井然，卻也培養了一個較少需要學生參與的互動。當輪到他們的時候，可以自由的提出一個意見，卻不需要聆聽彼此、建立在彼此的想法上、為別人澄清他們的想法、或在他們的意見和文本之間做清楚的連結。

在這個討論中，每個學生會輪流表達一個想法，但接著陷入安靜中。老師跟著每個學生的意見加以評估，在輪到下一個孩子之前說「很好」。只有塞迪亞提供一個延伸的反應，顯示了她個人和文本的連結。但是，

老師對她答案的評估卻和別人一樣。老師或許想藉平等評估所有的反應，提供一個安全的環境讓孩子回應，但這也給學生一個精巧的訊息就是，所有答案，無論是擴充的或簡短的，都會得到同樣的認可。

如上所示，這樣的互動形式能允許有秩序的輪流，但是，或許因為討論都是老師主導和控制，它也會禁止學生之間的互動，因為他們只對老師說話，並等待她的許可。再者，這並不需要學生負起對話的責任或彼此聆聽，因而導致被動或缺乏想法的參與。所以，學生的參與討論是由預先建立的規則掌控行為所決定，而不是對對話主題的興趣。

仔細檢查學生的反應，顯示它只有很少的實質意義，艾瑞卡說她喜歡這個故事，因為這是非小說類，它有「很好的部分」而且「比誇大的故事更好」（這是他們先前讀過的一種文類）。來克西亞說這是她第一次讀它，這是非小說，而且有「很好的表達」。喬安的理由是那是非小說，它「討論一些內戰的事情」以及「就像是……塞迪亞所說的那樣」。這些答案兼具三個有趣的特性，艾瑞卡、來克西亞和喬安都提供三個理由推論到文類，老師卻沒有對他們列出的理由提供任何的支持。

為什麼每個學生都列出三個理由並不清楚，但很可能是「表現的語言」（language for performance）的證據（Barnes, 1992）。他們不是用語言來探討想法和彼此討論，只是要呈現一種口頭的「最後草稿」來顯示他們對老師的問題有回答。艾瑞卡的回答有三個部分，老師對此評估的結果是可接受，所以其他的人也許假設這就是正確回答的數目。

他們的類別推論無疑是受到老師啟動問題的影響。做為表現的證據，學生希望證明他們記得並喜歡這個文類。老師也許很滿意他們的答案，但學生卻未能展現真正的了解或思考非小說類的文本，因為喜歡卻未說出理由似乎就已足夠。如果學生能溝通更多他們思想的訊息的話，他們對這文類的意見就很有貢獻。老師可以加以調查卻選擇不做，也許是因為在全班的討論中，沒有時間去探索每個學生的答案。但是，即使這是一個小團體的情境，她也似乎維持了與全班討論時同樣的模式。另一個可能就是，在一開始交換時，老師假設他們對類別都是有同樣的想法，即使這是真的，他們答案的最後特色都是有問題的，因為沒有什麼實質

性，也沒有老師的探索。

　　學生的三個答案都提供了他們對這個故事思考的簡短說明，不是從模糊的推論到好的部分，就是證明一件他們特別喜歡的事情（比誇大的故事好、第一次閱讀，或內戰的場地），但這位老師卻從未要求他們擴充、澄清或延伸他們的回答。她平等的接受所有的反應，讓學生以為他們的答案夠清楚，即使他們顯示很少與文本有關的思考。

　　整體而言，這位老師主導的、小團體討論的兩段對話顯示了老師如何建立主題和輪流的順序，可能強烈的影響學生的反應。此外，藉著強調某些特別的內容超越其他同樣有價值的議題，老師也可以負面的影響學生的討論。下面轉錄的文字就是一個這樣的例子。

偏好某些特別的主題超越其他

　　當 Rosenblatt（1978）強調深入的文學經驗，她是指學生在文本和自己的生活之間所做的重要連結，這樣的連結讓閱讀更有意義。有一種可以讓學生學習這種連結的價值，並強化文本與其生活相關能力的方法，就是與同儕討論這些想法。小團體是讓孩子分享他們的反應的最佳情境，因為他們有極大的可能能夠說話，有一些同儕會聽，使他們更可以去分享個人的意見。

　　老師鼓勵學生追求自己對文本興趣的一個潛在危險，就是他們發現自己對一個議題的對話似乎與課程無關。如果學生的主題被認為是與課程無關的，這種互動會被認為是浪費時間。下一個部分的轉錄文字就顯示，即使與文本有關，但如果我們決定課程目標更重要的話，我們的實作還是會阻礙學生的選擇。在這個討論部分，有關白人奴隸的一段對話是由學生啟動的，但是，老師卻反而鼓勵團體進行有關故事名稱的討論。

　　塞迪亞：他們，他們，我認為他們用黑人做奴隸而不是用白人，我
　　　　　　知道，他們從未提到有關白人奴隸的事。
　　老　師：你認為／你認為這世界上**曾經**有白人奴隸嗎？

艾瑞卡：嗯嗯（負面的）。

喬　安：以前曾經有……

艾瑞卡：這不是真的。

喬　安：以前曾經有，直到他們發現他們很快就太累，然後他們就
　　　　開始去找黑人，因為他們的皮膚有較多的黑色素，在太陽
　　　　底下比較不會疲倦。

老　師：這樣啊，

艾瑞卡：我從來沒聽過這種事。

喬　安：波爾先生告訴我的。

艾瑞卡：我也沒聽過這種事。

老　師：嗯，關於這個名稱呢？／這是你的問題之一嗎？喬安？

喬　安：不，但我不知道這是什麼，但是……

老　師：這書名是什麼意思？

喬　安：我——我想問這個書名在講誰（有一個孩子在笑）？

老　師：好的，很好，很好，讓我們討論一下這個吧。

　　當塞迪亞提到白人奴隸的對話主題時，老師就用白人奴隸存在與否
的問題來接續。艾瑞卡加入討論認為她不相信這樣的事情；但是，喬安
持續下去，分享他對白人奴隸的知識，及推論黑人能成為更好的奴隸的
背後原因。這主題的提出是個機會教育的時刻，因為艾瑞卡顯示她對白
人奴隸無所知悉。再者，《他們拿走了劍》的一個關鍵點，是有關個人
與奴隸觀念的搏鬥，因此，這個白人奴隸的主題雖有相關，但與這個故
事幾乎沒有關係。雖然喬安對此主題的先備知識很有限，他似乎知道一
些有關這樣的做法，而可以解釋更多他所知道的。如果他的知識有限，
這個團體可以從閱讀或聽來賓演講，討論學習更多有關這個議題的方式。

　　但是，他們並沒有去追尋這個主題，老師反而未經說明就改變主題，
不只是把學生從與文本相關的感興趣的討論中引導出來，反而朝向強調
討論故事名稱的課程上。她很清楚的表現偏好這個新焦點，因為她說：
「好的，很好，讓我們討論這個吧」，這個轉變使喬安和其他孩子無法

繼續表達他們對奴隸制度的想法，這是他們正在討論的一個短篇故事的重要觀點。即使這個轉變使老師無法在書和學校課程之間做連結，她其實還是可以在全班的場合做一些事情，這使得學生無法做他們個人的連結。

　　上面三個例子顯示老師的行動阻礙學生建設性的參與小團體，也顯示即使是小團體的情況，師生同樣都有可能會固守在舒服的對話模式中。但若只從轉錄文字中就假設老師不想將學生的貢獻包含在她的課程中是不公平的，老師參與在同時身兼老師和學生的主導性對話型態中，要打破這樣的模式有時非常困難。

　　這是否意味著老師不應參與這樣的對話，如此學生才有機會自由的分享他們的想法呢？這個答案其實與老師的參與型態比較有關，而不是一個是或不是的答案而已。例如：一些研究者會調查老師有效引導小組討論的方式，其中的學生都是積極的參與者（Eeds & Wells, 1989; Kelly, 1990; McGee, 1992; Samway et al., 1991）。這些研究顯示老師可以支持學生追求他們感興趣的主題的討論。再者，Wiseman、Many 和 Altieri（1992）發現，比起學生主導的團體互動，老師主導更可能導致較多審美的反應。這樣的研究支持使用老師主導、小團體的討論，因為能促進更多的學生參與和增加審美反應的運作。因此，老師可以重新教育自己，更有效的去支持學生漸增的團體參與。本書還有另外一章說明老師如何促進他們在小團體中討論角色的例子。

為什麼學生應該進行他們自己的討論？

　　有些教育者可能懷疑是否有有效的方法可讓老師幫助學生負起他們自己小團體討論的責任，很多研究者認為學生對讀寫學習的責任是可能也必要的。例如：Pearson（1993）就提到幾個研究發現，比起目前許多教室情境所允許的，學生可以為他們自己的讀寫發展負更高的責任。Au（1993）曾強調，即使不同背景的孩子也可能在專注於團體過程有系統的指導中獲益，這樣的指導能在全班進行，接下來由學生進行他們自己的討論，再由老師修正這些活動。Purves 和他的同事 （Purves, Rogers, &

Soter, 1990）似乎很贊同孩子可以在小團體中自己討論文本，只要他們有執行這個討論、主題和完成工作的指導大綱就可以。更強烈支持學生主導討論的是 Cazden（1988）所強調的，改變主宰的互動模式和相關角色的唯一方法就是加入更多的同儕討論。

教師對學生主導團體的教學支持

如果學生能從承擔他們自己討論的責任中獲益，老師剩下來的工作就是去想如何提供必要的支持和指導。如果老師接受學生主導的討論是有益的論點，那他們要如何鼓勵學習者為他們的對話設定適當的情境和參與有意義的對話呢？對「圖書俱樂部方案」（Book Club Program）的調查（McMahon, Raphael, & Goatley, 1995; Raphael & McMahon, 1994）就顯示，一個支持學生學習進行他們自己討論文本的教學，是在老師能兼顧文學討論要如何做（how）和做什麼（what）的時候才最有幫助。

小團體討論中的互動

老師主導和指導的討論主宰大部分的教室場地，因此學生需要的指導是要能介紹其他模式，或可以提醒他們在其他情境經驗過的互動型態。這樣的指導是針對如何參與跟學校常態不同的互動模式團體。大部分學校之外的對話並不會遵循與教室同樣的循環模式，也不會有人採納老師領導者的角色——去找出說話者、確認和評估他們的說話，並決定對話的內容。相反的，是說話者有話說時就說出來，他的意見可被團體接受、要求擴充或挑戰；內容是由團體的興趣來決定，他們的意見也常會有彼此重疊的時候。分享討論的責任的模式，提供學生更大的範圍去表達、支持和擴充與文本相關的想法。

為了改變學生在學校的互動模式，老師須為學生示範希望用在團體中的明確對話。一起進行圖書俱樂部方案的兩位老師羅拉和黛柏，就選

擇了好幾個達到這些目標的方法：示範、轉錄文字、錄音和錄影記錄。

示範　第一步，羅拉和黛柏兩位老師就做了成人示範，包括差勁的對話和有建設性的、積極的，相似於我們常有的對圖書、電影和戲劇的悠閒對話的圖書討論。老師提供了在情境中建構性分析的教學，使被批評的學生比較不會被無技巧的批評者所傷害。再者，老師較能用很多方法來控制互動，因為在成人團體需要一些特別的行為——一旦他們目睹了學生之間循環的情形後就會明白。因此學生會看到他們的行為反映出成人團體中的行為。成人一開始會誇張他們的部分，表現無禮、互相干擾和忽略他人的意見。

　　在成人示範一個討論後，老師會要求學生去批評這個互動型態，強調建構性的批評。兩位老師都指導他們的學生在開始時先描述這團體做得好的地方，再強調需要改進之處。即使是對最無禮和缺乏建設性的對話，也鼓勵學生要先說出這個團體成功的地方。例如：有些團體份子會去聽說話的人，並在自己說話時參考他們的意見想法，其他人則會在文本事件和個人生活之間做明顯的連結。接下來，焦點再轉移到需要改進的地方，老師強調要注意某些會讓別人不想參加這個團體的意見和行為，像是粗魯、喊叫、忽略別人的意見都是需要注意的地方。全班在老師的引導互動下，會討論有效溝通一個衝突的想法的方式，將對話從一個主宰的同儕轉移，而鼓勵全體團員都參與。一旦老師認為班級有足夠的技巧在這場合中做積極的批判，他們就可進入下一個步驟——閱讀他們自己團體的轉錄文字。

文字轉錄　兩位老師都在方案中錄下學生主導的討論，每週兩到三次，然後轉錄一部分內容，用大約與本章其他轉錄文字相似的形式呈現。說話者用匿名來隱藏，討論盡可能以接近他們說話的方式表達，重複的地方也記錄下來。老

☞　全班在老師的引導互動下，會討論有效溝通一個衝突的想法的方式，將對話從一個主宰的同儕轉移，而鼓勵全體團員都參與。☜

師為班上準備好這些轉錄文字，就交給每個學生一份拷貝，讓他們演出這些對話，閱讀寫下的轉錄文字。之後，全班一起討論轉錄文字團體做得好和需要改進的地方（請看威內克所寫第十四章有關報告的相關想法）。這個活動使老師以一種非常明確的方式強調學生主導團體的目標，他們可以把學生注意的焦點放在互動模式上，來澄清有人是輪到他們時才講、有人是回應先前意見，或有人對同儕不禮貌時的比較。針對這個示範團體，老師就繼續在這個層面上的批評，直到學生準備好要進入下一個階段時——聽他們的團體錄音帶。

錄音帶　首先，老師會要求全班聽其中一組的錄音帶，假設學生還是可從這活動的直接監督上獲益。同樣把注意放在團體做得好，和需要改進的地方兩方面。然後，學生就會聽自己那一組的錄音帶，加以批評並寫下來給老師看，說明這個組做得好的地方並辨明未來的目標。此外，老師要個別學生批評自己參與團體的情形，也注意積極的方面和需要改進的領域。一旦老師滿意學生對錄音帶思考周密的批評之後，就會再去看用策略加上身體行為層面的錄影帶（眼睛接觸vs.四處亂看，靠近團體vs.退出團體）。

　　這些活動持續幫助學生在小團體互動時明確強調他們的需要，這樣他們才能對文本貢獻有品質的對話。做為研究方案的一部分，這兩位老師有別人所沒有的資源。例如：轉錄帶子需要很多時間，但是一旦轉錄好，以後可用在未來的班級，因為學生新加入練習主導他們自己的討論時可能都會經驗到同樣的問題。再者，有些老師會發現這四個型態（示範、轉錄文字、錄音和錄影）對他們的學生並不重要，反而有些組合對他們的學生更有效。關鍵並不在於完全複製這兩位老師所採用的方法，而是要找到將現存的互動模式和好的對話目標明示給學生的方法。而且，這應在全班的指導中提供給學生，如此老師才能澄清學生如何在他們同儕主導的團體中互動的目標。

在小團體中討論什麼

在這個對話模式的教學中，兩位老師在他們的討論內容上也提供了明確的指導，因為大部分學生的經驗都是由老師指導的學校討論，期望他們去介紹一些討論主題，可能會造成無建設性的團體。當由學生自己決定時，很多學生會陷入更傳統的主題討論，或討論隨便想到的問題，不管與主題是否有關。

在一個團體中，學生會問同儕一些與文本有關的特別或事實性的問題，就像老師會做的那樣。他開始會要一個學生重述書名和作者，如果回答正確，她會問另外一個學生主角的名字。這樣繼續下去，評估他們的答案是對或錯，直到所有問題都回答完，團體就陷入安靜中。

而另一個團體，學生從不討論文本，他們喜歡一對一有關其他事情的對話。兩位老師了解到他們需要示範有關圖書對話可接受的反應和特定的指導，包括了(1)個人和文本的連結，(2)文學因素，和(3)評估文本。

個人連結　很多老師和學生學到文學討論應把焦點放在事實和檢查理解力的問題上，學生感覺首先需要證明他們已讀了所有的文本，並且記住重要的細節。這雖然是一個教學的重要目標，但從文本中建構意義卻更困難，除非我們能與此做個人化的連結。所以老師需要提醒學生，他們個人的反應是圖書討論中非常重要的面向。因為這樣的對話經常會迷失在其他閱讀所強調的記憶中，老師擔心這種談話根植在個人連結中時，有時會使學生對書本焦點的討論分心。要記得這樣的疑惑會讓我們了解文本、更記得書並強調這些角色，因此讓學生討論文本和他們生活之間的連結是很重要的。

兩位老師都用全班討論示範如何納入個人回應的型態，例如：有時老師為班上出聲閱讀一個章節，當其中一段促進了個人反應，老師會停下閱讀並陳述她與故事有關的經驗。有一

☞ 老師需要提醒學生，他們個人的反應是圖書討論中非常重要的面向。☚

天當羅拉在閱讀《永遠的狄家》（*Tuck Everlasting*）（Babbitt, 1975）（漢聲），她停下來問：「這讓我了解威尼對有關永生的決定是多麼困難，我本來想喝了泉水並永遠活著可能會很有趣，但如果我得到永生卻要看自己的兩個孩子成長和死掉，我也會覺得悲傷。」然後她繼續讀下去，接下來也問孩子他們是否想要這樣永遠活著。她的意見為班上示範了個人與文本的連結，是班級對話合理的主題。

文學因素　在班級的許多課程中，老師會包含所有文學作品所要求的因素。學生必須辨明情節的因素、討論主角的觀點和確認主題。學生常以回答作業單上的問題來顯示這種知識。相對的，學生主導的討論是很有力的情境，學生可以分享他們的思考和學習這些因素。因此，羅拉和黛柏兩位老師就提供文學因素的教學，討論如何將這些納入小團體討論中。例如：用寫作促進，學生必須選擇他們最喜歡的角色並解釋為什麼。一旦寫下他們的想法，就會在學生主導的團體中討論。這些主題不僅促進有趣的對話，同時也讓學生探討他們與文本特性有關的思考。

　　老師在學生主導的團體中試著鼓勵這樣的主題，首先提供文學因素的教學，然後提供將這些領域包含在他們討論內的例子。這並不表示學生不會自己去追尋這樣的主題，有些就是會。但是，提供明確的指導會支持那些本想追求這些主題的學生，也提供例子給其他從未想過這會是有趣或合理的討論範圍的學生。而且，有時學生並不必然對這些文學因素的討論感興趣，他們可能想要討論更感興趣的主題。總之，老師必須決定最好的討論情境，並鼓勵學生參與。有些議題非常重要，值得全班討論時的注意；其他也有足夠的吸引力，讓學生有時想在小的、同儕主導的團體中討論。

評估文本　很多傳統教學有一個不幸的結果，就是不少學生離開學校後相信即使他們並不喜歡這些文本，也沒有權力去批評好的文學。提供調查我們對文學反應的教學，就可清楚說明我們反應的原因，將可增強學生感受自己是熟練的讀者的意識。一旦學生了解他們不需要去喜歡每一種文本時，他們就能自由的檢驗自己為什麼喜歡某些文本而不喜歡另外

的。老師也可以示範這點，提供學生追求自己想法的路徑，並鼓勵他們在團體中討論。

　　例如：老師個人也許並不喜歡閱讀幻想的故事，但許多學生卻喜歡。爲了尊重他們對類別的選擇，老師可以用一本像《永遠的狄家》這類的書讓班上討論和閱讀。然後老師可以表達對這本書的批評，明確列出反對的意見。在回應時，喜歡這種故事類別的學生會辯論他們的想法、提供證據說明爲什麼這種書是值得閱讀的；那些分享了批判的人，也可能會說出他們對此類別的不喜歡。這種辯論可以幫助學生了解我們每個人對文本的反應不同。支持一個師生可以表達衝突意見的環境，可以同時達成兩個目標：第一、不喜歡一本書或一種類別是可接受的。第二、舉出特別因素的例子去批判。這樣當學生去探討一個不喜歡的文本時，就可以從這個模式中擷取。這可造成團體內有關他們是否會向人推薦一本書，和未來是否會再選擇這個類別或作者等方面問題更鮮活的討論。

　　那些想要讓學生負起他們自己團體討論責任的老師，必須要明確教導他們如何對話和做什麼對話來支持他們的努力。有關這兩點需要注意的是：

　　第一、這樣的教學應被放在一個特別班級學生的需要上，有些老師可能幫助學生了解他所希望他們採納的對話模式，簡單說明他們必須有悠閒的對話，像在家中晚餐時所進行的那樣。另外的學習者也許需要比這兩位老師對班上所做的更多的支持。

　　第二、所有這些都需要時間和特別的教導，有些學生在引導自己的討論上有令人驚訝的進展，也有些在掙扎，但都可以得到益處。再者，老師無法在同一時間提供所有的指導，但逐漸都會包括在內。上述這種示範和批評如何互動的過程，需要一整個學期來進行。學生顯示持續的進步，但不會立刻熟練，有些人會體會到退步的挫折，另外有些則在進步時沒有遇到任何明顯的困難。學生參與圖書俱樂部至少有四年經驗，加上老師領導討論，沒有人會預期他們能立刻做到調整面對新期望。

　　爲了說明學生主導團體的可能性和挫折，對一個學生主導討論的轉錄文字的檢驗將呈現於下。先前相似的議題也包含在這個部分：(1)啓動

討論，(2)建立輪流，和(3)選擇對話的主題。所有這些學生都曾參與在先前用如何互動和互動什麼來描述的許多指導策略的討論中。

學生做決定

啓動討論

老師經常會藉著決定說話者和對話主題來啓動一個討論，在下面一段轉錄文字中，這個五年級團體的領導者迪賽瑞，藉著問一個問題啓動了《他們拿走了劍》的討論。這兩個部分的討論與先前描述的老師主導的討論有明顯不同：(1)這問題針對團體中的任何人，(2)這個問題非常廣泛，能讓成員選一個特定的主題來討論。

迪賽瑞：你們認爲這個故事如何？

安東尼：它嘛，還好啦。

羅　　傑：很悲傷。（喃喃說些什麼……）

湯　　姆：我知道因爲，這是因爲……

羅　　傑：那很悲傷，但是很好……因爲這個人，因爲這個人爲他的
　　　　　權利而戰鬥，也爲它而死。

湯　　姆：對啊，還有——

安東尼：他沒有死，他坐牢去了。

湯　　姆：他們爲什麼這樣？

羅　　傑：他死了，就像死了一樣。

湯　　姆：爲什麼他們要殺他？只因爲他不想打仗嗎？

迪賽瑞：因爲他應該爲他所要的來戰鬥。

羅　　傑：但是書上有任何人死了嗎？

安東尼：他們沒有。

迪賽瑞：最後他做到了，但他們說他死得很平靜。

安東尼：他們不需要殺他，我是說他們不需要想殺他只是因為，

迪賽瑞：不是每個人（喃喃自語）。

羅　傑：他最後死了。

迪賽瑞：為什麼沒有人射殺他？

安東尼：因為他們把他送到監獄去。

迪賽瑞：他們什麼？

湯　姆：因為他不聽。

迪賽瑞：為什麼你認為他不想去打仗？

湯　姆：因為他，因為他不相信殺人，這裡這樣寫的。

安東尼：這是一個好故事。

當這些學生開始討論時似乎有一點掙扎——只是做一般評估的意見，像艾瑞卡、喬安、來克西亞在他們的團體中所做的那樣。不同的地方在於當羅傑為他認為那既是悲傷也是好的故事評量提供特別的支持時，他的同伴就加入討論說出意見。更進一步，用「參與」的廣泛定義來評量這個對話，呈現出所有的因素：聽、說、擴充、澄清和鼓勵他人參與。這四個學生都在聽，並對先前的意見做反應。

不像老師主導的團體那樣，學生只是安靜坐著等輪到他們時說話，這些學生只要有意見想貢獻就加入討論，顯示他們在彼此傾聽。這個言談的型態比較像是有重疊的說話，和由個別參與者決定輪到誰說話的一種對話。而且，這個內容和老師指導的團體，同樣開始於一般程度，但很快能提供支持每個成員的立場。這個討論更活潑和令人想參與，同時也提供有關學生思考的特定訊息。就如我們看到的，輪流是當場決定，說話者想要貢獻即可，直到每個人都加入討論為止。這樣完全的參與並不是常態，為了檢驗這點，我們將要討論另一個五年級團體的文本討論。

輪流

就如我前面提到的，學生通常需要時間來引導他們自己的團體去適應一個新期望。有時他們會有均衡的貢獻，但當一些人投入辯論時，輪流就由誰想澄清、發揮和挑戰同儕的意見來決定。在下一段的轉錄文字中，學生表達他們與小說《永遠的狄家》有關的想法。在討論中，他們顯示使用語言如何不只為表達意見而已，同時也為澄清、發揮和挑戰彼此的想法。再者，他們很清楚的聽到彼此，並引導他們自己的對話。在這同時，兩個學生也掌控了討論的這個部分。

> 卡麥里：我認為全書，這個故事，最好的部分，我認為，就是當他們在談戀愛的時候，以及當她，我認為如果我們真讀了，這叫什麼？

> 克里斯多：結語。

> 卡麥里：對就是結語，我認為她會在十七歲之前喝下這個泉水。

> 克里斯多：當她十七歲的時候？

> 卡麥里：之前。

> 克里斯多：因為**當**她十七歲，他們將要喝掉所有的水，她喝這個水，去和他結婚或這類的事情。

> 卡麥里：她說將在她十七歲**之前**做，這就是我認為的，還有嗯／嗯／嗯

> 克里斯多：但是溫妮將要走進森林，我認為溫妮將要走到森林並喝這個水，因為她認為這個沒有用。她認為他們只是一群瘋子，但他們還是她的朋友。我說她認為他們只是一群瘋子，我打賭她會進去並在他們離去的時候檢查。十五？十三？十五？大概就是這樣？

> 傑　許：是啊。

> 克里斯多：不，不夠老到可以喝或沒有這回事。

賴特西：我認為當她十七歲時會接受，因為塔克這樣告訴她。

　　就像其他學生主導的團體一樣，所有討論中的團員都在說、聽、擴充、澄清或鼓勵他人參與。但是每個團體成員說話的量卻不一樣，卡麥里和克里斯多互動最多，顯示他們對主角何時會喝這個永生之泉的考慮。當卡麥里需要澄清書的最後結語部分時，克里斯多就提供出來。再者，克里斯多直接反應給卡麥里的意見，有關她認為溫妮何時將會喝掉泉水，然後他們就辯論不同的觀點。然後克里斯多擴充和澄清他有關溫妮何時會喝泉水的辯論。

　　就像其他學生主導的互動，這四個學生全都參與對話，卻有不同的程度。卡麥里和克里斯多在這段轉錄部分是最起先的說話者，其他兩個學生都在聽，就如他們的意見所證明的一樣。雖然說話的範圍不一樣，所有的學生都在分享想法、聽別人的意見，也不等待別人的評估和允許。所以，他們漸增的語言使用提供額外的機會，去表達、澄清、發揮和支持他們對文本的回應。

偏好某些特別的主題超越其他

　　先前討論的老師主導團體的第三個部分，就是透過什麼方法選擇對話的主題，在老師主導的團體中，是由課程決定重視的主題。就像老師主導的團體，有些學生主導團體所提出的主題也會在進行其他主題時被打發了，但學生的興趣卻似乎決定了選擇討論的主題，而不是課程的議題。在接下來有關《他們拿走了劍》的討論中，迪塞瑞試著啟動一個有關主角塞斯的對話，但是，在對這名字的一些初期的困惑之後，另一個學生的問題使她選擇了奴隸的主題，而團員也發現這比較有趣。

迪塞瑞：你們認為這個男人怎樣？
湯　姆：這什麼？
迪塞瑞：有關他的名字。
特洛伊：奴隸。

湯　姆：塞斯？

迪塞瑞：塞斯，或這類的。

特洛伊：奴隸嗎？

迪塞瑞：是的，你們認為奴隸制度怎麼樣？你呢安東尼，你認為奴
　　　　隸制度怎麼樣？

安東尼：很悲傷，因為每個人都為別人做事。

特洛伊：我知道，如果我必須為別人做他們不想做的事，這些人就
　　　　可以做。

湯　姆：這潑了安東尼冷水。

　　迪塞瑞問了另一個開放性的問題，試著去啟動一個討論，但是特洛伊卻提出一個字來討論──奴隸，這顯然是個更吸引人的主題，因為迪塞瑞把她的問題轉到奴隸制度上。這也導致與文本更個人化的連結和一個與奴隸制度的簡短互動。因此，迪塞瑞初步的主題討論分心到另外一個學生感到更有興趣的主題上。這個奴隸制度的討論似乎讓學生更感興趣，有更好的機會彼此學習，並提供一個探索主角的方法。注意先前呈現的老師主導的討論可能很有趣，學生也表達了對奴隸討論的興趣。但是，老師卻為了討論另外一個主題而岔開這個主題。身為老師，我們可能質疑我們是否常用自己的價值引開學生的興趣，限制了他們對所在乎議題的討論能力。

　　另一方面迪塞瑞讓同儕參與對話的意圖是值得注意的，她試著促進一個去注意角色的對話，這個主題可能會得到老師的喝采，因為它是放在一個文學因素的核心──也就是性格描寫上。在此同時，她的同儕似乎不想這樣做。如果是老師引導這個討論，她可能會抓住這個目標，因為這是課程的一部分。學生會回答她的問題但卻沒有投入這個主題。在這同儕主導的團體中，學生會為一個他們發現更有意義的活動而自由的拒絕了這個主題。這帶出本章先前所強調的一點──老師還是可以聚焦在這個主題上，但不是在小組討論中進行，而是引導一個全班的互動，強調其課程的需要。

就如先前所呈現的，有兩個教室情境可以使用口語討論：全班和小團體，都有不同的教學焦點，當學生試著用文本建構意義時，他們當時最感興趣的就可能會主宰一些討論。學生的日常生活如何影響他們的文本閱讀的一個好例子，就發生在這同一個學生主導的團體討論中。

　　當學生持續討論有關《他們拿走了劍》這個發生在內戰時期的短篇小說時，他們將此戰爭與目前的波斯灣戰事做一個連結，有趣的是羅傑的沮喪，因為他認為這個互動與這個故事無關。

迪賽瑞：你們認為戰爭如何？

安東尼：冷酷。

羅　傑：一樣，戰爭是沒有目的的。

湯　姆：愚蠢！我知道！

羅　傑：真是白痴。

安東尼：打仗有什麼用，反正他們要炸掉所有的油庫。

湯　姆：但這是內戰。

羅　傑：現在這個很蠢。

安東尼：（不太清楚的字）他們不打仗。

迪塞瑞：現在不應該打仗？

安東尼：是啊，現在。

羅　傑：白痴（不清楚的意見），現在真笨啊。

安東尼：真的很蠢。

湯　姆：所有的戰爭都是！就像Cable先生所說的，戰爭是瘋狂的。

迪塞瑞：你認為很久以前的這個戰爭如何？還有你認為現在這個戰爭又如何？

☞ 在這同儕主導的團體中，學生會為一個他們發現更有意義的活動而自由的拒絕了這個主題。老師還是可以聚焦在這個主題上，但不是在小組討論中做，而是引導一個全班的互動，強調她課程的需要。☜

湯　姆：很蠢！

羅　傑：他們不一樣，很久以前的戰爭和現在這個戰爭完全不一樣。

湯　姆：還有波斯灣——很蠢！／我們昨天在看電視上的電影聽到的，羅拉老師所錄音的孩子的發問和回答有關波斯灣戰爭的部分，那裡有個女孩說：「我認爲海珊做對了，他應該占領那裡，他不應該放棄。」

羅　傑：我同意那個小孩說的話，我們應該殺了他。

湯　姆：我知道。

安東尼：如果海珊能離開那裡就不會有戰爭了，懂嗎？

特洛伊：但他畢竟毀了波斯灣一半的油庫啊！

羅　傑：對啊。

迪塞瑞：我知道，但他說他沒有。

特洛伊：我知道！

羅　傑：我們正在討論這個錯誤的戰爭。

迪塞瑞：你爲什麼認爲他把油放在水中？

羅　傑：我們正在討論，我們正在討論戰爭。

湯　姆：因爲他，因爲這樣嗯……

迪塞瑞：波斯灣裡的船沒有辦法靠近土地，所以他們就開火／你認爲他是，他是，知道他自己的聯盟嗎？

湯　姆：我認爲是他做的！我認爲是他做的！

　　迪塞瑞的問題促進一個延伸的對話，和團體成員對波斯灣戰爭的感覺有關，這種互動的模式是用重疊的說話、問意見和發揮的問題、延伸和擴充想法，以及積極的參與來標記的。學生並不是被動的等待輪到他們，而是想到時就分享。再者，內容也顯示了他們所做的個人和文本的連結。一方面讀者可能會假設羅傑所做的——他們討論戰爭的錯誤是在浪費時間，但是，故事《他們拿走了劍》的主角塞斯，必須決定到底是否要在內戰中參戰，做爲一個教友派信徒，他反對奴隸制度，也反對戰爭。他的選擇就是避免戰鬥，這導致他因自己的理念被逮補、被折磨；

但是，他相信戰爭是邪惡的觀點仍然堅定不疑。很多參與這個團體的學生，看到家庭成員和朋友被送到波斯灣，他們的討論就顯示對戰爭的緊張和挫折。因為他們所做的個人連結而使他們更融入對話，這樣強烈的個人反應將促進他們了解主角塞斯的能力，和他寧願坐牢也不願去打仗的理由。

這段轉錄文字顯示這些學生保持與目前事件有關的強烈個人意見。同時，這樣的討論也留下很多可讓老師評估所呈現想法的內容與深度。在很多例子中，學生提供單字的回答而沒有進一步的發揮，這段轉錄部分卻說明了改變是需要時間的。這個討論發生在一月，是學生剛擔負起自己團體討論責任之後的四個月。雖然他們在引導自己的文學討論中有實質的進展，但也如他們的互動模式和內容所顯示的，還有很多要學。

🍃 結論

本章說明了老師的實作會如何阻礙學生參與小團體討論時與文本相關的思考和回應，也說明了老師可以如何支持學生領導他們自己的討論。這裡並無意爭論學生主導的討論一定比老師主導的討論更好，老師有時還是需要去指導一個班級討論的內容和流程。在這同時，學生也能從討論與正在讀的文本和他們自己有關的議題中獲益。引導他們自己的討論能使學習者參與探索他們思考的談話。在小團體的場合，學生可以嘗試新的想法、表達萌發的思考，和測驗他們為別人清楚說明議論的能力。再者，當有需要了解說話者的立場時，學生會學習要求澄清、發揮和支持。在一個學生主導的團體中，學習者必須承擔對話的內容、方向和流程的責任，這並不會自然產生，而是老師必須提供教學的支持，培養對參與團體應如何互動和要討論什麼有深度了解才行。綜合而言，有適當的教導和練習機會才能培養小學生更多的文學對話。

參考書目

Au, K.H. (1993). *Literacy instruction in multicultural settings.* New York: Harcourt Brace Jovanovich.

Barnes, D. (1992). *From communication to curriculum.* Portsmouth, NH: Heinemann.

Cazden, C. (1988). *Classroom discourse: The language of teaching and learning.* Portsmouth, NH: Heinemann.

Eeds, M., & Wells, D. (1989). Grand conversations: An explanation of meaning construction in literature study groups. *Research in the Teaching of English, 23*(1), 4-29.

Gee, J.P. (1990). *Social linguistics and literacies: Ideology in discourses.* London: Falmer.

Kelly, P.R. (1990). Guiding young students' response to literature. *The Reading Teacher, 43*(7), 464-470.

McGee, L.M. (1992). Focus on research: Exploring the literature based reading revolution. *Language Arts, 69,* 529-537,

McMahon, S.I., Raphael, T.E., & GOATLEY, V. (1995). Changing the context for classroom reading instruction: The book club project. In J. Brophy (Ed.), *Advances in research on teaching* (pp. 123-166). Greenwich, CT: JAI Press.

McMahon, S.I., & Raphael, T.E. (in press). *Book Club: Multiple voices building literate communities.* NewYork: Teachers College Press.

Pearson, P.D. (1993). Teaching and learning reading: A research perspective. *Language Arts, 70,* 502-511.

Purves, A.C., Rogers, T., & Soter, A.O. (1990). *How porcupines make love II: Teaching a response-centered literature curriculum.* White Plains, NY: Longman.

Raphael, T.E., & McMahon, S.I. (1994). Book club: An alternative framework for reading instruction. *Reading Teacher, 48*(2), 102-116.

Rosenblatt, L.M. (1978). *The reader, the text, the poem: The transactional theory of the literary work.* Carbondale, IL: Southern Illinois University Press.

Samway, K.D., Whang, G., Cade, C., Gamik, M., Lubandina, M.A., & Phommachanh, K. (1991). Reading the skeleton, the heart, and the brain of a book: Students' perspectives on literature study circles. *The Reading Teacher, 45*(3), 196-205.

Vygotsky, L.S. (1978). *Mind in society.* Cambridge, MA: Harvard University Press.

Wiencek, B.J. (1996). Planning, initiating, and sustaining literature discussion groups: The teacher's role. In L.B. Gambrell & J.F. Almasi (Eds.), *Lively discussions! Fostering engaged reading.* Newark, DE: International Reading Association.

鮮活的討論！——培養專注的閱讀

Woseman, D.L, Many, J.E., & Altieri, J. (1992). Enabling complex aesthetic responses: An examination of three literary discussion approaches. In D.J. Leu & C.K. Kinzer (Eds.), *Literacy research, theory, and practice: Views from many perspectives* (Forty-first Yearbook of the National Reading Conference, pp. 283-290). Chicago, IL: The National Reading Conference.

兒童文學參考書目

Babbitt, N. (1975). *Tuck everlasting.* New York: Farrar, Straus, & Giroux.

Meltzer, M. (1990). They that take the sword. In A. Durrell & M. Sachs (Eds.), *The big book of peace.* New York: Dutton.

鮮活的討論！——培養專注的閱讀

第四篇

評估討論的觀點

鮮活的討論！——培養專注的閱讀

第十六章

討論：
評估說了什麼和做了什麼

　　當我們在評估討論的效率時，很重要的就是要考慮討論的品質（說了什麼）和非口語行為（做了什麼），評估策略必須提供一種方法讓老師和學生反應出班級討論期間發生了什麼。本章主要的焦點就是學生評估自己有效討論的技巧和能力，特別是，這種評估策略是要讓學生積極參與自我反省和自我評估。

　　目前有關討論的文獻提供了促進學生了解他們互動行為的教學技術大綱。Galda、Cullinan 和 Strickland（1993）曾建議，在老師示範和引導一個「建設性行為」的討論時，應要求學生整理出一個評估他們參與討論的效率和程度的討論指導大綱。Cintorino（1993）主張學生應該問問題並設定討論的方向，以便建構意義。依據 Kletzien 和 Baloche（1994）的說法，討論的最後幾分鐘應讓學生討論他們分享的想法和觀察，綜合來自他人訊息的方式，以及他們如何貢獻討論。

　　Hyman（1980）曾建議討論之後來自同儕和老師的回饋是非常需要的，這能幫助學生維持適當的討論行為，他也強調回饋的目的是要鼓勵

學生參與未來討論時的改進。Anthony、Johnson、Mickelson 和 Preece（1991）相信有效的評估，藉著讓學生參與在合作性、非競爭性和反省性的語言建構的學習活動中，可以導致一段時間後的成長和進步。再者，Wiencek 和 O'Flahavan（1994）建議討論後再做報告，也要賦予學生一些責任來評估這段時間發生了什麼（請看威內克在本書第十四章有關報告的討論）。這個過程能促進學生了解他們的互動，並幫助發展對討論行為後設認知的了解。

　　說到評估，討論需要被多層面的檢驗，本章中強調三個討論的層面：(1)討論行為，(2)敘述性文本的因素，和(3)說明性文本的因素（可能考慮的項目陳列在表 16-1）。每一個類目都有無數的可能性；因此，這個單

表 16-1　評估需要考慮的討論因素和內容

討論行為	討論的敘述性內容	討論的說明性內容
將想法與背景連結	書名適合性	書名適合性
避免打擾	角色分析	作者的文本組織
輪流	情節分析	主題的處理
判斷之前要傾聽	主題的支持	作者的評證
聚焦在主題上	觀點	舉例的效果
深度探討主題	對話的效率	作者的清楚性
在文本中找到支持	衝突與解決	正確性
澄清想法	同樣主題焦點的文本	流暢性
認同別人的想法	角色互動	呈現的完整性
詢問他人	結束的效果	視覺效果
目光接觸	故事的場地效果	針對主題的文本比較
使用聲音的適當性	角色動機	其他類別中的主題處理
支持想法的表達	典型分析	典型分析
提供創意的解決	故事的發展	文本與媒材對同一主題處理的比較
鼓勵同意	作者的語言使用（風格）	作者的語言使用
重組所說的	插圖的效果	呈現的順序
避免嘲笑他人想法	與其他作者的作品比較	
延伸他人的想法	比較書的文本和媒材	

子應被當成是一個可以討論和評估的代表性例子。老師應該檢驗他們的學生目前的發展狀態，也就是他們對討論因素和行為的檢驗和知識，再以此來修正這個單子。學生也應被鼓勵投入討論的行為和內容。

　　本章藉由呈現老師用來評估討論的不同策略來結合已知的討論和評估。這裡的每一個策略都有可能被用在大部分的討論和教室情境中的彈性。這些策略是討論演奏、錄音和錄影的檔案、討論詳細說明單、討論報告和促進討論檢核表。

討論演奏

　　為了評估學生做為討論者的表現，一開始能示範討論的行為和主題是很有幫助的。示範可以澄清討論的不同因素，以及某個因素的有無對此討論的影響。有一個提供這種討論示範的方式，就是用討論演奏（discussion play）作例子。這個討論演奏的概念是由作者和學校教師所發展出來的（Montgomery County Public Schools, 1982）。

討論演奏

書：《天靈靈》（*Jumanji*），作者：Chris Van Allsburg（信誼）
敘述的焦點：插圖對文本的影響。
討論行為的焦點：(1)放在主題上，(2)支持你所說的話。
角色：凱特林、提姆、瑪莉莎、傑米何和班。

　　瑪莉莎：我喜歡這本書的插畫（指著書）。
　　　　班：我們需要討論它們如何影響這個故事，我認為它們加強了，因為他（插畫者）表現得比他放在文字上的意義還要多。

☞ 示範可以澄清討論的不同因素，以及某個因素的有無對此討論的影響。☜

瑪莉莎：但有時候他並沒有表現出文字所說的部分。

傑米何：你是什麼意思？

瑪莉莎：你看第七頁，他說獅子在舔牠的唇，但圖畫上的獅子卻是在打呵欠。

提　姆：我喜歡獅子。

傑米何：他也說彼得在打一個無聊的呵欠，而不是獅子。

凱特林：我認為獅子是在吼叫，但傑米何是對的，獅子正在做跟文字所說不一樣的事。

提　姆：我寧願獅子是在吼叫。

凱特林：我認為有一些畫的部分很好玩。

瑪莉莎：我看到河馬的圖片就笑出來。

傑米何：在第十三頁畫蛇在壁爐架子上的時候，他用了不同的設計。

提　姆：我也喜歡蛇。

瑪莉莎：但是，在十二頁上也說猴子、蛇和標兵都是在沙發上。

傑米何：要表現出所有的事情很難，我猜他想要我們用一些自己的想像。

凱特林：我喜歡這個碳筆的顏色。

提　姆：那是個很好的遊戲，我也希望我的遊戲會這樣，就像當我在玩大富翁的時候，真的錢會進到屋子裡來。

瑪莉莎：當霧散開來的時候我才覺得放鬆了，就像這圖畫留下一個幻想的土地，然後又回到真實的世界。

討論演奏的班級討論

老　師：從我們聽的目的來講，讓我們想一想這些討論的演奏者做了什麼。他們在討論插畫對整本書的影響，是否所有討論團體的成員都做了這個工作呢？

湯瑪斯：提姆離題了，他說的是獅子。

鍾：……以及蛇，就像他沒有在聽人家說話一樣。

艾密莉：他從沒討論過圖片。他所說的最後一件事就是大富翁遊戲，那是個好想法但他不應該講這個。

老　師：提姆的意見對這個討論有任何影響嗎？

安卓拉：其他人忽略他了。

麥　克：我笑了又想到一開始他很有趣，然後，我想要他離開這個遊戲，我不喜歡他的部分。

艾密莉：我認為我們的團體當中如果有提姆這樣的人，我會告訴他我們應該說的話，我認為那會攪亂別人的一些想法。

老　師：這些玩遊戲的人有沒有給他們的想法一些支持呢？

沙諾亞：傑米何和瑪莉莎是最好的。

凱　文：但瑪莉莎並不是所有的時間都給予支持。

安卓拉：凱文是對的，就像一開始，在他沒有表示文字所說的東西時，她應該可以給一些例子。

潘：傑米何提出頁數號碼是很好的，我就可以翻到那一頁去看。

湯瑪斯：凱特林有時也給一些支持，她提到所用的碳筆畫的顏色我認為很好，但是她應該可以說一說為什麼，她並沒有說出顏色對這書有什麼作用。

艾密莉：我喜歡瑪莉莎說的有關幻想和真實生活的部分，我本來沒想到這些，但我現在看的時候，我想她是對的。

老　師：你們是很棒的偵探家！我們有沒有其他方式可以重寫這個劇本，讓這個討論更有效率呢？

（針對演奏可做什麼改變以便更充分的符合目標的這個一般討論，全班或一個被指定的學生團體就重寫了這個演奏。這個修正的討論劇本就獻給這個班級，他們再度從焦點和行為目標上做第二次的批評）。

修正過的討論演奏

瑪莉莎：我喜歡這本書上的插圖，因為每次我在看的時候就會看到

更多事情，就像瓷器和木頭可能裂成碎片了，在十二頁上。

班：我們需要討論插畫如何影響這個故事，我認爲他們有增強，因爲作者表現更多在插畫上而不是文字上。

瑪莉莎：他並不是一直這麼做，你看第七頁，獅子並不是在舔牠的唇。

班：你是對的，但我覺得獅子看起來像是在吼叫，這還是沒有跟文字配合。

提姆：也許我們應該幫他改變文字而不是插畫。如果說獅子在打呵欠或咆哮的話都可以。

傑米何：有些事情應該改變，因爲這頁上圖畫和文字並不配合。但是在第八頁上猴子在偷食物的部分又配合得很好。

凱特林：我正要說這件事，但有時候，我也喜歡作者不表現所有的事情，那會讓我思考，有一些圖畫是非常有趣的。

瑪莉莎：我看河馬的圖片會笑出來是因爲牠們臉部的表情，牠們在那裡看起來也很令人驚訝！

傑米何：牠們的確是看起來好笑，在第十三頁，當蛇在壁爐架上纏繞時鐘的時候，他也用了不同的設計。這些文字在這一頁上就滿配合的。

提姆：這些不同的設計使圖畫看起來更有趣，有些圖畫很簡單，有些卻有很多細節，我幾乎等不及要看下一頁有什麼要出現。

瑪莉莎：我還是困惑他爲什麼老是不跟文字配合，在十一頁上說猴子、蛇以及標兵都在沙發上，但他只有顯示標兵坐在一個像娃娃屋的地方。

傑米何：表示出所有的細節很難，我猜他希望我們運用想像。

凱特林：我認爲碳筆的顏色會讓我們運用想像力，有些事情是很準確清楚，但其他事情又有些神秘。我認爲他用的顏色和風格增加了神秘性。

提姆：我同意，我不認爲如果沒有插畫的話，我還會這麼喜歡這

本書。

瑪莉莎：我也是這樣覺得，插畫帶我進入書中，當最後的霧散開時我覺得解脫，就像裘蒂和彼得離開想像的土地回到真實世界一樣。

提　　姆：這正是他們做的事情啊！

　　一個討論演奏也許把焦點放在分析一個角色的特點和一些討論的行為因素上，例如專注在主題上和延伸彼此的想法。討論演奏是學生參與討論的劇本，通常有三到五個部分或角色，唸出每個討論者角色的演奏者要戴上一個名牌或名字項鍊，上面寫著他們所描繪的討論者的名字。讓學生扮演討論者角色的目的是當同儕批評這個演奏時，就會用這名字批評這個假定的角色，而不會針對讀這個部分的學生。這個技巧也能幫助演奏者去分析他們所扮演的角色，而不用擔心他們自己會被批評。

　　討論演奏可短可長，要看學生評估討論的能力而定，重要的是首先要示範一個簡短的、很容易跟著做的討論演奏。接下來的演奏藉著納入一到兩個新內容和行為因素，可發展成包含先前示範的目標、增強學習的討論因素並擴充學生的知識。在讀過每個討論演奏之後，就可以讓學生根據所給予的焦點和行為目標來批評，也許還可為這個目的來組織小組或全班的團體。老師應鼓勵學生小心檢驗這個演奏，並建議每個演奏者如何做得更好以達團體的目標。有一個選擇就是讓聽這個演奏的學生有一份副本，這樣當演奏者在讀時他們就可以跟上。然後鼓勵學生重寫這個演奏，這樣所有的討論者就能更有效的符合這個目標。

　　在敘述性或說明性的內容，和口語和非口語行為方面，討論演奏提供一個示範和學習評估討論的工具。這個重寫演奏的過程讓學生有在一個演奏型態上寫和表達有意義的語言的機會，並且去經驗這種替代的、不受責難的，不同討論的應該和不應該做的事。

　　一個老師，或一群老師，可依適當的討論目的來發展討論演奏，下面所列出的討論行為，加上在表 16-1 的敘述性和說明性的策略可以是有用的計畫工具。發展一個討論演奏所要考慮的步驟包括了下面幾項：

1. 觀察學生討論，並決定需要強調什麼樣的討論行為和敘述或說明性的焦點。
2. 選擇一個適當的文本和／或主題來討論，並融入課程的期望。
3. 發展一個簡短的討論劇本，寫成演奏的形式，用別名稱呼三到五個討論的演奏者，其中大部分的演奏者會表現目標行為。

一旦發展出討論演奏：

1. 學生擔任演奏者的角色，並讀出故事來。
2. 班級的觀眾和演奏的讀者可批評討論演奏者的貢獻，看所定的目標是否達成。
3. 以能夠改進假設性討論的方法來進行一般的班級討論。
4. 班級或次團體的學生一起編輯或重寫討論演奏的對話，使所有演奏的討論者能達到既定的目標。
5. 學生注意到至少一個修正過的項目，放到未來討論中的討論演奏的積極面，來批判修正過的演奏，並連結他們所學。

經過幾個演奏的呈現、批評和修正以後，小組的學生能發展原創的顯示不同討論狀況的討論演奏而呈現給同儕。

錄音和錄影檔案

我在一個學校和一組五個學生的團體合作，協助促進和修正他們的討論技巧。一開始，學生的討論就被錄音起來，然後放給他們聽，並請他們批評自己的討論行為。學生對聽錄音帶的反應包括像這樣的意見：「我重複說過的話太多次了」、「我不了解梅根說的，但我忘了請她解釋」、「我說『嗯』太多次了」，以及「我在開始說話之前並沒有思考」。在第四週時我又帶了一個攝影機到教室，訓練一對學生來操作攝影機，然後用輪流的方式錄下討論。

這能讓所有的學生都參與觀看者和討論者的身分，在看這個討論的錄影帶時，鼓勵學生去檢查他們的討論行為是否有違反提供在討論資料表上的行為（請看表 16-2）。學生評估意見的焦點是在明顯的行為上，像是「我干擾亞當兩次」和「我忘記應該要討論什麼」，以及非口語的行為像是「我聳肩膀而且看起來皺眉不高興的樣子」、「我看著書而不是團體」和「我不知道我說話時一直在摸耳朵」。

錄影檔案能讓學生看到自己在真實的討論情境中的表現，教室的錄影帶圖書館或個人錄影帶檔案中摘錄的部分，可以幫學生在視覺和聽覺上修正討論的進度。這附帶的討論資料表能幫助學生在特別的標準上評估一段時間的進步情形。

表 16-2　討論自我評估表

名字：卓治
年級：四年級

日期	討論主題	所用背景	準備	分析主題	給予支持	提問想法	做結論	避免干擾	目光接觸
9/16	科學實驗室植物成長結果								
9/25	《通往泰瑞比亞的橋》（Bridge to Terabithia）（漢聲）一書的角色分析								
10/2	以鯨魚的主題比較兩本書和一篇新文章								

說明：3 ＝很強　2 ＝還好　1 ＝可以改進　0 ＝沒有應用

 討論詳細說明單

討論詳細說明單（discussion specification sheets），學生更熟悉的說法是詳細說明單（spec sheets），讓個別學生、同儕和老師設定或修正對

討論的期望。每個詳細說明單都分成兩大類：討論內容和討論行為，例如表 16-3 的詳細說明單：敘述性的選擇，和表 16-4 的詳細說明單：說明性的選擇。每個詳細說明單上包括三個欄位，自我評估的項目是由 Y 代表「是」，S 代表「有時候」，N 代表「不是」，如果沒有發生特別項目的話。這個詳細說明單能成為學生檔案的一部分，且能用在師生會談

表 16-3　詳細說明單：敘述性的選擇

評估說明：Y ＝是；S ＝有時候；N ＝不是

名字：<u>阿力塔</u>　　　　　　　　　　　　　　日期：<u>二月三日</u>
選擇：<u>《夏洛特的網》（*Charlotte's web*）</u>　　焦點：<u>角色互動</u>
　　　　<u>（by E. B. White）（聯經）</u>

討論內容	自己	朋友	老師
1. 將自己經驗與主題連結	Y		
2. 分析＿＿＿（角色互動）＿＿＿	S		
3. 將作者風格與因素連結	N		
4. 注意到故事順序的影響	Y		
5. 從文本中找到並讀出支持	S		
6.			
7.			

討論行為	自己	朋友	老師
1. 避免干擾	S		
2. 和別人做目光接觸	S		
3. 問別人問題	N		
4. 集中在焦點上	Y		
5. 貢獻之前先思考	Y		
6. 做有益的貢獻	S		
7.			

討論最好的部分：＿＿＿＿＿＿＿＿＿＿

表 16-4 詳細說明單：說明性的選擇

評估說明：Y ＝是；S ＝有時候；N ＝不是

名字：傑若米　　　　　　　　　　　　　　日期：四月六日

選擇：《鯨魚：深海巨人》（*Whales: Giants of the deep*）（by Henshaw）；《鯨
　　　魚》（*Whales*）（by Simon）；《今日佛羅里達》（*Florida Today*）選文

焦點：比較／對照內容

討論內容	自己	朋友	老師
1. 將自身經驗與主題連結	Y		
2. 分析選擇的正確性	S		
3. 考慮作者的信用	N		
4. 提供支持的例子	Y		
5. 將特別的想法彼此連結	S		
6.			
7.			

討論行為	自己	朋友	老師
1. 從文本中找到支持	S		
2. 保持焦點	S		
3. 在說話時表達面部表情	N		
4. 評估別人的貢獻	Y		
5. 提供澄清／研究的訊息	Y		
6. 為討論做準備	S		
7.			

我最感到驕傲的是貢獻＿＿＿＿＿＿＿＿＿＿到討論中，因為＿＿＿＿＿＿＿＿

中。使用詳細說明單的步驟包括：

 1. 決定在一個指定的討論或時段中將強調什麼討論的焦點和行為。

 2. 發展一個詳細說明單，其中所選擇的行為包含兩大類目：討論內
  容和討論行為。

 3. 示範每一個討論行為，這樣學生才了解其中所包含的因素。

 4. 將這個詳細說明單做為師生座談的參考，還可用在全班討論中做

為改進討論藝術的方式。

5. 在學生檔案中保存一些自選和完整的詳細說明單，如此可以經常
拿出來看，顯示不同討論領域的成長和改進。

要求學生在每個詳細說明單的下面，寫出有關他們討論表現的意見。
逐漸鼓勵學生發展出他們自己對這樣意見的焦點。

討論詳細說明單可以鼓勵學生將焦點同樣放在敘述性和說明性的內
容和討論行為上。這個策略也提供學生機會將焦點放在他們認為特別有
效的部分，並且寫出來。

討論報告

「我們只是報告而已！」這是一個剛完成和同儕老師討論談話的四
年級生的驕傲意見。在報告中，這學生準確的發現了他需要做什麼來促
進他的討論技巧。討論必須被討論，而報告讓學生參與反省和分析他們
的討論能力。重要的是，討論的引導大綱和目標必須在討論之前就設定
清楚，執行這個策略的步驟包含下列幾項：

1. 在進行新討論之前，先討論以前的討論。
2. 依據過去的經驗，決定什麼討論面向是該團體和／或個人學生做
得好的或需要改進的。
3. 在圖表紙上寫下腦力激盪的因素。
4. 在接下來的討論需要強調的因素旁做打勾的記號。
5. 保持討論。
6. 在討論後安排報告的時間，討論先前討論圖表上打勾的項目。
7. 最後圈出需要額外注意的部分。

☞ 報告讓學生參與反省和分析他們的討論能力。☜

在下次討論前，先看一下圖表了解接下來要討論的焦點。這個策略是循環的，師生都會繼續連結他們過去討論所學到的來達成未來討論的目標。這個策略特別適合用來評估整個團體討論的效率（請看本書威內克所著第十四章有關報告的訊息）。

討論報告藉著讓師生連結先前討論的模式和目標來達成未來的方向，是在討論模式中影響積極改變的媒介。學生認真面對這個挑戰，將會產生在討論能力上的個人成長。

🍃 促進討論檢核表

就像先前的策略幫助學生集中並反應在他們身為討論者的效能上那樣，對師生同樣重要的就是對團體討論的促進者角色有所反應。一開始，老師必須示範討論促進者的角色；但是最後的目標是讓學生擔任這個角色。這個促進者角色的一部分工作是引導那些討論參與者，和幫助他們了解為什麼討論會產生。促進討論檢核表能幫助促進者對學生討論過程中發生了什麼和沒發生什麼有所反應、其思考的品質和程度，以及所完成的互動、所表現的討論行為，和還可以做什麼來修正未來的討論等。這樣的反應必須是開放的，允許師生去包含和他們的學生團體相關的特定因素。一個促進討論檢核表可在表 16-5 中看到，其做為一個評估工具的例子，可讓討論促進者自我評估他在討論中角色的效率。促進討論檢核表的主要目的是鼓勵促進者考慮討論的重要部分，以及幫學生自我評估他們做為討論促進者的表現如何。

表 16-5　促進討論檢核表

名字＿＿＿＿＿　日期＿＿＿＿＿＿＿＿

是	有時	不是	應考慮的討論項目
＿	＿	＿	1. 我是否問了真實的問題來促進討論？
＿	＿	＿	2. 當需要時我是否引導討論以保持參與者專心工作然後再退居次要角色？
＿	＿	＿	3. 我是否鼓勵參與者在討論中看著彼此？
＿	＿	＿	4. 我是否鼓勵參與者彼此問問題？
＿	＿	＿	5. 我是否示範身為討論團體份子的討論行為？
＿	＿	＿	6. 我是否示範尊重他人的想法和意見的分享？
＿	＿	＿	7. 我是否提供機會讓參與者在討論後做報告？

計畫要做的事情：我需要在未來的討論中加強的部分是

_____

_____

_____

 結論

　　討論是一個真實的生活技巧，值得花相當時間和注意力，學生需要參與對他們的討論技巧的自我評估，這樣才能有效評估他們在討論中說了什麼和做了什麼。本章所呈現的策略和技巧，焦點是在幫助學生對他們的參與討論更具備後設認知能力，並幫助他們修正和延伸討論技巧的內涵。

參考書目

Anthony, R.J., Johnson, T.D., Mickelson, N.I., & Preece, A. (1991). *Evaluating literacy, A perspectivefor change.* Portsmouth, NH: Heinemann.

Cazden, C. (1988). *Classroom discourse: The language of teaching and learning.* Ports-

鮮活的討論！——培養專注的閱讀

mouth, NH: Heinemann.

Cintorino, M.A. (1993). Getting together, getting along, getting to the business of teaching and learning. *English Journal, 82,* 23-32.

Galda, L., Cullinan, B.E., & Strickland, D.S. (1993). *Language, literacy and the child.* Fort Worth, TX: Harcourt, Brace, & Jovanovich.

Hyman, R.T. (1980). *Improving Discussion Leadership.* New York: Teachers College Press.

Kletaien, S.B., & Baloche, L. (1994). The shifting muffled sound of the pick: Facilitating student-to-student discussion. *Journal of Reading, 37,* 540-545.

Montgomery County Public Schools, Reading And Language Arts Staff (1982). *The discussion play with trainer videotapes.* Rockville, MD: Montgomery County Board of Education.

Wiencek, B.J. (1996). Planning, initiating, and sustaining literature discussion groups: The teacher's role. In L.B. Gambrell & J.F. Almasi (Eds.), *Lively discussions! Fostering engaged reading.* Newark, DE:International Reading Association.

Wiencek, J., & O'Flahavan, J. (1994). From teacher-led to peer discussions about literature: Suggestions for making the shift. *Language Arts, 71,* 488-498.

兒童文學參考書目

Patent, D.H. (1984). Whales: *Giants of the deep.* New York: Holiday House.

Simon, S. (1992). *Whales.* New York: HarperCollins.

Van Allsburg, C. (1981). *Jumanji.* Boston, MA: Houghton Mifflin.

White, E.B. (1952). *Charlotte's web.* New York: Harper & Row.

鮮活的討論！——培養專注的閱讀

第十七章

故事重述：
一個發展和評估理解力的討論策略

蕾斯莉・莫柔

　　教育家和老師長期以來都了解為學生讀故事是有益的活動，老師也認同教室故事時間，以及每一代的父母為孩子讀故事做為睡前例行儀式的重要性。理論的、相關的和個案的研究都建議，為幼兒閱讀能幫助他們學習有關書寫語言的特性。他們學到書寫語言和口說語言是不同的、文字會產生意義，以及在書頁上的文字也是有聲音的（Clay, 1979; Smith, 1978）。

　　其他調查也發現，早期讀者包括成功的讀者和在入學之前就已學會閱讀的孩子都有一種傾向，就是在家中父母經常讀書給他們聽（Clark, 1984; Durkin, 1974-75; Morrow, 1983; Teale, 1984）。語言發展，特別在語音複雜度和字彙的成長上，與早期的出聲閱讀經驗有關（Chomsky, 1972）。那些經常有人讀書給他們聽的孩子知道如何拿一本書、知道哪裡是封面、哪個是要讀的文字，以及閱讀文字的適當方向（Baghban, 1984; Hoffman, 1982）。實驗研究調查故事書閱讀這個規律的教室實作在孩子成就上的影響，發現實驗組的孩子在字彙評量、理解力和解碼能力上的

成績，都顯著的比控制組沒有人讀給他聽的經驗的孩子來得高（Feitelson, Kita, & Goldstein, 1986; Morrow, 1986）。

到底什麼原因使得爲孩子閱讀故事產生這樣的結果？調查發現只是閱讀並不一定能給孩子帶來正向的結果，之所以能促進讀寫發展似乎與在閱讀之前、之中和之後做了什麼，孩子如何積極參與在事件中，以及和故事被閱讀的型態有關（Green & Harker, 1982; Peterman, Dunning, & Mason, 1985）。

孩子的積極參與，通過和成人與同儕閱讀經驗的討論，被發現能促進孩子的理解力、口說語言，以及故事結構意識的發展（Blank & Sheldon, 1971; Bower, 1975）。這種被發現有益的故事討論策略的型態有下面幾點：

1. 老師會管理，用簡短討論來介紹故事，包括故事名稱，加上背景訊息來提供一些先備知識，也會重新引導一些無關的討論回到故事文本中。
2. 老師會促進反應，邀請學生貫穿閱讀來問問題或分享意見，如果孩子沒有反應，成人就會鷹架或示範反應給他們看。
3. 老師會支持和告知，在被問到時對意見做反應和解釋故事的部分，他們會盡可能的將反應和真實的生活經驗連結。

貫穿整個故事閱讀，老師會提供積極的增強和讚美學生的意見（Applebee, 1980; Morrow, 1985; Roser & Martinez, 1985）。

Pellegrini和Galda（1982）發現，學生的故事理解力和重述能力會因爲積極參與和藉角色扮演做故事重建的同儕討論而增進。Zimiles 和 Kuhns（1976）發現要求孩子在聽完故事之後加以重述，能促進這些六至八歲孩子的故事理解能力。Morrow（1985, 1986）進行了三個不同幼兒的研究，來決定故事重述的特殊教學優點。重述的引導是在孩子需要協助時，促進和鷹架他們的反應。實驗組的孩子在口語複雜度、故事理解力、重述時的故事結構意識，以及在記錄幼兒口述原本的故事中包含結構性因素等方面，都表現了明顯的改進。在一個調查重述故事對四年級學生閱讀理解力影響的研究設計中，Gambrell、Pfeiffer和Wilson（1985）發現，

參與引導的重述實作課程中的學生，在閱讀理解上，比未參與引導的重述課程的控制組學生表現好很多。

　　故事重述似乎是讓孩子在重建故事上扮演重大積極角色的一種程序，它也讓成年人和孩子投入積極的討論中。研究結果建議，引導的故事重述加上互動的討論會造成理解力和對話記憶的顯著改進。此外，讀者或聽者也學到有關文本訊息的組織、解讀和保持。

☞　重述需要讀者或聽者將故事的部分彼此相連來統整訊息，將此與個人經驗背景相連結而將這些訊息個人化。☜

　　重述故事能讓學生融入全面的理解中，重述需要讀者或聽者將故事的部分彼此相連來統整訊息，將此與個人經驗背景相連結而將這些訊息個人化。這個策略是延續Wittrock（1981）產生學習的模式。讓學生參與重述故事的活動，反映一個閱讀理解的全方位概念。做為一種活動，它與傳統「零碎取向」的那種老師提出問題、要求學生用有關文本的特定訊息做回應的方式不同（Morrow et al., 1986）。

　　本章是把焦點放在創造能培養不同討論型態、解讀和文本理解的教室情境。有些討論的定義是與培養理解能力有關的（請看本書艾瑪西所寫的第一章）。依據字典，討論是「一種說話或寫作，其中會考慮到一個主題的優缺點或不同方面」，另一個討論的定義就只說是「來討論」（to talk about）。本章的焦點是放在「來討論」孩子讀了什麼，或被讀時聽到什麼，以幫助他們解讀和理解文本。這個要探討的策略是「故事重述」，包含了孩子討論文本，並藉著討論與老師互動（請看巴潤廷在本書第四章有關互動對話的延伸討論）。在故事重述中，老師鼓勵學生通過鷹架或示範、問問題、通知和提供對孩子意見的支持來刺激反應（請看卡爾尼在本書所著第十一章有關鷹架的延伸討論）。本章也會談到師生對重述的評量，來判定在解讀和理解文本中的進步情形。

🌿 什麼是重述？

重述（retelling）是讀後或聽後的記憶，其中讀者或聽者說出他們從讀或聽中所記得的東西。

重述可用口語或書寫的方式，依據 Johnston（1983）的說法，「重述是最直接的評估……有關讀者／文本互動的結果」（p.54）。重述顯示讀者或聽者對文本訊息的同化和重建，也反應出理解力。重述讓讀者或聽者依據個人和個別的文本解讀來建構反應，這是個積極的程序，能讓孩子參與文本的重新建構。當老師藉初次意圖用討論重述故事引導孩子，同時也會讓成人與孩子之間產生互動行為。當孩子學習重述、彼此重述，互動的討論就會在同儕之間發生。重述鼓勵概念的統整和個別化，幫助孩子看到故事的各部分如何相關，以及如何與他們自己的經驗相調和（請看哈特曼和艾立森在本書第八章有關文本內討論的探討）。重述是跟著一個生產性的學習模式而來的（Wittrock, 1981）。

維高斯基（1978）對高層次心智功能，也就是內化的社會關係的定義，有進一步的貢獻。基於對維高斯基理論的應用，讀寫是從孩子與他人在包含了讀、寫、口語的特定環境的社會互動中所發展的。這個讀寫活動與被成人仲介的互動，將決定有關的想法及邁向讀寫之路所需要的技巧。Holdaway（1979）所發展的教學模式顯示，從早期的故事書經驗中受到互動的成人的仲介，讓參與在需要問題解決的討論中的孩子獲益最多。孩子被要求去反應（這裡指重述故事），而成人也會在必要時提供訊息（這裡指引導重述）。在這樣的情境中，孩子與成人會互動去討論、建構、重建和解讀文本。重述的目標之一就是通過成人與孩子的互動性討論，重新建構故事的意義。初步而言，在故事重

述的互動中，當成人與孩子一起重建意義時，是人際心理的。當孩子內化了互動，並能獨立進行重述的工作時，這種重述就逐漸變成是內在心理的情況（Teale, 1984; Vygotsky, 1978）。

 ## 故事重述在教室中的使用

爲孩子示範故事重述

在鼓勵故事重述時老師扮演關鍵的角色，就是在學生重述故事之前，必須爲他們示範這個活動。這裡必須注意到重述故事是一個說故事的形式，在選一個故事來重述時，老師應選擇有好情節及結構的故事：明確的場地、跟隨一個主題的介紹、一系列情節的插曲，以及最後的解決。選擇孩子喜歡的故事，和他們能夠因爲一些可預測的因素，像是押韻、重要句和重複句等而跟著你重述的故事。確定要非常熟悉這個故事，這樣才能正確的重述它。重述並不是指記憶，而是用你的話來說一遍這個故事。如果故事中包含了重要的句子，就可鼓勵孩子將其加入重述。

記得爲孩子重述故事的目的是要提供他們一個模仿的示範，因此必須要做得很好。重述故事時要能充分表達，改變聲音來反應不同角色所說的對話並強調特殊事件。說故事就像一個戲劇的表現，使用聲音和面部表情，緩慢而生動的重述，但並不是過度誇張而蓋過這個故事。相對於直接閱讀一本書，重述可以簡化故事來包容觀眾的注意範圍，同時也讓你和孩子發展一種個人的關係，因爲你能在重述時做到目光的接觸。將重述錄音或錄影，以便觀察和批判你的技巧（Morrrow, 1989）。

☞ 選擇孩子喜歡的故事，和他們能夠因爲一些可預測的因素，像是押韻、重要句和重複句等而跟著你重述的故事。☜

教學和引導學生故事重述的討論

　　不論年齡如何，如果學生沒有先前經驗，重述故事對他們而言不是一個容易的程序。在爲學生示範重述之後，就是讓他們參與的時間；孩子一開始進行時會有一些困難，但練習可以增加重述的品質，也更容易完成工作（Morrow, 1985）。在幫學生發展重述的練習時，他們在讀或聽文本或故事之前應被告知將被要求重述。例如：老師可能會說：「我將要讀一個故事叫做（故事書名），當我讀完之後，會要求你重述一遍，就像你要重述一遍給你從沒聽過這個故事的朋友聽一樣。」（Morrow, 1985）。進一步的引導就要看重述的目的而定，如果目的是教導或測驗順序的話，就應教導孩子去注意開始、再來和最後發生了什麼事。如果目的是教導或評估統整訊息，從文本推論，或做文本內連結的能力的話，就應教導孩子推論到與文本有關的個人感覺或經驗的重述上去。當要求孩子以重述重建故事意義做爲一種教學技巧時，在說故事之前和之後的討論將會促進重述能力（Irwin & Mitchell, 1983; Morrow, 1985）。建議也要做後續對重述品質的重述和討論的練習課程，以幫助孩子了解並習慣這種工作。可以把重述錄音下來重新再聽，這樣孩子可以知道他們在活動中的優點和缺點。

　　誘發和引導孩子重述的建議陳列於下（Morrow, 1985），這種型態強調了包含故事結構的因素在內：場地（介紹角色、時間與地點）、主題（一個開始的事件造成主角反應，再形成一個目標或面對一個問題）、情節插曲（主角意圖去達成目標或解決問題的事件）和解決（目標達成或問題解決和故事結果）：

1. 要求學生重述故事時是這樣說的：「不久以前我讀了這個故事（故事名稱），你能否重述這個故事，就好像要告訴一個從沒聽過這個故事的朋友一樣呢？」也許可以給幼兒一個娃娃或其他道具來幫他重述故事。

2.只在需要時用下面這些刺激：

- 如果孩子在開始重述故事時有困難，建議開始用「很久很久以前」或「以前有一個……」
- 如果孩子在故事完畢之前就停止重述，就問下面的問題——「下面發生什麼了？」或「然後發生了什麼？」來鼓勵他們繼續。
- 如果孩子停止重述或無法藉上面的刺激持續下去，就在此時問與故事有關的孩子提過的問題，例如「這故事中珍妮的問題是什麼？」

3.當一個孩子沒有辦法重述故事，或這個重述缺少順序或細節的話，可以一步步的刺激重述，例如：

「很久以前」或「以前有一個……」

「這個故事在講誰？」

「這故事發生在什麼時候？」（例如白天、晚上、夏天、冬天？）

「這個故事發生在哪裡？」

「這故事主角的問題是什麼？」

「他是如何解決這個問題的？他首先（再來、最後）做什麼？」

「這問題是如何解決的？」

「這故事最後怎麼結束的？」

　　孩子重述的能力將決定老師需要提供多少的引導和鷹架，鷹架指的是成人準備對幼兒後來的回應所提供的所有回應。鷹架可讓學生發現老師對他們的期望，以及後來如何進行這個工作（Applebee, 1980）。鷹架是盡可能提供孩子所需要的協助，即使老師在早期的引導課程中必須重述全部的故事。老師也許會決定給更多或較少的協助，要看她感覺什麼對孩子最有益而定。當孩子開始發現自己會掌握重述的工作時，成人的鷹架就應該消失了（請看卡爾尼在本書第十一章有關鷹架的延伸討論）。

　　表 17-1 說明了一位老師和幼稚園學生在第一次故事重述中的互動行為：

表 17-1　第一次重述故事中老師與幼稚園學生之間的互動行為

老　師：飛利浦，你能告訴我今天我為你所讀的故事的名字嗎？

飛利浦：我不知道。

老　師：讓我們來看看書的封面，看是否能幫你記得。那是有關一隻烏龜，你記得他的名字嗎？〔老師在提醒書名〕

飛利浦：哦，是的，《黑暗中的富蘭克林》（*Franklin in the Dark*）。

老　師：很好，飛利浦，你不需要我的幫助就能記得故事的全名，現在你能重述這個故事，好像你要說給你的好朋友派翠克聽嗎？派翠克從沒聽過這個故事，所以你說給他聽的時候，不想遺漏任何事情。你何不試著開始說這個故事。〔老師鼓勵學生繼續下去〕

飛利浦：好的，黑暗中的富蘭克林，有一次富蘭克林不想走進牠自己的殼裡去，牠太害怕了。但牠的媽媽說，那裡面什麼也沒有，但牠還是不想進去，因為牠覺得裡面有怪獸。牠不想走進去因為害怕。最後牠還是走進去了，因為牠媽媽在牠的殼裡開了夜燈，牠在晚上打開這個夜燈就能睡著了，故事就是這樣。

老　師：你說得很好，飛利浦，你記得富蘭克林的問題，或這故事的主題，以及富蘭克林和牠的媽媽在故事最後如何解決這個問題。讓我們看看書，還有什麼可以加入你的重述中。

飛利浦：（和老師一起再看一遍這本書）是的，我忘了，富蘭克林去散步，牠看到許多動物也會害怕一些事情。有一隻獅子很怕大聲音，因此牠就戴上了耳罩。

老　師：還有其他動物嗎？〔老師鼓勵他去想其他的角色〕

飛利浦：是的，有一隻鳥很怕飛得高，於是就帶一個大氣球幫助牠飛。

老　師：牠用的這個東西是降落傘，牠還有沒有遇到其他人呢？

飛利浦：我不知道，我已經累了。

老　師：好吧，我可以幫你，還有一隻北極熊很怕冷，所以就穿一件雪衣來保持溫暖。還有一隻鴨子很怕深水，所以就用水翼翅膀來游泳。

飛利浦：是的，對。

老　師：飛利浦你今天做得很好，你有時間的時候，可以拿這本書來看，看圖畫，並試著再講一遍故事。

鮮活的討論！——培養專注的閱讀

　　如前所提，故事重述對幼兒不是件簡單的事；所選的故事必須有好的情節結構，故事線容易追尋和重述。其他因素也可加在故事的預測性

上以幫助開始的重述經驗，特別是重述的句子、熟習的順序（使用星期、數字、字母等）、對話，或故事一般的熟悉度或受歡迎的程度。

孩子重述故事的取代性策略

如前所述，重述故事在很多學校並不是常見的實作，一部分是因為非常花時間，對孩子也困難，但是有很多方法可以使重述故事成為教室中的實作技巧。為了練習和獲得技巧，孩子可在班上為別人重述故事，或在學校為較小的孩子重述故事。孩子可以將重述錄音，以便放給自己聽，或給老師和其他孩子聽，重述故事時可以用書來輔助，也可以不用，雖然在幼兒教育早期，是建議用書中圖畫的刺激來提供引導。故事道具用在初期的故事重述也很有幫助，特別是對幼兒而言。

重述故事可用許多種方式來做，下面的技術使重述很有趣味，不管是老師或學生的使用；也可以單獨使用，或給小團體的小朋友使用。重述可以單獨進行，或為大團體或小團體的觀眾而作。在你自己展示過這些技巧之後，再鼓勵學生用道具來重述故事（Morrow, 1989, 1993）。

絨板上的法蘭絨角色是鼓勵學生重述故事的好媒材。用絨板重述故事，然後將材料放在教室的圖書角，鼓勵學生在閱讀時間或獨立活動時間使用絨布板重述故事。適合使用絨布板的故事就是那些角色有限的故事，像是《去問熊先生》（*Ask Mr. Bear*）（Flack, 1932），或《賣帽子》（*Caps for Sale*）（Slobodkina, 1947）（信誼）。

「粉筆說話」（chalk talk）也鼓勵孩子在聽完老師示範這個技巧之後去重述故事。說故事的人邊說邊畫出來，粉筆說話在一個大黑板上做最有效，才能有順序的說出故事，且從頭到尾不受干擾。同樣的技巧可用在橫掛牆上的壁畫紙，說故事的人用蠟筆或馬克筆而不是粉筆，或用畫架或報表紙。當你畫一個故事時，選擇只用簡單的插圖，和只要畫出需要畫的幾個圖即可。你不必要是藝術家才會使用此技巧，藝術表現的好壞對故事重述是次要的事情。整個系列的故事可以被寫成粉筆說話的是「阿羅有支彩色筆」（*Harold and the Purple Crayon*）（Johnson, 1955）

（信誼）。孩子在看過這種類型的重述模式後，會非常渴望嘗試粉筆說話。

　　故事也可利用下列道具來重述，像是填充動物、玩具和其他能表現故事中角色和目標的東西。這些道具可在說故事的適當點呈現出來，用三個填充的熊和一個金髮娃娃、三張椅子、三個碗就可以用來重述《三隻熊》的故事（*Goldilocks and the Three Bears*）（Galdone, 1972）（遠流）。一個充滿氦氣的紅色大氣球就是用來講《紅氣球》（*The Red Balloon*）（Lamorisse, 1956）故事的好道具。

　　使用玩偶也可鼓勵學生重述故事，教室應有不同型態的玩偶隨時供孩子使用：手偶、棍子偶、手指偶等隨手舉幾個例子都是。害羞的孩子用玩偶來重述故事會較有安全感，因為他們相信玩偶才是說故事的人而不是他們自己。有對話和角色有限的故事最適合用玩偶來重述，例如《三隻小豬》（*The Three Little Pigs*）（Goldone, 1970），或《三隻山羊嘎啦嘎啦》（*The Three Billy Goats Gruff*）（Brown, 1957）（遠流）。

　　音效故事也是鼓勵重述的另一種技術，先由老師示範較有幫助。在這個重述技巧中，觀眾和說故事的人可在需要加強故事情節時提供音響效果，這些音效可用聲音、節奏樂器或音樂來做。在準備重述這樣一個故事時，首先選擇故事適合使用音效的部分，接下來決定要做什麼音效和由什麼人來做。在重述中，學生會做出他們被指定做的特別音效，記錄下表演，並將錄音帶和書一起放在圖書角。孩子可以重述這個老師說過的用全班所創的音效的故事，有些書適合做音效的重述，像《吵鬧書》（*Noisy Book*）（Brown, 1939）、《好一個餿主意》（*Too Much Noise*）（McGovern, 1967）（遠流），以及《布朗先生會牛叫，你會嗎？》（*Mr. Brown Can Moo, Can You?*）（Seuss, 1970）。

　　創造一個戲劇性的重述和錄音的版本，能使學生產生與原來文本不同符號語言的文本（請看哈特曼和艾立森在本書第八章有關符號語言文本的討論）。這個技巧能讓幼兒很有效的重述故事，道具在協助重述時很有幫助，這些技巧也可以獨立運用，就不會破壞全班的時間。因為他們提供了娛樂的呈現，鼓勵孩子在教室和朋友一起重述，並建議為其他班級、其他團體的學生重述故事。當孩子用這裡建議的道具一起重述故

事時，通常是一個孩子說，另一個孩子操作這些材料，他們有時會在一個重述中輪流或替換角色。當他們一起重述時，如果有需要他們會刺激同儕，例如提供接下來是什麼的訊息。如果在故事線上犯錯的話，孩子也會糾正同伴的重述。接下來是兩個一年級小孩用絨板所做的重述活動。查林將故事角色放在板上的時候，派翠克就重述這個故事。查林提供刺激、糾正，並補上派翠克留下的空白。

派翠克：那裡有三隻山羊，一隻大的，一隻小的，還有嗯……

查　林：你忘了那隻中的。

派翠克：這些羊在水的這邊已經沒有草吃了，所以這隻小的就走過
　　　　橋去找一些草吃。這個怪物就說話了：「我要吃掉你。」

查　林：不是，怪物說：「誰在我的橋上發出踢踢躂躂的聲音啊」，
　　　　小羊就說：「是我，小羊啦」，然後怪物才說：「我要吃
　　　　掉你」。

派翠克：小羊就說：「我太小了，我的二哥就要來了」。然後怪物
　　　　就說：「那你滾開吧。」這時二哥來了，怪物就說：「誰
　　　　在我的橋上踢踢躂躂的」「是我啊，我是二哥。」「我要
　　　　吃掉你。」二哥說：「我太小了，我的大哥就要來了。」
　　　　查林，把大山羊放上來。

查　林：好啦，我正要說呢，大山羊就來了，怪物就說了：「誰在
　　　　我的橋上發出踢踢躂躂的聲音啊。」大羊說：「是我啊，
　　　　大羊啊。」怪物說：「來啊來啊。」

派翠克：我說完了，他現在就把他揍到水裡去了。

查　林：還沒有，怪物說：「我會把你的眼睛敲進耳朵裡」。

派翠克：這就是山羊做的事，他把怪物揍進水裡去，故事完畢。

查　林：不，不是，派翠克，你必須說山羊從此過著快樂的日子，
　　　　然後故事才結束。

圖書語言和口述語言不同，當學生比較習慣圖書語言之後，在他們第一次讀其他書的時候，就比較能理解那些書的故事語言。他們同時也

會增加自己的字彙，並藉著模仿作者所用的結構，增進自己口語文章構成法的複雜度。當孩子重述故事時，他們傾向於使用圖書的語言，像是：

> 「在一個壞天氣裡有一隻鮪魚，迅速、猛烈，而且非常饑餓，很快的飛躍過波浪。」〔取自《小黑魚》（*Swimmy*）（Lionni, 1973）（信誼）〕，以及
>
> 「這個野東西可怕的怒吼著，咬著他們可怕的牙齒、滾動他們可怕的眼睛……」〔取自《野獸國》（*Where the Wild Things Are*）（Sandek, 1963）（漢聲）〕。

通常在學生的重述中，他們會使用書中重複的句子，像是 Piper 的《火車快跑》（*The Little Engine That Could*）（1954）（遠流）（「我想我能、我想我能、我想我能……」），或蘇斯博士（Dr. Seuss）的《荷頓孵蛋》（*Horton Hatches the Egg*）（1940）（「我的意思是說……我說的意思是。一個大象的忠誠……百分之百！」）。還不會閱讀的幼兒常會要求老師「指書上的這些字給我看，我要看哪裡這樣說」，這樣的反應表現的是孩子漸生的興趣和學習閱讀的渴望。

在使用過教室所提供的重述材料之後，應鼓勵學生去創造他們自己的絨板故事、道具故事、粉筆說話和玩偶的故事。發展一個說故事的技巧或表現給聽眾聽，孩子會擴充和顯示出基本理解技巧的信心，他們學習去認識和運用這些主題、順序、基本事實和故事組織，並將它們融入這技巧中。所以，重述故事顯示了字面的理解能力。他們必須要能安定觀眾的情緒，期望口頭展示的結果，通過表現來暗示角色如何感覺，並決定觀眾對此表現的感受等。這些要素顯示孩子解讀的理解能力。此外，孩子必須選擇一個文學，以它的主題判斷是否值得和令人喜歡，比較說故事方法的型態，並決定用最好的技巧來說這個故事，這些決定都顯示了批判性思考。

在引導和練習重述之後，也可以要求孩子重寫故事，在寫的時候提供和口語重述同樣型

☞ 重述故事顯示了字面的理解能力。☜

態的引導是很難的，所以，重寫應該是在孩子有一些重述經驗之後再做比較好。重寫提供同樣的益處，就是能促進文本的解讀和藉著不同溝通型態來練習。

用重述做為評估的工具

故事重述和要求學生重寫故事，可用來評量孩子的故事理解力，這同是理解力的產品和過程（Morrow et al., 1986）。藉著對重述或重寫的分析，老師可以診斷一個孩子字面記憶的能力（記得事實、細節、因果關係和事件順序）。重述可以顯示一個孩子對故事結構的意識，例如：孩子膽寫的重述，是否包括了場地、主題、情節插曲和結果的陳述？藉著重述，孩子也在組織、統整和分類故事中暗示卻未表達出來的訊息時，顯示他們推論的能力。他們會概括、解讀感情，或將想法與個人經驗連結（Irwin & Mitchell, 1983; McConaughy, 1980）。通過孩子重述所顯示的全面理解，有著超越傳統那種問孩子特定問題的零碎的評估理解方法的優點（Morrow et al., 1986）。

在一個學年中可以評估很多次孩子的故事重述和重寫來了解其改變，如果你要評估一個孩子的重述，在讀故事之前就要讓孩子知道你將要求他重述或重寫。在做重述的評估時，不要再提供前面那些促進重述的建議，來引導或誘發孩子的重述。可以做的是，在他們停下來時間：「你可以想到任何其他有關這個故事的事情嗎？」或「你做的很好，你可以繼續試試看嗎？」來鼓勵孩子提供他們最好的意見。

評估幼兒的重述和重寫故事，通常是把焦點放在一些字面的理解因素上，像是包含結構因素、對事實細節和順序的覺知等。回顧重述的轉錄和書寫的重述，同樣也可反映解讀和批判性的思考，例如：孩子顯示出能捕捉故事所涵蓋的主題。

評估幼兒口語或書寫的重述以了解其故事是否包含結構意識或結構因素，檢驗者首先必須剖析或將故事事件分成四大類：場地、主題、情節插曲和解決。然後注意孩子確實包含在這四個結構目錄中的想法和事件的數

目，而不管其順序如何。一個故事引導單列出剖析的文本大綱，協助將孩子包含在他的重述中的想法和事件列成表；這樣孩子能證明有那些記憶，或能詳述故事事件的梗概（Pellegrini & Galda, 1982; Thorndyke, 1977）。檢查過孩子所包含的因素，檢驗者再藉比較或對照孩子重述事件中的次序來觀察其敘事順序。這個分析不只顯示孩子包含或忽略了哪種因素和在順序上的情況，同時也可知道需要用什麼教導來發展孩子重述中特別脆弱的領域。一年中幾個口語和書寫的重述之比較將顯示出孩子的進展。

下面的大綱是《珍妮學到一個教訓》（*Jenny Learns a Lesson*）（Fujikawa, 1980）呈現事件或剖析的故事。這是有關一個小女孩喜歡玩假裝的遊戲並邀請她的朋友加入的故事。當她的朋友來玩時，珍妮就變得非常侵略性並告訴每一個人應該要做什麼。經過幾段同樣的插曲後，她的同伴就因為她的霸道而生氣的離開不再回來。珍妮變得非常寂寞，也了解到自己的問題，因此她就向朋友道歉，請他們再回來玩，也發誓不再霸道。他們都同意來玩，這次每個人都能假裝他們想要扮演的角色。表17-2 是這個剖析的故事，接下來是一個五歲孩子口頭重述故事的文字轉錄（請看表 17-3），然後是這個重述的分析（請看表 17-4）。這個同樣型態的分析可用在故事的書寫重述上。

學生在評估他們口語和書寫的重述上應扮演一個主要的部分（請看沃克所寫第十八章有關自我評估討論的延伸討論），就像老師評估一個孩子的重述，孩子也能用他自己的形式同樣這麼做，可以是獨自或在座談的場合。接下來描繪一個用在評估口語重述的討論部分：

老師：貝絲，讓我們一起來讀你重述的這段轉錄抄本。

（他們一起開始讀，只要貝絲覺得自在，老師就讓她自己讀）。

老師：現在，讓我們回顧一下這個重述並看一下故事書，看你記得多少。

（老師給貝絲這本書和一個評估表來評估她的工作）（請見表 17-5）

評估了這個重述之後，接下來的討論就產生了。

貝絲：我有一段介紹「很久很久以前，有一個女孩叫珍妮。」

老師：很好，貝絲，你談到並記得主角的名字也討論到她，你能在你的重述中找到這些嗎？

貝絲：（尋找）是的，在這裡。

表 17-2　剖析的故事：珍妮學到一個教訓

場地
  a. 很久以前，有一個女孩她喜歡玩假裝遊戲。
  b. 角色：珍妮（主角）、尼可拉斯、山姆、梅蘇、蓬鬆狗等。

主題
  每次珍妮在和朋友玩時都對他們很霸道，並堅持他們必須做她要他們做的事情。

情節插曲
  第一段插曲：珍妮決定假裝是個皇后，她打電話叫朋友來玩，命令他們做她規定的玩法並且對他們很霸道，朋友很生氣的都離開了。
  第二段插曲：珍妮決定要扮演一個舞者，也和第一段插曲同樣的結果（她叫朋友來玩，告訴他們怎麼玩，朋友都離開）。
  第三段插曲：珍妮決定玩海盜，又是同樣的結果。
  第四段插曲：珍妮決定扮演公爵夫人，又是同樣的結果。
  第五段插曲：珍妮的朋友決定不再和她玩了，因為她是如此霸道。很多天過去了，珍妮因霸道而受到懲罰。

解決
  a. 所有的朋友都玩在一起，每個人都可以做他們想做的事情。
  b. 他們都有美好的一天，覺得很累就都睡著了。

表 17-3　逐字轉錄的樣本

貝絲，七歲

　　很久以前有一個女孩名字叫做珍妮，她叫朋友過來，他們玩皇后在皇宮的遊戲。他們必須，他們必須做她所說的，但他們不喜歡，所以他們就回家了，並且說這很無聊……扮演皇后和做她說的很無趣，所以有七天的時間他們都不再和她玩。然後她有，她有一個想法……她覺得自己太自私了，所以她去找她的朋友和他們說，我很抱歉我以前很卑鄙，然後說，我們來玩海盜。他們就玩海盜，跑到假裝的船上。然後他們假裝她是一個時髦的女士在屋子裡面玩，然後他們喝一些茶，玩他們想玩的，他們就很快樂……完畢。

表 17-4　故事重述中故事結構意識的分析

孩子名字：貝絲＿＿　年齡：7 歲

故事名稱：珍妮學到一個教訓＿＿＿＿　日期：＿＿＿＿＿＿

一般說明：計算「梗概」（例如計算男生、女生或狗），以及明顯的記憶（如尼可
　　　　　拉斯、梅蘇、或蓬鬆狗等）。計算多數（例如朋友們）為二。

場地

　a. 故事開始有一個介紹　　　　　　　　　　　　1

　b. 說出主角的名字　　　　　　　　　　　　　　1

　c. 說出其他角色名字的數目　　　　　　　　　　2

　d. 實際上其他角色的數目　　　　　　　　　　　4

　e.「其他角色」的分數（c/d）：　　　　　　　0.5

　f. 包含有關時間或地點的陳述　　　　　　　　　1

主題

　推論到主角的初始目標或需要解決的問題

情節插曲

　a. 所記得插曲的數目　　　　　　　　　　　　　4

　b. 故事中插曲的數目　　　　　　　　　　　　　5

　c.「情節插曲」的分數（a/b）　　　　　　　　0.8

解決

　a. 說出問題解決／目標達成　　　　　　　　　　1

　b. 結束故事　　　　　　　　　　　　　　　　　1

順序　　　　　　　　　　　　　　　　　　　　　1

　以結構性的順序重述故事：場地、主題、
　情節插曲、解決（分數 2 代表適當，
　1 代表部分，0 代表沒有順序的證據）

最高的可能分數：＿10＿　孩子的分數：＿8.3＿

*打勾可用來取代數字，以了解孩子所包含因素的一般情況和跨時間的進展。上述
　量的分析是選擇性的，重述也可用解讀和批判性的意見來評估。

（Morrow, 1993）

表 17-5　學生口頭或書寫重述的評量表

名字：＿＿＿＿＿＿＿　日期：＿＿＿＿＿＿＿　　　　　　　　　・

故事名稱：＿＿＿＿＿＿＿＿＿＿＿＿＿＿

	是	否
場地		
a. 我用一個介紹開始這個故事	＿＿	＿＿
b. 我會討論主角	＿＿	＿＿
c. 我會討論其他的角色	＿＿	＿＿
d. 我會說這故事在何時發生	＿＿	＿＿
e. 我會說這個故事在哪裡發生		
主題		
我會說這個故事的問題或角色的主要目標	＿＿	＿＿
情節插曲		
我會將插曲包括在這故事中	＿＿	＿＿
解決		
a.我會說問題如何解決或目標達成	＿＿	＿＿
b.我在故事中有個結束	＿＿	＿＿
順序		
我的故事的重述或重寫有適當的次序	＿＿	＿＿
改進意見		
下一次我需要包括在我的重述中的是：＿＿＿＿＿＿		

　　當老師和學生發現這些因素包含在內時，他們透過重述和使用學生評量表來進行，他們也注意到遺漏的部分和需要小心面對的意見，包括下一個故事的重述。

　　從幼稚園到小學三年級學生在他們的重述中記得什麼的分析中，我發現無數的細節或不尋常的事件型態都常包含在內。孩子會記得和他們自己經驗有關的細節。在這些例子中，他們會把有關自己經驗的感覺放到重述中，故事中有插圖的部分也會經常被重述。重述顯示當訊息沒有被特別陳述在故事中時，孩子能夠推論角色的感受。學生會用一些他們

所知道的語言來取代，而不是原封不動的照書上的意思敘述，這顯示他們了解文本，只是不會使用某些字彙而已。例如，在《關衛的眼鏡》（*Gromwel's Glasses*）中，書中陳述的是「關衛的媽媽帶他到『驗光師』那裡做一個檢查」，在重述時，一個一年級的小孩會說成「關衛的媽咪帶他去找『眼科醫生』做檢查」。孩子記得故事的主題，主角的問題或目標，以及故事的解答，遠多於記得幫主角完成目標的插曲。他們會記得主要的想法而非小細節。

　　這些訊息讓我們對孩子的重述有適當的期望，這也給我們需要做什麼來幫助孩子豐富他們的了解的訊息。此外，也強調有些因素像是幽默、插畫、不尋常的事件，以及他們可以跟自己的生活相連結的經驗等，都是我們初期選給孩子去重述的書中之重要因素。

　　重述和重寫故事的練習、引導和評估，已被發現能增進孩子的書寫和口述原創的故事，老師將此歸因於在重述和重寫故事時所學到的因素，與在自我評量單上所顯示的組成一個好故事的特色有關。當學生能創作原創的寫作與口語故事時，老師和學生就可使用下面的評量表（請看表17-6）。

 結論

　　重述能幫助我們了解讀者或聽者所用的理解過程，重述是一個建設性的工作，需要重述者基於原來的文本和先備知識做推論，建構一個個人的文本。研究顯示重述的教導和練習可能會導致理解力的發展、故事結構的意識，以及使用語言的口語複雜性。

　　重述也是很有價值的評估工具，可用來評估孩子對故事結構的意識、理解力、口說語言的複雜度、故事與文本的產生和再創等。重述的分析可幫助老師發現學生被要求回答之外的一些不明顯的問題。

　　幼兒應在重述故事上獲得教學和引導，學校並且要給他們時間來練習這種技巧。本章所回顧的互動討論的適當型態應在師生之間進行，孩

子也應有機會彼此重述故事，因為他們也會提供引導和支持，老師應提供不同的重述型態給他們。

因為重述有促進和發展它所能評估的那些技巧的潛能，因此應被用在雙重的目的上，既可以是教導的策略，也可以是評估的工具。重述將老師從原先認為閱讀只是一組孤立的技巧的觀點，轉移到認為閱讀是一個傳送和再創意義的過程的觀點上。故事重述為互動的討論和對文本解讀與理解提供一個公開的論壇。

表 17-6　評估口述和書寫的原創故事

名字：＿＿＿＿＿＿＿　日期：＿＿＿＿＿＿＿

故事名稱：＿＿＿＿＿＿＿＿＿＿＿＿＿＿＿

	是	否
場地		
a. 故事由一個介紹開始	＿＿＿	＿＿＿
b. 一個或更多的主角出現	＿＿＿	＿＿＿
c. 討論其他的角色	＿＿＿	＿＿＿
d. 提到故事發生的時間	＿＿＿	＿＿＿
e. 提到故事發生的地點	＿＿＿	＿＿＿
主題		
a. 一個開始事件的發生為主角造成一個要去達成的問題或目標	＿＿＿	＿＿＿
b. 主角對問題做反應	＿＿＿	＿＿＿
情節插曲		
a. 提到一個或一系列事件與主角解決問題或達到目標有關	＿＿＿	＿＿＿
解決		
a. 主角解決了問題或達成目標	＿＿＿	＿＿＿
b. 故事有一個結束的陳述	＿＿＿	＿＿＿
順序		
故事結構的四大類目是以一種典型的系列順序呈現（場地、主題、情節插曲、解決）	＿＿＿	＿＿＿

參考書目

Almasi, J.F. (1996). A new view of discussion. In L.B. Gambrell & J.F. Almasi (Eds.), *Lively discussions! Fostering engaged reading.* Newark, DE: International Reading Association.

Applebee, A. (1980). Children's narratives: New directions. *The Reading Teacher, 34,* 137-142.

Baghban, M.J.M. (1984). *Our daughter learns to read and write: A case study from birth to three.* Newark, DE: International Reading Association.

Barrentine, S.J. (1996). Storytime plus dialogue equals interactive read alouds. In L.B. Gambrell & J.F. Almasi (Eds.), *Lively discussions! Fostering engaged reading.* Newark, DE: International Reading Association.

Blank, M., & Sheldon, F. (1971). Story recall in kindergarten children: Effect of method of presentation on psycholinguistic performance. *Child Development, 42,* 299-312.

Bower, G. (1975). Experiments on story understanding and recall. *Quarterly Journal of Experimental Psychology, 28,* 511-534.

Cairney, T.H. (1996). Pathways to meaning making: Fostering intertextuality in the classroom. In L.B. Gambrell & J.F. Almasi (Eds.), *Lively discussions! Fostering engaged reading.* Newark, DE: International Reading Association.

Chomsky, C. (1972). Stages in language development and reading exposure. *Harvard Educational Review, 42,* 1-33.

Clark, M.M. (1984). Literacy at home and at school: Insights from a study of young fluent readers. In J. Goelman, A. A. Oberg, & F. Smith (Eds.), *Awakening to literacy.* London: Heinemann.

Clay, M.M. (1979). *Reading: The patterning of complex behavior.* Auckland, NZ: Heinemann.

Durkin, D. (1974-75). A six-year study of children who learned to read in school at the age of four. *Reading Research Quarterly, 10,* 9-61.

Feitelson, D., Kita, B., & Goldstein, Z. (1986). Effects of listening to series stories on first graders' comprehension and use of language. *Research in the Teaching of English, 20,* 339-356.

Gambrell, L., Pfeiefer, W., & Wilson, R.M. (1985). The effects of retelling upon reading comprehension and recall of text information. *Journal of Educational Research, 78,* 216-220.

Green, J.L., & Harker, J.O. (1982). Reading to children: A communicative process. In J.A. Langer and M.T. Smith-Burke (Eds.), *Reader meets author/Bridging the gap: A psycholinguistic and sociolinguistic perspective* (pp. 196-221). Newark, DE: International Reading Association.

Hartman, D.K., & Allison, J. (1996). Promoting inquiry-oriented discussions using multiple texts. In L.B. Gambrell & J.F. Almasi (Eds.), *Lively discussions! Fostering engaged reading.* Newark, DE: International Reading Association.

Hoffman, S.J. (1982). *Preschool reading related behaviours: A parent diary.* Unpublished doctoral dissertation, University of Pennsylvania.

Holdaway, D. (1979). *The foundations of literacy.* Sydney, Australia: Ashton Scholastic.

Irwin, P.A., & Mitchell, J.N. (1983). A procedure for assessing the richness of retellings. *Journal of Reading, 26,* 391-396.

Johnston, P.H. (1983). *Reading comprehension assessment: A cognitive basis.* Newark, DE: International Reading Association.

McConaughy, S. (1980). Using story structure in the classroom. *Language Arts, 57,* 157-164.

Morrow, L.M. (1983). Home and school correlates of early interest in literature. *Journal of Educational Research, 76,* 221-230.

Morrow, L.M. (1985). Retelling stories: A strategy for improving children's comprehension, concept of story structure and oral language complexity. *Elementary School Journal, 85,* 647-661.

Morrow, L.M. (1986). Effects of structural guidance in story retelling on children's dictation of original stories. *Journal of Reading Behavior, 18,* 135-152.

Morrow, L.M. (1989) Using story retelling to develop comprehension. In D. K. Muth (Ed.), *Children's comprehension of text* (pp. 37-49). Newark, DE: International Reading Association.

Morrow, L.M. (1993). *Developing literacy early in life.* Englewood Cliffs, NJ: Prentice Hall.

Morrow, L., Gambrell, L., Kapinus, B., Koskinen, P., Marshall, N., & Mitchell, J. (1986). Retelling: A strategy for reading instruction and assessment. In J. Niles (Ed.), *Thirty-fifth yearbook of the National Reading Conference.* Rochester, NY: National Reading Conference.

Pellegrini, A., & Galda, L. (1982). The effects of thematic-fantasy play training on the development of children's story comprehension. *American Educational Research Journal, 19,* 443-452.

Peterman, C.L., Dunning, D., & Mason, J. (1985). *A storybook reading event: How, a teacher's presentation affects kindergarten children's subsequent attempts to read from the text.* Paper presented at rhe 35th Annual Meeting of the National Reading Conference, San Diego, CA.

Roser, N., & Martinez, M. (1985). Roles adults play in preschool responses to literature, *Language Arts, 62,* 485-490.

第十七章 故事重述

Smith, F. (1978). *Understanding reading* (2nd ed.). New York: Holt, Rinehart & Winston.

Teale, W.H. (1984). Reading to young children: Its significance for literacy development. In H. Goelman, A. A. Oberg, & F. Smith (Eds.), *Awakening to literacy*. London: Heinemann.

Thorndyke, P. (1977). Cognitive structures in comprehension and memory of narrative discourse. *Cognitive Psychology, 9,* 77-110.

Vygotsky, L.S. (1978). *Mind in society: The development of psychological processes*. Cambridge, MA: Harvard University Press.

Walker, B.J. (1996). Discussions that focus on strategies and self-assessment. In L.B. Gambrell & J.F. Almasi (Eds.), *Lively discussions! Fostering engaged reading*. Newark, DE: International Reading Association.

Wtttrock, M.C. (1981). Reading comprehension. In F.J. Pirozollo & M.C. Wittrock(Eds.), *Neuropsychological and cognitive processes in reading*. New York: Academic Press.

Zimiles, H., & Kuhns, M. (1976). *A developmental study in the retention of narrative material, final report* (Research Report 134). Washington, DC: National Institute of Education, Bank Street College of Education.

兒童文學參考書目

Arno, E. (1970). *The gingerbread man*. New York: Scholastic.

Baum, A., & Baum, J. (1962). *One bright Monday morning*. New York: Random House.

Bourgeois, R., & Clark, B. (1986). *Franklin in the dark*. New York: Scholastic.

Brown, M. W. (1939). *Noisy book*. New York: Harper & Row.

Brown, M. (1957). *The three billy goats gruff*. New York: Harcourt, Brace, & Jovanovich.

Carle, E. (1970). *The very hungry caterpillar*. New York: Puffin.

Eastman, P.D. (1960). *Are you my mother?* New York: Random House.

Flack, M. (1932). *Ask Mr. Bear*. New York: Macmillan.

Fujikawa, G. (1980). *Jenny learns a lesson*. New York: Grosset & Dnnlap.

Galdone, P. (1970). *The three little pigs*. New York: Seabury.

Galdone, P. (1972). *Goldilocks and the three bears*. New York: Seabury.

Galdone, P. (1975). *The little red ben*. New York: Scholastic.

Johnson, C. (1955). *Harold and the purple crayon*. New York: Haper & Row.

Keats, E.J. (1967). *Peter's chair*. New York: Harper & Row.

Keller, H. (1962). *Cromwell's glasses*. New York: Green Willow Books.

Lamorisse, A. (1956). *The red balloon*. New York: Doubleday.

Lionni, L. (1973). *Swimmy*. New York: Random House.

Mack, S. (1974). *Ten bears in my bed*. New York: Pantheon.

Martin, B. (1967). *Brown bear, brown bear, what do you see?* New York: Holt, Rinehart &

Winston.

Mcgovrn, A. (1967). *Too much noise. Boston,* MA: Houghton Mifflin.

Piper, W. (1954). *The Little engine that could.* New York: Platt & Munk.

Potter, B. (1902). *The tale of Peter Rabbit.* New York: Scholastic.

Seuss, DR. (1940). *Horton hatches the egg.* New York: Random House.

Seuss, DR. (1970). *Mr. Brown can moo. Can you?* New York: Random House.

Sendak, M. (1963). *Where the wild things are.* New York: Harper & Row.

Shaw, C.G. (1974). *It looked like spilt milk.* New York: Viking Press.

Slobodkina, E. (1947). *Caps for sale.* New York: Scholastic.

Zolotow, C. (1962) *Mister Rabbit and the lovely present.* New York: Harper & Row.

鮮活的討論！——培養專注的閱讀

第十八章

以策略和自我評估為焦點的討論

芭芭拉・沃克

如果老師能讓學生彼此討論，教室中的學習就會有極大的不同，就如同Booth（1991）所指出的：「當我們參與談話時，我們是文學性的說出經歷過的生活故事，在對話中建構了我們存在的真實」（p.90）。學生會主動去經驗這個世界，並發展私有的意象直到他們想告訴別人的時候。這種想和別人說話的渴望就會讓他們去參與對話，當他們建構出自己的知覺時，也會說自己的故事。因此，語言和讀寫從需要中發出進入社會性互動（Vygotsky, 1978），其中個人能「把他們自己說入了解」（Booth, 1991, p.91）。放聲思考就是個人在擴充他們的自發概念和策略。

在學校中，這些自發的概念和過程是融入學科課程的了解中，這個過程是複雜的而且很少產生在單一的學年中，學生需要時間來建構這個概念和過程的織錦畫。事實上，當學生融合了自發和學科的知識，他們會和朋友討論這個發展中的了解。學生藉社會互動來說出其經驗和新的訊息，他們可和更有知識的老師或同學嘗試不同的想法和策略。所以，老師所扮演的眾多角色之一，就是藉著引導教室中的談話，不只幫助新

概念的發展，也融合自發與學科的知識和策略。當老師專注於討論時，他們是在看教室中的社會互動如何影響了學習與思考。

正如艾瑪西在本書第一章所強調的，老師重視建構想法而非回答正確答案的教室討論來鼓勵孩子說話。但是，很多教學的互動並未把焦點放在閱讀內容的想法交換和用於建構文本意義的策略上，老師大部分常問的問題是在評估學習而非討論學習（Durkin, 1978-1979）。老師把焦點放在不相關的訊息上，沒有與讀者的知識相連結的話，會阻礙讀寫的發展，並增強一種質問而非對話的情境。這種陳述式的型態無法讓孩子參與在建構意義的反應性討論中。

在反應性的討論中，參與者分享共同的意義建構和討論他們的思考，因此，意義是在每個人能夠策略性的重建他們想法的討論中磋商的。老師非常認真的聽，針對學生的思考提出意見（麥基在本書第十三章的討論；Peterson & Eeds, 1990），並用「讓我們再多想一想」這句話來鼓勵反思。所以，意義是由團體成員之間合作建構的，而分享的了解則是由架構和重新思考主題與概念所創造的。在這樣的互動中，意義對師生而言並不總是明確，學生的陳述是在強調相關訊息的持續討論的互動過程中逐漸商議而成。只有在討論過後再回顧，意義才能被了解。在討論中，意義是由文本和個人解讀的連結來共同建構的；老師會密切聽取學生的想法加以回應，並把包含著學生目前對課程焦點的了解的意見放入，來支持意義的建構。他們預測學生的意義並修正對話以符合學生發展中的了解（請看麥基本書第十三章之討論；Tharp & Gallimore, 1989）。因此教室對話不只是質問而已，是學生與老師之間尋找確認和支持的一種方式（Tannen, 1991）。他們發展出思考的共識和教室的團體意識。

☞ 老師會密切聽取學生的想法加以回應，並把包含著學生目前對課程焦點的了解的意見放入，來支持意義的建構。☜

🌿 教室討論

　　教室對話引發兩個重要的討論觀點：對話和教學（Tharp & Gallimore, 1988）。在教室討論中，老師扮演著「學習者可能有超越老師已知的『答案』的話要說」（Gallimore & Tharp, 1992, p.197）。他們建構了調查去發現更多有關學生的想法與策略，學生也被挑戰建構他們自己的思考方式，將他們自發的知識和發展中的學科知識交織在一起。在教室討論中，老師歡迎不同的策略，所有的學生，包括有危機的學習者，都被邀請討論他們的想法。他們的觀點和策略被看成是一種擴充選擇的方式，而非專注在正確答案上。老師的確會教學，但這種教學不是直接的，而是採用對學生和學生之間敏感的對話型態。

　　這種取向合併了兩種明顯的方式來參與討論，對話方面處理的是討論中的支持性因素，而教學方面則放在促進課程的焦點上（Goldenberg, 1992-1993）。首先在討論的對話方面，老師須對學生維持一個反應性的對話，表 18-1 描寫老師用來指導他們對話的五個因素。討論的教學方面，則是精心用來加強學習和思考 （請看表 18-2），也包括了五個因素，是採納自 Goldenberg 的研究（1992-1993）。

　　這一共十個因素提供了設計教室討論的藍圖，雖然有很多種教室討論的型態，本章重點將只放在兩種上面：能培養閱讀策略的討論，和能促進自我評估的討論。在這每一種的討論類型中，老師都扮演著師父的角色，調查學生如何思考，而不只是思考什麼。焦點是在學習過程上，因此，老師和學生兩方都參與在有目的的對話中，老師會引導學生將他們的自發策略和對更複雜的學習過程之了解融合在一起。

> 👈 **老師扮演著師父的角色，調查學生如何思考，而不只是思考什麼。** 👉

第十八章 以策略和自我評估為焦點的討論

329

表 18-1　用在指導對話的因素

---

1. 老師引導開放式的意見而非質問
2. 傾聽孩子並敏感的對孩子的意見做反應
3. 連結重疊的個人貢獻並建立一致的了解
4. 合作性但也有挑戰性的討論，學生可在其中自由實驗想法
5. 所有的參與者都有延伸性的參與

表 18-2　指導一個討論的教學方面的因素

---

1. 老師在一個分享的活動中保持完整的課程目標焦點
2. 在目標方面解釋自發性的意見以說出學生所知和所做
3. 使用「我」的陳述以示範思考
4. 藉著使用停頓、重述和調查像是「再告訴我一些……」的逐步介入和退出討論，來鼓勵發揮和反省性的思考
5. 鼓勵學生解釋和辯護他們的了解以促進分析

能培養閱讀策略的討論

　　在這些討論中，老師很仔細地聽學生如何建構他們的回應，並與他們討論策略（Walker, 1995）。這種逐步的介入和退出討論，可創造一種促進思考而非陳述的氛圍。當讀者持續被陳述的型態疲勞轟炸，他們就會變得被動而無法再建構意義。這種教學式的互動對有危機的讀者影響更大，他們大部分會碰到注重孤立的技巧而非策略性文本閱讀的那種延伸的教學互動。

　　不常使用策略會產生混亂的閱讀過程，事實上，有危機的讀者只是停留在「不相信使用策略的必要性或重要性」上，即使看到示範也還是一樣（Paris & Oka, 1989, p.34）。老師藉著逐漸介入來顯示和說出策略，再逐漸退出讓學生獨立使用新策略，鼓勵學生發展他們自己的思考，而非只重複老師所說或教科書中所讀到的。老師的發問與建議是設計來學

習更多有關學生的思考，和提供額外的策略來建構意義。他們須很小心的傾聽才能重述學生的觀點，並加以連結來強調學生的策略過程；因此，教學所包括的討論應是注重閱讀策略，和閱讀時如何運用這些策略。

當老師逐漸介入時，會顯示他們如何透過了解來思考，來解釋積極的閱讀過程，並示範在閱讀時產生的內在對話。當他們討論個人的策略使用，及放聲思考如何分析一個特別的反應的時候，這種對話是被「我」的陳述所主導。「顯示如何做好並示範『我認為』……將學生從必須重複同樣的過程中釋放出來。『我是這樣做的』就暗示其他人可以用不同的方式來做……」（Walker, 1996, p52）。使用「我」的陳述讓所有學生思考他們會如何去做這個工作。

一個簡單的開始方式就是示範做預測，老師可以說：「當我開始讀時，我會想一下這個書名，並且想一下我已經知道的是什麼……讓我看看，這個書名是《河流》（The River）（Paulsen, 1991）？我猜這是有關柏恩順流而下，因為我讀過 Paulsen 所寫的《捍衛戰斧》（Hatchet）（1986）（方智）這本書，其中柏恩是這書的主角。我說這本書是《捍衛戰斧》的續集。你打賭這是有關……？」這樣的做法示範了一個預測，然後再讓學生討論他們的預測。這讓討論成為一個分享的活動，每一個參與者都對意義的建構有貢獻。在更成熟的示範中，老師在讀時會實際放聲思考，以溝通他們的策略使用。例如：一位老師詳述從《河流》中讀到的下面這段訊息（斜體顯示自語的部分）：

這個斷崖絕壁使河流變成更窄的寬度，……做出一個非常畸形的斜道，那裡水流擁擠而怒吼的流過，擠壓岩石噴出巨大的白浪。（哦，這讓我想起閱讀發展的快速──所有學生不了解時會遇到的困難，就像走過急流一樣。）

這個救生艇似乎活過來了，變成一隻狂野的動物……布萊恩試著用木槳去掌舵，（就像老師試著帶領思考）將舵左右轉動，想避免碰到石頭，但結果還是沒有用。

水控制了木筏，控制了德瑞克，控制了他，在這怒吼的河流之

中，河流堆積的雷聲，使他完全失控了（*正是，正像許多讀者的奮鬥一樣。*）

在這樣的示範之後，老師會說出：「我總是會連結一些不尋常的經驗，來幫助我記得並視覺化所讀的東西。但是有時候，我放太多我所知道的東西到文本中，因而我必須持續的修正自己，檢查自己是否在正確的軌道上。這次我所做的是將布萊恩在河流上的掙扎與讀者學習策略時的奮鬥相連結，在做了這樣不尋常的中間插曲的連結之後，我又回到軌道中……」（Walker, 1996, p.126）。

這樣的示範並不只為讀者顯示策略使用而已，它事實上創造了一個分享的經驗，讓老師和學生都能用來討論自發策略的使用，以及在讀寫互動中使用更複雜的策略的這一種學科的了解。當老師討論他們自己的意義建構時，他們幫學生發展出對自己策略使用的一個真實的了解。當老師以一種輕鬆愉快的方式看他們自己的閱讀過程時，就是創造了一種鼓勵開放實驗的協同合作氛圍。

在實驗新奇的想法和策略時，藉著創造一個分享的活動，老師和讀者合作在團體場合討論，並提供可能與學生想法相重疊的意見。使用網做為彈性討論的工具，老師可記錄學生的想法，幫他們負起聽眾的角色。這個網看起來像一個車輪，將學生的想法寫在主要概念四周的幅條上面。織網對美國原住民學生會是非常有力的討論工具，他們通常喜歡將注意力放在視覺呈現上。對他們來說，在網的幅條上一個空的圓圈是需要被填滿的；所以，他們開始在課程情境中互動。同樣的，較少用口語的學生也會用網來跟隨討論的步伐，使他們能夠口語化其想法。這種視覺的記錄使焦點重新放回討論上，這樣學生能夠重回思考，並準備好描寫他們使用的策略。

在這樣的討論中，老師很小心聽學生如何建構他們的回應，並在合適時，討論

☞ 當老師討論他們自己的意義建構時，他們幫學生發展出對自己策略使用的一個真實的了解。☜

或說出其策略。例如：老師可藉著說「我注意到你用划船的知識來改變對布萊恩可能會做什麼的預測——這就是用你的所知來修正想法」來說出策略。其他時候，老師也會以問像下面的問題來鼓勵發揮：

我懷疑這些想法如何能互相符合？

這和你剛才所說的符合嗎？

你能從這個故事中找一個例子來支持這點嗎？

你是否有先前的經驗會影響你的想法？

（請看哈特曼和艾立森在本書第八章有關如何培養文本外的連結的擴充討論）。這種刺激能幫助學生討論他們正在用的策略，並在真實的讀寫經驗中發展彈性運用更複雜的策略。

老師會巡視各團體，鼓勵學生腦力激盪他們的想法並加以辯解來擴充思考。他們會幫助學生了解自發閱讀策略的使用，並讓他們在參與討論時融入更複雜的策略運用。

能促進自我評估的討論

在能促進自我評估的討論中，學生會以分享他們的讀寫歷史來評量其讀寫發展，老師與學生會參與協同合作的討論來建立讀寫的目標。當只由老師建立其讀寫目標時，學生通常不知道他們的策略或他們是如何建構意義的。事實上，有危機的讀者在他們的策略使用和策略與其了解之間的關係上會發展出困惑的觀點。當他們確實了解文本，卻不知自己是用了什麼策略，他們反而會相信這是因為其他人（如老師或朋友）或文本（一個簡單的文本）所造成的。他們並不把這種了解歸因到自己身上，等到參與有關目標的對話時，他們才會開始討論自發的策略。讓學生在評估的過程中合作，是給他們機會談自己的讀寫，當學生參與自我評估時，他們才會開始描寫和掌握個人的讀寫發展。

當老師創造了自我評估，學生就會開始討論和評估他們的讀寫和策略如何進展（Walker, 1995）。例如：吉瑞的老師就在一段學期期間強調

修正的過程（一個分享的活動）。在開始有關修正的討論時，吉瑞的老師介紹了修正檢核表（請看表 18-3）。用這個修正檢核表做為討論的工具，來討論個人有關策略的使用，然後老師也介紹預測檢核表，做為對話的工具來討論個人的策略使用。

表 18-3　修正檢核表

	故事的名稱					
將我所讀和所知相連結以檢查我的了解						
將故事畫在我的腦中						
將我所了解的做摘要						
問我自己問題						
需要時改變我的想法						

摘要我在故事中所使用的策略 _____

_____

_____

在讀一個故事之後，學生會評估他們的策略使用，吉瑞有一個同學是有危機的讀者，他在檢核表上沒有做任何的回應。但是，在討論他如何思考所讀時，他對所讀故事的描繪是「很棒」，老師就請他進一步詳細敘述閱讀策略來了解他的反應。他就回答「這次我的閱讀很棒，因為全部的時間我都很注意，其餘時間我的腦筋都很混亂。」這個互動幫助老師和學生重新訂定學生閱讀的目標。

吉瑞的老師和學生所討論的不只是他們的解讀和策略使用，也包括閱讀策略如何改變，這樣有關改變的討論打開了閱讀中對話的複雜度。在一個小團體中閱讀過故事之後，吉瑞就在她自己的修正檢核表上寫著：

當我讀時，我會用我的想像，卻並不能幫助我檢查我的了解。

雖然我曾試著用摘要和想像來檢查我的了解，這次我只是想像在激流中會如何，就像梅利史翠普在電影「驚濤駭浪」（The River Wild）中那樣。

　　這段反省所描述的就是她如何閱讀，以及修正檢查表如何幫她說出她所用的策略，她也開始談到不只一個因素影響到她閱讀策略的應用。吉瑞和一個同伴一起檢查了好幾個修正單，並討論到使用理解力的修正而有了什麼改變，她的朋友從他們自己的閱讀例子中來回應。不論是在個別對話或小組討論中，吉瑞都能詳細說明她的策略使用，來顯示她自發和學科使用的讀寫過程。

　　吉瑞的老師進一步利用這個評估的過程，就是建議學生從他們作品中選擇例子放入描寫他們的策略和所學的檔案中。檔案是很有力的工具，可以促進有關自我評估的討論，特別是對比較差的讀者而言。即使學生是較差的讀者，也被鼓勵選出能顯示他們所知和所做的作品。這樣的做法，使檔案打開了有關優點和策略使用的討論，幫助較差的讀者界定他們的成功，而不是強調其失敗。這樣的討論延伸了有關讀寫的改變如何發生的對話，也幫助較差的讀者將他們的成功歸因於所使用的策略（請看馬坦柔在本書第十六章有關檔案評量的額外討論）。

　　當學生和老師討論要將什麼東西放入檔案中時，學生會重新去看他們的作品，討論他們學習的部分。建構一個檔案不只是有關個人的活動，也是師生討論讀寫發展的分享活動。這個對學習過程的重新思考讓學生投入有關讀寫的工作和策略的焦點討論中。這些討論是附加在每篇作品上書寫反省之後的思考草稿，一旦作品被選上，就會有一段說明它所代表的意義和為何包含在內的描述附加上去。這種反省回答了基本的問題：「為何這個作品被選中，以及它顯示了關於讀寫的什麼？」（Hansen, 1994）。

　　在這個反省產生之前，學生和老師需要討論閱讀和讀寫的策略，以及每個學生是如何應用這些策略的。調查可幫助老師在做檔案時引導討論，老師可以問下面的問題：(1)讓我們來看看，我們曾經做了什麼？（理

第十八章　以策略和自我評估為焦點的討論

335

解力的修正），(2)什麼能顯示你的修正？和(3)你在做這個活動時學到了什麼？這些調查都只是當師生開始合作建構一個檔案時的引導大綱。當學生描寫他們的閱讀時，老師說出其策略，學生就比較知道他們自發的策略使用，以及新獲得的更複雜的策略使用。

能促進自我評估的討論，幫助學生評量自己的讀寫參與，讓學生能討論他們自發的策略，及如何獲得更複雜的策略網路。當老師與學生的討論有進展時，他們會選擇一些顯示他們已知和能做的項目。因此，當他們討論時，學生會思考他們的自發策略如何融入更複雜的策略使用中。

結論

在培養策略的過程和促進自我評估的討論中，這種互動通常是親密的，也需要老師的敏感性。同樣重要的是老師與學生參與的活動，本章就是提出這個策略和自我評估與討論是一種分享的活動，參與者可在其中討論其自發的策略及與更複雜的融合策略的使用。這樣的教室討論有一些共同的特性：

- 討論有一個焦點，可以是策略使用或自我評估，讓師生可協同合作的討論他們的讀寫發展。這種分享的有目的的活動可使對話持續下去。
- 老師成為兒童的聆聽者，對學生意見和策略使用的反應加以修正，討論中有一個給和取的關係，發生在老師逐漸介入以支持學生的思考和策略使用，以及逐漸退出讓學生獨立討論其思考的時候。這可以支持學生的詳細說明並融合他們自發與學科策略的使用。
- 在回應學生的意見時，老師說出學生自發使用的策略，並幫助他們形容這些策略；在適當時間，老師可藉「我」的陳述來示範策略的使用和評估。
- 老師藉著建議學生重新思考他們的了解和反應來鼓勵反省和延伸，

以此方式，老師會重述學生所說的和讓他們回顧其想法而來重聚
討論的焦點。他們的回應會增加學生融合他們的自發和學科策略
使用的可能性。

● 最後，老師通過促進獨特性思考的開放意見將所有學生都包容在
教室討論中。

創造一個有目的的教室討論是一個敏感的活動，也是一個學習的活
動。老師在這樣的對話中分享，不只因為他們重視，也因為這就是學習
產生的地方。

參考書目

Almasi, J.F. (1996). A new view of discussion. In L.B. Gambrell & J.F. Almasi (Eds.),
Lively discussions! Fostering engaged reading. Newark, DE: International Reading
Association.

Booth, D. (1991). Drama talk. In D. Booth & C. Thornley-Hall (Eds.), *The talk curriculum*
(pp. 89-106). Portsmouth, NH: Heinemann.

Durkin, D. (1978-1979). What classroom observations reveal about reading comprehen-
sion instruction. *Reading Research Quarterly, 14,* 481-533.

Gallimore, R., & Tharp, R. (1992). Teaching mind in society: Teaching schooling and lit-
erate discourse. In L.C. Moll (Ed.), *Vygotsky and education: Instructional implica-
tions and applications of sociohistorical psychology* (pp. 175-206). New York: Cam-
bridge University Press.

Goldenberg, C. (1992-1993). Instructional conversations: Promoting comprehension
through discussion. *The Reading Teacher, 46,* 316-326.

Hansen, J. (1994). Literacy portfolios: Windows on potential. In Valencia, S.W, Hiebert,
E.H., & Afflerbach, P.P. (Eds.), *Authentic reading assessment: Practices and possi-
bilitie*s (pp. 26-40). Newark, DE.: International Reading Association.

Hartman, D.K., & Allison, J. (1996). Promoting inquiry-oriented discussions using mul-
tiple texts. In L.B. Gambrell & J.F. Almasi (Eds.), *Lively discussions! Fostering en-
gaged reading.* Newark, DE: International Reading Association.

Matanzo, J.B. (1996). Discussion: Assessing what was said and what was done. In L.B.
Gambrell & J.F. Almasi (Eds.), *Lively discussions! Fostering engaged reading.* Ne-
wark, DE: International Reading Association.

McGee, L.M. (1996). Response-centered talk: Windows on children's thinking. In L.B.
Gambrell & J.F. Almasi (Eds.), *Lively discussions! Fostering engaged reading.* Ne-

wark, DE: International Reading Association.

Paris, S.G. & Oka, E.R. (1989). Strategies for comprehending text and coping with reading difficulties. *Learning Disability Quarterly, 12,* 32-42.

Peterson, R. & Eeds, M. (1990). *Grand conversations: Literature groups in action.* Ontario, Canada: Scholastic.

Tannen, D. (1990). *You just don't understand: Women and men in conversation.* New York: Ballantine.

Tharp, R., & Gallimore, R. (1988). *Rousing minds to life: Teaching, learning and schooling in social context.* Cambridge, UK: Cambridge University Press.

Tharp, R.G., & Gallimore, R. (1989). Rousing schools to life. *American Educator, 13,* 20-25.

Vygotsky, L.S. (1978). *Mind in society.* Cambridge, MA: Harvard University Press.

Walker, B. (1995). Five misconceptions about effective remediation. In L. Putman (Ed.), *How to become a better reading teacher: Strategies for assessment and intervention* (pp. 267-276). Englewood Cliffs, NJ: Merrill/Prentice-Hall.

Walker, B.J. (1996). *Diagnostic teaching of reading: Techniques for instruction and assessment.* Englewood Cliffs, NJ: Merrill/Prentice-Hall .

兒童文學參考書目

Paulsen, G. (1986). *Hatchet.* New York: Macmillan.

Paulsen, G. (1991). *The River.* New York: Doubleday.

國家圖書館出版品預行編目資料

鮮活的討論！：培養專注的閱讀／ Linda B. Gambrell,
Janice F. Almasi 主編；谷瑞勉譯.--初版.--
臺北市：心理, 2004（民 93）
面； 公分.--（語文教育；4）
譯自：Lively discussions!：fostering engaged reading
含參考書目
ISBN 978-957-702-643-9（平裝）

1.兒童閱讀 2.小學教育──教學法

523.31   92022033

語文教育4 **鮮活的討論！：培養專注的閱讀**

作　　者：Linda B. Gambrell & Janice F. Almasi

譯　　者：谷瑞勉

總 編 輯：林敬堯

發 行 人：洪有義

出 版 者：心理出版社股份有限公司

社　　址：台北市和平東路一段 180 號 7 樓

總　　機：(02) 23671490　傳　　真：(02) 23671457

郵　　撥：19293172　心理出版社股份有限公司

電子信箱：psychoco@ms15.hinet.net

網　　址：www.psy.com.tw

駐美代表：Lisa Wu　Tel：973 546-5845　Fax：973 546-7651

登 記 證：局版北市業字第 1372 號

電腦排版：臻圓打字印刷有限公司

印 刷 者：玖進印刷有限公司

初版一刷：2004 年 1 月

初版四刷：2009 年 9 月

讀者意見回函卡

No._____   填寫日期：　年　月　日

感謝您購買本公司出版品。為提升我們的服務品質，請惠填以下資料寄回本社【或傳真(02)2367-1457】提供我們出書、修訂及辦活動之參考。您將不定期收到本公司最新出版及活動訊息。謝謝您！

姓名：_____　　性別：1□男　2□女

職業：1□教師 2□學生 3□上班族 4□家庭主婦 5□自由業 6□其他____

學歷：1□博士 2□碩士 3□大學 4□專科 5□高中 6□國中 7□國中以下

服務單位：_____　　部門：_____　職稱：_____

服務地址：_____　電話：_____　傳真：_____

住家地址：_____　電話：_____　傳真：_____

電子郵件地址：_____

書名：_____

一、您認為本書的優點：（可複選）

　❶□內容 ❷□文筆 ❸□校對 ❹□編排 ❺□封面 ❻□其他____

二、您認為本書需再加強的地方：（可複選）

　❶□內容 ❷□文筆 ❸□校對 ❹□編排 ❺□封面 ❻□其他____

三、您購買本書的消息來源：（請單選）

　❶□本公司 ❷□逛書局⇨_____書局 ❸□老師或親友介紹

　❹□書展⇨____書展 ❺□心理心雜誌 ❻□書評 ❼其他_____

四、您希望我們舉辦何種活動：（可複選）

　❶□作者演講 ❷□研習會 ❸□研討會 ❹□書展 ❺□其他_____

五、您購買本書的原因：（可複選）

　❶□對主題感興趣 ❷□上課教材⇨課程名稱_____

　❸□舉辦活動 ❹□其他_____　　　　（請翻頁繼續）

廣　告　回　信
台 北 郵 局 登 記 證
台 北 廣 字 第　940　號

（免貼郵票）

 心理出版社 股份有限公司

台北市 106 和平東路一段 180 號 7 樓

TEL: (02) 2367-1490
FAX: (02) 2367-1457
EMAIL:psychoco@ms15.hinet.net

沿線對折訂好後寄回

六、您希望我們多出版何種類型的書籍

❶□心理　❷□輔導　❸□教育　❹□社工　❺□測驗　❻□其他

七、如果您是老師，是否有撰寫教科書的計劃：□有□無

　　書名／課程：＿＿＿＿＿＿＿＿＿＿＿＿＿＿＿＿＿＿＿＿＿

八、您教授／修習的課程：

上學期：＿＿＿＿＿＿＿＿＿＿＿＿＿＿＿＿＿＿＿＿＿＿＿＿＿

下學期：＿＿＿＿＿＿＿＿＿＿＿＿＿＿＿＿＿＿＿＿＿＿＿＿＿

進修班：＿＿＿＿＿＿＿＿＿＿＿＿＿＿＿＿＿＿＿＿＿＿＿＿＿

暑　假：＿＿＿＿＿＿＿＿＿＿＿＿＿＿＿＿＿＿＿＿＿＿＿＿＿

寒　假：＿＿＿＿＿＿＿＿＿＿＿＿＿＿＿＿＿＿＿＿＿＿＿＿＿

學分班：＿＿＿＿＿＿＿＿＿＿＿＿＿＿＿＿＿＿＿＿＿＿＿＿＿

九、您的其他意見

謝謝您的指教！　　　　　　　　　　　　　　　　48004